Einzelhandelslandschaften

Geographische Handelsforschung

Herausgegeber: Günter Heinritz, Kurt Klein, Elmar Kulke, Peter Pez
Schriftleiter: Frank Schröder

G
H
F

3

Frank Schröder

Einzelhandelslandschaften in Zeiten der Internationalisierung

Birmingham, Mailand, München

L.I.S. Verlag, Passau

Schriftenreihe des Arbeitskreises Geographische Handelsforschung
in der Deutschen Gesellschaft für Geographie
in Zusammenarbeit mit dem Geographischen Institut der TU München

Die Deutsche Bibliothek — CIP-Einheitsaufnahme

Schröder, Frank:
Einzelhandelslandschaften in Zeiten der Internationalisierung :
Birmingham, Mailand, München /
Frank Schröder. - Passau: L.I.S. Verl., 1999
  (Geographische Handelsforschung ; 3)
  ISBN 3-932820-16-9

Umschlaggestaltung: Frank Schröder
Gesamtherstellung: Offprint, München
Verlag: L.I.S. Verlag, Passau

Inhalt

kann der kopf nicht weiter bearbeitet
werden, dann immer noch die mütze

ernst jandl

Prolog: „Paris entscheidet dann!"

Die Assistentin des Direktors war sehr offen – aber sie hatte auch kaum Veranlassung, es nicht zu sein: Nachdem Berliner Tageszeitungen wohl mehr als ein Dutzend Mal über die Krise der *Galeries Lafayette* in den Friedrichstadt-Passagen berichtet hatten[1] und der Verschleiß an Geschäftsführern (drei in zwei Jahren) der Konkurrenz längst zum Quell der Schadenfreude geworden war, gab es kaum noch etwas zu beschönigen. Und so kam ein rundes Dutzend Mitglieder des Arbeitkreises Geographische Handelsforschung während einer Berlin-Exkursion im Oktober 1998 unerwartet in den Genuß von Einsichten in die Internationalisierung des europäischen Einzelhandels, die – mindestens auf den ersten Blick – einen guten Grundstock für ein einschlägiges Lehrbuch abgegeben hätten.

Anscheinend hatten die französischen Manager von *Lafayette* bei der Entscheidung in Berlin zu investieren und später, nach Eröffnung der neuen Filiale im Februar 1996, beinahe alle Fehler gemacht, die man machen kann: Unter anderem hatten sie übersehen, daß deutsche Frauen im Mittel größer und schwerer sind als französische und deswegen in den ersten Monaten oft zu viele Kleidungsstücke in „kleinen" und zu wenige in „großen" Größen geordert. Während die „kleinen" Größen sich in den Regalen stapelten, waren die „großen" Größen häufig ausverkauft. Stücke in der (deutschen) Größe 42 oder höher waren überhaupt nicht erhältlich, weil *Lafayette* sie für seine 70 französischen Filialen nicht benötigt und deshalb gar nicht erst produzieren läßt.

Auch trug die aus Frankreich gelieferte Bekleidung – vor allem Eigenmarken des Hauses *Lafayette* – notwendigerweise Etiketten mit den französischen Konfektionsgrößen. Die sind zwar relativ leicht in deutsche umzurechnen, indem man die Zahl zwei subtrahiert, aber wer weiß das schon? Und so gab es manche Beschwerde über die „falsche" Etikettierung, oft angefeuert von dem Gefühl, die Franzosen wollten einem auf mehr oder minder subtile Weise zu verstehen geben, man sei zu dick für „richtige" (d. h. französische) Mode. Dieses Gefühl hatten im übrigen auch manche der Kundinnen, die fähig und willens waren, die deutschen in die französischen Größen umzurechnen. Selbst Kleidungsstücke, die eigentlich hätten passen müssen, schienen es nicht zu tun – einfach deswegen, weil französische Damenkonfektion wie italienische in der Regel körperbetonter, taillierter geschnitten ist als mitteleuropäische und deshalb vergleichsweise klein wirkt, auch wenn die einschlägigen Industrienormen eingehalten werden.

In der Herrenabteilung entfielen zwar die Umrechnungsprobleme – deutsche und französische Zahlen bedeuten das gleiche –, aber auch dort gab es Verstimmungen: We-

---

[1] Vgl. zum Beispiel: Berliner Zeitung (13.6.1997, 26.8.1997, 9.10.1997, 23.6.1998, 26.9.1998), Berliner Kurier (11.07.1998), BZ (4.1.1998), Berliner Morgenpost (29.8.1998). Vgl. a. GRÖPPEL-KLEIN 1999.

gen der unterschiedlichen Physiognomie von Franzosen und Deutschen fehlte es auch hier anfangs an „großen" Größen jenseits der 52; außerdem vermißten viele Kunden die deutschen Sondergrößen für „stärkere" (28-36) und schlankere (90-106) Typen, die man in Frankreich und im Rest Europas nicht kennt und anscheinend nicht braucht, die in Deutschland aber in keinem Kaufhaus fehlen.

All diese Probleme lösten sich gewissermaßen en passant als *Lafayette* sich anderthalb Jahre nach der Eröffnung gezwungen sah, das ursprünglich überwiegend französische Bekleidungssortiment gegen ein weitgehend internationales (mit Marken wie *Cerrutti, Kenzo, Calvin Klein* usw.) auszutauschen. Es hatte sich nämlich gezeigt, daß die meisten Berliner die französischen Marken, vor allem die Eigenmarken von *Lafayette*, überhaupt nicht kannten; die entsprechenden Stücke also für „No-Name-Produkte" halten mußten und daher die angeschriebenen Preise als überzogen ansahen.

In Frankreich hingegen kennt man nicht nur die Namen auf den Etiketten der Kleider, sondern das über 100 Jahre alte Haus *Lafayette* ist längst selbst zu einer Marke gereift. Eine Marke, die beinahe jeder kennt, und mit der stabile Vorstellungen von ihren Vorzügen verbunden sind. Im Falle des *Lafayette* speisen sich diese Vorstellungen mutmaßlich zu einem guten Teil aus den Anfängen des Unternehmens, als das Stammhaus am Boulevard Haussman zu jener Gruppe von Pariser Prachtkaufhäusern gehörte, die in Europa den „demokratischen Luxuskonsum" begründeten (vgl. WILLIAMS 1982). Nobel, aber nicht elitär, traditionsreich und vertrauenswürdig – das sind die dominierenden Bilder von *Lafayette* in Frankreich. Den Berlinern fehlten diese Bilder zwangsläufig, und sie verließen sich auf das, was sie in den Regalen sahen, und da sie es nicht kannten und seine Noblesse sich ihnen nicht erschloß, kauften sie es nicht.

In Frankreich verstehen sich die *Lafayette*-Kaufhäuser als „Erlebniskaufhäuser", in denen es immer etwas zu sehen gibt, in denen etwas passiert und in die zu gehen es sich auch lohnt, wenn man nichts kaufen möchte[2]. Die zentrale Marketing-Abteilung in Paris ersinnt deshalb permanent neue „events" und „Aktionen", mit denen landesweit „Besucher" – in der Sprachregelung des Konzerns gibt es keine Käufer – in die *Lafayette*-Häuser gelockt werden sollen.

Es zeigte sich nun, eigentlich vorhersehbar, daß ein Teil dieser Kampagnen für Berlin vollkommen unbrauchbar war. Ein verkaufsoffener Sonntag aus Anlaß des französischen Nationalfeiertages mag den Berlinern gerade noch zumutbar sein, eine „Woche der überseeischen Territorien" schon kaum noch, und spätestens, wenn mit einer Aktion der Beginn der französischen Sommerferien zelebriert wird, die Berliner Schüler aber schon wieder ihren Ranzen packen, ist es mit der Übertragbarkeit vorbei.

Hinzu kam, daß die Ankündigungen der großen Aktionen, aber auch die ganz normalen, regelmäßigen Werbeslogans für Presse und Funk natürlich in französischer Spra-

---

[2] Diesen Anspruch erheben zwar heute alle Kaufhausketten, aber das *Lafayette* löst ihn noch am ehesten ein und war augenscheinlich auch Vorbild für die Restrukturierung anderer europäischer Kaufhausketten in den 80er Jahren – *Horten* etwa imitierte sogar den Namen und wurde zur *Galeria Horten*, bevor die *Metro* AG das Unternehmen kaufte und den Namen und das Konzept für den *Kaufhof* wiederverwendete.

che erdacht wurden und einen großen Teil ihrer Wirkung aus dem kreativen Umgang mit dieser Sprache bezogen. All die Reime und Alliterationen, Anklänge an Volkslieder oder Sprichwörter, Wortspiele und Doppeldeutigkeiten gehen jedoch verloren, wenn man die aus Frankreich gelieferten Texte einfach übersetzt. Man muß sie entweder mühsam „nachdichten", also ungefähre Entsprechungen in Sprache und Inhalt suchen, oder sie gleich durch neue Slogans ersetzen. In jedem Fall braucht man eine komplette deutschsprachige Marketing-Abteilung, die es am Berliner *Lafayette* inzwischen auch gibt.

Sie ist allerdings nicht unabhängig, sondern muß der Zentrale alle Ideen zur Genehmigung vorlegen: „Paris entscheidet dann!" Mit diesem Satz deutete die deutsche Assistentin des Direktor, wohl unbeabsichtigt, nicht nur an dieser Stelle die Unzufriedenheit der ortskundigen Berliner Mitarbeiter mit dem zentralistisch-hierarchischen Führungsstil der „ahnungslosen" französischen Unternehmensspitze an. Ein tagtäglich wirksamer Kulturkonflikt, der uns den wichtigen Umstand vor Augen führt, daß die Fallstricke der Internationalisierung im Einzelhandel auch außerhalb der Verkaufsräume gespannt sein können[3].

Noch gibt es die *Galeries Lafayette* in der Französischen Straße in Berlin, und man hört von einer „guten Umsatzentwicklung". Vielleicht haben die unerschrockenen Internationalisten aus Frankreich diesmal das Glück, das ihnen bisher anscheinend fehlte; ob Bangkok, Peking, Singapur, New York oder Moskau – bei allen Häusern, die in den letzten 30 Jahren im Ausland eröffnet wurden, entschied Paris schon nach kurzer Zeit, sie wieder zu schließen.

---

[3] Daß es sich hier tatsächlich nicht nur um eine unternehmensspezifische Dissonanz handelt, sondern um einen echten Kulturkonflikt, der aus einem grundsätzlich unterschiedlichen Verständnis von Hierarchie und Egalität bei Deutschen und Franzosen entsteht, darf man nach den kumulierten Befunden der Wirtschaftskulturforschung mit einigem Recht annehmen. Exemplarisch sei hier die hervorragende Arbeit (besonders Kapitel 5) von HAMPDEN-TURNER / FONTENAARS (1994) genannt.

1 Einführung

Die *Parfümerie Douglas*, ein Unternehmen, das die Kunst der Internationalisierung im Gegensatz zum leidgeprüften *Lafayette*-Konzern perfekt zu beherrschen scheint, und derzeit in sechs europäischen Ländern und in den USA Geschäfte macht, wirbt in allen diesen Ländern mit dem gleichen englischen Slogan: „Come in and find out!" Das zielt auf die Neugier der Konsumenten und ihre Empfänglichkeit für sinnliche Reize und ist anscheinend universell wirksam. Wissenschaft muß sich, anders als Puder und Parfüm, nicht wirklich verkaufen, aber es wäre schön, wenn sie öfter die universellen Bedürfnisse ihrer Konsumenten bedenken könnte: die Neugier auf und die Empfänglichkeit für interessante Geschichten aus dem echten, bunten Leben, das fast nur aus Ausnahmen besteht, und bei dem der Teufel meistens im Detail steckt.

Eine solche Geschichte war (hoffentlich) die von der *Galeries Lafayette* in Berlin, die leichte Antworten zu geben scheint, aber eigentlich vor allem Fragen aufwirft. Ein großer Teil dieser Fragen – ich diskutiere später die meisten von ihnen – fällt in das Interessengebiet der modernen, oder sollte man besser sagen postmodernen Geographie und gruppiert sich um das Problem des Verhältnisses von Lokalität und Internationalität, deren Interaktion und wechselseitige Abhängigkeit.

Zu diesem Thema ist in den letzten zehn Jahren viel, meist Theoretisches geschrieben worden. Die vorliegende Arbeit beteiligt sich nicht an diesen Theoriedebatten, ja zeichnet sie nicht einmal nach, sondern benutzt ihre Ergebnisse einfach als zeitgemäßes Hilfsmittel bei der Interpretation von Entwicklungen in einem Wirtschaftszweig, über den Studenten bis heute den Merksatz hören: „All retailing is local" – obwohl doch ein Blick in den Wirtschaftsteil einer seriösen Tageszeitung (oder in den Modeteil einer ambitionierten Frauenzeitschrift) genügt, um festzustellen, daß dies nicht mehr die ganze Wahrheit sein kann.

Nein, der Einzelhandel ist, wie andere Wirtschaftszweige vor ihm, von deutlichen Tendenzen zur Internationalisierung betroffen, und dies sollte auch Auswirkungen auf ein traditionelles Studienobjekt der Geographie haben – nämlich auf die räumlich-dingliche Gestalt des Einzelhandels in unseren Städten, die sich wohl nicht mehr restlos und zwingend mit den kulturellen, ökonomischen und siedlungsstrukturellen Eigenarten der jeweiligen Lokalität erklären läßt, sondern vielmehr aus dem je spezifischen Zusammenspiel dieser Eigenarten mit internationalen Einflüssen unterschiedlichster Art und Stärke.

Um es beispielhaft an einer Miniatur zu zeigen: Ein Foto in PÜTZ' (1998: 183) Dissertation zeigt eine Breslauer Filiale von *Benetton*, in der augenscheinlich neben Kleidung auch Haushaltsgeräte und Kochgeschirr zum Verkauf angeboten werden – eine räumlich-dingliche Erscheinung, bei der auf den ersten Blick klar wird, daß hier ein solches Zusammenspiel von Lokalem und Internationalem stattgefunden hat (und die es

10

nicht geben würde, wenn nicht ein solches Zusammenspiel stattgefunden hätte). Vergleicht man diese Breslauer *Benetton*-Filiale mit der wohl fünfzigmal größeren am Mailänder Corso Vittorio Emanuele, einer großartigen Ausstellungshalle für zeitgenössische Mode und einem vitalen Treffpunkt der Jugend der Welt (!), so wird auch klar, was mit dem je (nach Ort) spezifischen Zusammenspiel dieser Einflüsse gemeint ist.

Jedoch: Wie genau und warum überhaupt dieses Zusammenspiel stattgefunden hat, läßt sich selbst bei diesem winzigen Beispiel von zwei Geschäften an zwei Orten kaum noch herausfinden. Man müßte jedenfalls einige Zeit darüber nachdenken, vermutlich einige Interviews führen und manches Buch lesen. Für die Einzelhandelslandschaften von Großstädten mit vielen Tausend Betrieben, Hunderttausenden von Konsumenten und einem nicht abreißenden Strom internationaler Einflüsse (von denen leider die wenigsten so offen zutage treten, wie ein *Benetton*-Schild an der Tür) wäre es absurd, solche Fragen überhaupt nur zu stellen. Genauso absurd, als wollte man die Gestalt einer Naturlandschaft erklären, indem man versuchte jede Interaktion dieser Landschaft mit jedem Regentropfen, der je auf sie gefallen ist, nachzuvollziehen.

Daraus ergibt sich: Diese Arbeit stellt und beantwortet nicht die Frage, warum die Einzelhandelslandschaften von Birmingham, Mailand und München sind, wie sie sind, also wie sie vom je unterschiedlichen Zusammenspiel von Lokalität und Internationalität geformt wurden, sondern sie stellt die Frage, wodurch und warum sich diese Landschaften unterscheiden, obwohl doch seit einiger Zeit auch internationale Faktoren an ihrer Formung beteiligt sind, die zu mehr Ähnlichkeit hätten führen können.

Die Frage nach der Verschiedenheit von lokalen Einzelhandelslandschaften in unterschiedlichen Gesellschaften hatte natürlich schon ihre Berechtigung, bevor es nennenswerte Internationalisierungstendenzen im Einzelhandel gab, denn *daß* überhaupt ein Zusammenhang zwischen lokaler Einzelhandelsstruktur und den kulturellen und ökonomischen Eigenarten einer Lokalität besteht, ist zunächst ja nur eine Annahme, die der Prüfung bedarf bzw. bedurfte. Derlei Arbeiten sind auch angefertigt worden, allerdings erstaunlich wenige, so daß man KLEIN (1995: 13) weitgehend zustimmen kann, wenn er nach Durchsicht des einschlägigen Schrifttums feststellt: „(...) der Literatur [ist] nicht zu entnehmen, inwieweit überhaupt räumliche Differenzierungen der Einzelhandelsentwicklung in gleichrangigen Beobachtungsräumen zu erwarten sind".

Unter den wenigen Arbeiten, die erschienen sind[4], ragt eindeutig die von STEWIG (1974) heraus. Diese anregende, in ihrer Zeit innovative Arbeit, soll der Ausgangspunkt

---

[4] Aus der deutsch- und englischsprachigen Literatur sind mir insgesamt nur drei wissenschaftlich ernstzunehmende Untersuchungen bekannt, in denen städtische Einzelhandelsstrukturen in verschiedenen Ländern umfassend, d. h. nicht nur Teilphänomene betrachtend miteinander verglichen werden: STEWIG (1974), LORD / GUY (1991, 1992) und HOLZWARTH (1998). Hinzu kommt die wissenschaftlich weniger fundierte, aber dennoch recht interessante Arbeit von SIMMONS / KAMIKIHARA / JONES (1996), in der Daten zum Einzelhandel in acht Millionenstädten (Toronto, Barcelona, Dallas, Hongkong, Melbourne, Mexico City, München, Nagoya) gegenübergestellt werden. Insgesamt ist das zu wenig Material (und die Untersuchungsregionen sind zu heterogen), um daraus einen „Forschungsstand" zu extrahieren, den es sich in einem eigenen Kapitel zu referieren lohnte. Die Ergebnisse aus diesen Arbeiten werden an verschiedenen Stellen des Textes präsentiert.

der Darstellung sein. Sie wird deshalb im anschließenden Kapitel 2 ausführlicher analysiert. Dabei geht es mir weniger um die konkreten empirischen Befunde, also um die festgestellten Unterschiede zwischen den Untersuchungsregionen, sondern um die impliziten und expliziten Annahmen darüber, wie das Wirtschaftssystem Einzelhandel funktioniert, welche Akteure an ihm beteiligt sind, und wie sich deren Verhalten in räumlich-dinglichen Strukturen niederschlägt. Ich arbeite diese traditionelle Konzeption heraus, weil ich glaube, daß sie als implizites Denkschema noch heute unter vielen Arbeiten der geographischen Handelsforschung liegt, obwohl sie durch den gesellschaftlichen und ökonomischen Wandel der letzten drei Jahrzehnte zumindest ergänzungsbedürftig geworden ist.

Das Kapitel 3, das eigentliche konzeptionelle Kapitel der Arbeit, teilt sich in zwei große Hälften. In der ersten Hälfte geht es um die Frage, wie eine der großen Veränderungen, der von vielen Theoretikern konstatierte Wandel unserer Ökonomie zu einer „Ökonomie der Zeichen" bzw. einer „symbolischen Ökonomie" sich wohl auf den Einzelhandel und den methodischen Umgang mit Einzelhandelslandschaften auswirkt bzw. auswirken sollte. In der zweiten Hälfte entwerfe ich ein neues, eigenes Konzept über die Formung lokaler Einzelhandelsstrukturen – das Konzept von Konvergenz, Persistenz und Divergenz. Dabei werde ich einerseits versuchen, die neuen Faktoren, die auf lokale Einzelhandelsstrukturen wirken – vor allem natürlich die verschiedenen internationalen Einflüsse – zu identifizieren. Andererseits werde ich versuchen abzuleiten, in welcher Weise diese Faktoren auf lokale Einzelhandelslandschaften wirken können. Dabei möchte ich vor allem zeigen, daß Internationalisierung im Einzelhandel – entgegen populärer Ideologie – nicht zwangsläufig zu einer Konvergenz lokaler und nationaler Strukturen führen muß. (Die Fallstudie *Galeries Lafayette* sollte bereits einen kleinen Vorgeschmack darauf gegeben haben).

Mit Kapitel 4 verlasse ich den konzeptionellen Teil der Arbeit und gehe zum halbempirischen über. Hier werde ich exemplarisch das bestuntersuchte und greifbarste Teilphänomen der Internationalisierung im Einzelhandel, nämlich die zunehmende Internationalisierung der Einzelhandelsunternehmen, im Detail betrachten. Dazu werte ich die bisher erschienene, fast ausschließlich von Ökonomen verfaßte Literatur auf ihren geographischen Gehalt hin aus und ergänze das Bild durch eigene Befunde aus der Auswertung von Fachzeitschriften, Geschäftsberichten, Sekundärstatistiken und Interviews. Vordringliches Ziel des Kapitels ist es, am Beispiel eines Teilphänomens, Regelhaftigkeiten im Prozeß der Internationalisierung zu entdecken, deren Kenntnis bei der Interpretation lokaler Einzelhandelsstrukturen nützlich ist.

In Kapitel 5 schließlich, dem eigentlichen empirischen Kapitel, begründe ich zunächst, warum ich die Stadtregionen von Birmingham, Mailand und München als Untersuchungsregionen gewählt habe, stelle deren wichtigste ökonomische, demographische, siedlungsstrukturelle und stadthistorische Merkmale dar und beschreibe und begründe meinen methodischen Zugang zur Fragestellung. Darauf folgt die Beschreibung und Analyse der wichtigsten quantitativen und qualitativen Unterschiede zwischen den Einzelhandelslandschaften der drei Städte, wobei sich die Darstellung stark auf den innerstädtischen Handel konzentriert.

2 Stewigs Vergleich der Einzelhandelsstrukturen von Bursa, Kiel und London/Ontario

2.1 Fragestellung, Operationalisierungen, Methoden

STEWIGS Aufsatz „Vergleichende Untersuchung der Einzelhandelsstrukturen der Städte Bursa, Kiel und London/Ontario" erschien 1974. Die empirischen Untersuchungen, die dem Text zugrunde liegen, wurden aber bereits in den Jahren 1967 bis 1972 angestellt. Man kann daher sagen, daß es hier um eine rund 30 Jahre alte Forschungsarbeit geht, die gerade in die Zeit des großen Paradigmenwechsels in der deutschen Geographie fällt, und die diesen Umbruch auch widerzuspiegeln scheint, weil sie sowohl „alte" idiographisch-landeskundliche als auch „neue" nomothetisch-raumwissenschaftliche Anteile enthält. Diese beiden Zugänge sind nicht sauber von einander geschieden, sondern mischen sich, wie später zu sehen sein wird, auf eine sehr eigene Weise, so daß sich die hier wichtige Frage nach der wissenschaftstheoretischen Färbung des Autors, die eigentlich am Anfang der Betrachtung stehen sollte, erst nach und nach anhand verschiedener Details beantworten läßt. Ich möchte sie hier deshalb zurückstellen und erst dann aufgreifen, wenn die wesentlichen Inhalte des Aufsatzes bekannt sind.

STEWIGS Zugang zu seiner Fragestellung war, soweit man es dem Text entnehmen kann, ein induktiver: Ausgangspunkt war die Einzelhandelsstruktur der türkischen Stadt Bursa, die der Autor während eines Forschungsaufenthaltes in anderer Sache kennenlernte (S. Ste19[5]) und offenbar für so interessant und erklärungsbedürftig hielt, daß er sie 1967 untersuchte und im Anschluß daran nach vergleichbaren (d. h. im wesentlich gleich großen) Städten in anderen „Kulturkreisen" suchte, die er Bursa gegenüberstellen konnte. Dieses Vorgehen zeigt bereits, daß STEWIG nicht nur am Einzelfall interessiert war, sondern auch generell an den Einflußfaktoren, die bei der Formung lokaler Einzelhandelsstrukturen wirken, und die er offenbar im Bereich der „Kultur" vermutet. Ganz nach der alten erkenntnistheoretischen Maxime von RÓŻEWICZ (1969: 55), man beschriebe das Weiß am besten mit dem Grau und das Grau am besten mit dem Rot, hofft er (augenscheinlich) diese Faktoren besonders scharf zu sehen, wenn er starke Kontraste erzeugt und drei sehr unterschiedliche Städte, nämlich solche aus drei „Kulturkreisen", miteinander vergleicht.

---

[5] Für dieses Kapitel gilt die Konvention, daß Verweise auf Textseiten oder Abbildungen in STEWIGS Text – um sie von Verweisen auf meinen eigenen Text unterscheiden zu können – mit dem Kürzel „Ste" vor der entsprechenden Nummer gekennzeichnet sind. Also: z. B. Abb. Ste3 oder S. Ste27.

Der Autor selbst sagt nicht sehr viel zu seiner Fragestellung, jedenfalls dann nicht, wenn man als Fragestellung nur das gelten läßt, was sich tatsächlich in einen Fragesatz kleiden läßt. Er beschreibt aber die verschiedenen Betrachtungsebenen, auf denen er sich dem Forschungsgegenstand annähert und entwirft so eine Art Forschungsplan, der innerhalb des Textes vor allem als Inhaltsankündigung fungiert:

> *„Die Einzelhandelsstrukturen der drei Städte sollen im folgenden sowohl statisch und deskriptiv als auch erklärend interpretiert und in ihrer Dynamik erfaßt werden; abschließend wird der Versuch unternommen, sie zusammenfassend genetisch-theoretisch zu deuten" (S. Ste20).*

An dieser Stelle taucht eine kleine Ungenauigkeit auf, denn die „Dynamik" der Einzelhandelsstrukturen kann vom Autor gar nicht „erfaßt" werden, weil er in allen drei Städten jeweils nur *eine* „Bestandsaufnahme an Ort und Stelle" (S. Ste19) durchführt. Strenggenommen müßte es daher beim Statisch-Deskriptiven bleiben. Worauf die später über den Text verstreuten Bemerkungen zur „Dynamik" fußen, bleibt in den meisten Fällen unklar; nur selten wird Literatur zitiert. Daß der Autor der Versuchung erlegen ist, aus einer empirischen Momentaufnahme hier und dort eine Längsschnitt-Studie zu machen, ist zwar verständlich – auch bei der hier vorliegenden Arbeit galt es immer wieder, dieser Versuchung zu widerstehen –, bleibt aber problematisch: Allzu leicht geraten „freihändige" Darstellungen früherer Entwicklungen zu Erzählungen, deren Handlung von dem (wohl meist unbewußten) Bestreben des Autors bestimmt ist, eine möglichst „eindeutige" und „vollständige" Erklärung des Status quo abzugeben. Brüche, Zufälle, Ungereimtheiten bleiben, mit oder ohne Vorsatz, außen vor.

Aus diesem Grund ignoriere ich bei der weiteren Analyse des Aufsatzes jene Passagen über die „Dynamik" und zähle diesen Aspekt auch nicht zur seriös bearbeiteten Fragestellung. Dies betrifft jedoch ausdrücklich nicht die von STEWIG so bezeichneten „genetisch-theoretischen" Deutungen am Schluß des Textes, die erstens konzeptionell von höchstem Interesse sind und sich zweitens ja als Deutungen ankündigen und – genau wie die „erklärenden Interpretationen" – gar nicht vorgeben, etwas zu „erfassen", sondern nur am Kriterium der Plausibilität gemessen werden wollen.

Verdichtet man das bisher Herausgearbeitete, so stellt STEWIG also in etwa folgende Frage: Wodurch unterscheiden bzw. gleichen sich die Einzelhandelsstrukturen von Bursa, Kiel und London/Ontario (im Moment der Betrachtung), wie sind diese Unterschiede entstanden, und was verrät dies allgemein über (kulturelle) Einflußfaktoren und Prozesse, die bei der Genese lokaler Einzelhandelsstrukturen wirken?

Wie aus der Einleitung bekannt ist, entspricht diese Fragestellung ziemlich genau der, die dieser Arbeit zugrunde liegt. Sicher ist hier wichtig anzumerken, daß diese Ähnlichkeit zufällig ist, denn STEWIGs Arbeit war mir beim Formulieren der Fragestellung noch gar nicht bekannt und wurde erst später zu einem wichtigen konzeptionellen Bezugspunkt.

Bei aller Ähnlichkeit der Fragestellungen gibt es aber einen zentralen Unterschied: In STEWIGs Arbeit werden *Einzelhandelsstrukturen* untersucht, hier soll es um *Einzelhandelslandschaften* gehen – eine bewußt getroffene begriffliche Unterscheidung, die eben genau den Unterschied zwischen der hier so bezeichneten traditionellen (aber noch vielfach anzutreffenden) Herangehensweise an das System Einzelhandel und der im nächsten Kapitel vorgeschlagenen neuen Sichtweise markieren soll. Man muß an dieser Stelle unbedingt anmerken, daß „traditionell" einerseits und „neu" andererseits nur chronologisch gemeint sind und keine wertende Bedeutung tragen. Wie später deutlich werden wird, geht es nicht darum, die anregende Arbeit STEWIGs zu diffamieren, sondern sie – im Gegenteil – als gut geratenes (aber keineswegs makelloses) Kind ihrer Zeit darzustellen, die einerseits den damaligen gesellschaftlichen und wirtschaftlichen Realitäten Rechnung zu tragen versuchte, andererseits aber auch stark vom seinerzeit modischen nomothetischen Paradigma der deutschen geographischen Wissenschaft beeinflußt war (auch wenn die Betonung des Kulturellen im Untersuchungsansatz etwas anderes suggeriert). Der Vorschlag einer neuen Konzeption im nächsten Kapitel basiert eben auch nicht auf der Einschätzung, alles Bisherige sei intellektuell minderwertig, sondern nur darauf, daß veränderte Realitäten neue wissenschaftliche Zugänge erfordern.

Wie operationalisiert nun STEWIG den für seine Fragestellung zentralen Begriff der „Einzelhandelsstruktur"? Ähnlich wie bei der Fragestellung findet sich hierzu im Text keine explizite Angabe, und es ist fraglich, ob eine solche Operationalisierung im strengen Sinne überhaupt vor Forschungsbeginn stattgefunden hat. Auch hier stellt sich also die Aufgabe, die impliziten Operationalisierungen aus dem Text zu extrahieren und sie ex-post zu einem Ideengebäude zu montieren. Bevor dies geschieht, kann man aber eine grundlegende Feststellung treffen: Für STEWIG ist die Frage nach der „Einzelhandelsstruktur" im wesentlichen gleichzusetzen mit der Frage nach der *räumlichen Anordnung verschiedener Zentren im Stadtgebiet und nach der räumlichen Anordnung verschiedener Einzelhandelsbetriebe innerhalb dieser verschiedenen Zentren* (vgl. z. B. Abb. 1).

Der Begriff „Zentrum" verweist bereits darauf, daß es die Theorie der zentralen Orte, vor allem in ihrer Weiterentwicklung für städtische Räume durch BERRY (1963) ist, die STEWIGs Blick auf den Einzelhandel in seinen Untersuchungsregionen prägt, auch wenn dies niemals deutlich niedergeschrieben wird, und entsprechende Literatur nicht zitiert ist. Das erste und wichtigste „Strukturelement", in das STEWIG das komplexe Phänomen „Einzelhandelsstruktur" zerlegt, ist denn auch ganz folgerichtig das „(...) Warenangebot am jeweiligen Standort, mit dessen Klassifizierung nach alltäglicher, periodischer und längerfristiger Bedarfsdeckungsfunktion (...)" (S. Ste19-20). Die Ausstattung mit Gütern unterschiedlicher Bedarfsstufen und die damit theoretisch verknüpften unterschiedlich großen Einzugsbereiche sind das wichtigste Merkmale, durch das sich Einzelhandelsagglomerationen voneinander unterscheiden[6] (und durch das sie erst zu „Zentren" werden). Und die unterschiedliche Verteilung dieser drei hauptsächlich durch

---

[6] Nur Einmal, im Falle von London/Ontario, wird auch ein Zentrentyp beschrieben wird, der *nicht* in erster Linie über seinen (schwer bestimmbaren) Einzugsbereich, sondern vor allem über seine (bandartige) Morphologie und seine Lage (an Ausfallstraßen) definiert ist: der „commercial strip", den BERRY (1963) als einen jener Zentrentypen identifiziert hatte, die an Verkehrsströmen ausgerichtet sind, und die das Geflecht aus hierarchisch gestuften Knoten in größeren Städten regelmäßig ergänzen. Dies zeigt einmal mehr, daß STEWIG sich sehr stark auf BERRY stützt, wenn er auch nicht ganz „sattelfest" zu sein scheint.

ihre Reichweite voneinander verschiedenen Agglomerationstypen im zweidimensionalen Raum macht bereits einen guten Teil von Unterschieden in der „Einzelhandelsstruktur" von Städten aus.

Abb. 1: Stewigs Darstellung der Einzelhandelsstruktur der Stadt Bursa[7]

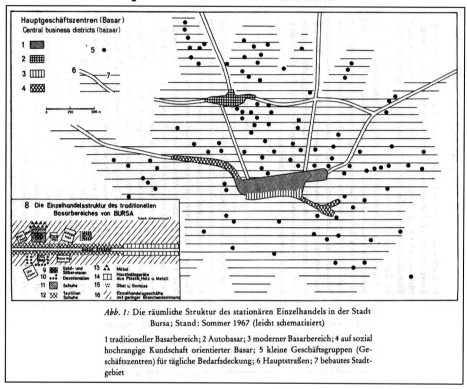

Abb. 1: Die räumliche Struktur des stationären Einzelhandels in der Stadt Bursa; Stand: Sommer 1967 (leicht schematisiert)

1 traditioneller Basarbereich; 2 Autobasar; 3 moderner Basarbereich; 4 auf sozial hochrangige Kundschaft orientierter Basar; 5 kleine Geschäftsgruppen (Geschäftszentren) für tägliche Bedarfsdeckung; 6 Hauptstraßen; 7 bebautes Stadtgebiet

Alle weiteren „Strukturelemente", die von Stewig im Laufe des Textes angesprochen werden, beziehen sich nun nicht mehr auf die Verteilung der Zentren, sondern deren innere Gliederung, das heißt auf das Vorhandensein bzw. die Abwesenheit verschiedener Einzelhandelsbetriebe und ihre räumliche Anordnung.

Wie die Legende der oben abgedruckten Karte bereits erahnen läßt, ist es eine ganze Palette von (nicht explizit offen gelegten) Kriterien, nach denen Stewig Einzelhandelsbetriebe voneinander unterscheidet, und mit deren Hilfe er die innere Gliederung von Zentren – recht unsystematisch – beschreibt. Die wichtigsten dieser Kriterien finden sich in den nachfolgenden Textauszügen, in denen die jeweiligen Hauptgeschäftszentren Bursas und Kiels, der Basar und die City, beschrieben werden.

---

[7] Diese wie auch die Abb. 3 und Abb. 4 sind Reproduktionen aus Stewig (1985), einem inhaltlich unveränderten aber graphisch verbesserten Nachdruck des Originals.

Für Bursa:

„Als weiteres kennzeichnendes Merkmal kommt im traditionellen Basar die (...) Branchengliederung und -konzentration hinzu. (...). Danach weist der Standort der Devotionalienhändler die größte Nähe zur großen Stadt- und Basarmoschee (Ulu Cami) auf. (...). Die Gold- und Silberwarenhändler, die sich einer nur wenig geringeren Wertschätzung erfreuen, (...) sind im abschließbaren Teil des Basars (Bedesten) konzentriert. Der Verkauf von Textilien, insbesondere Stoffen, und Schuhen schließt sich in etwas größerer Entfernung von der Hauptmoschee an. Allerdings hat bei diesen beiden Branchen (...) ein Basarbrand im Jahre 1958 die Einführung moderner Verkaufsformen mit durch Schaufenstern und Türen nach außen abgeschlossenen Verkaufsräumen im wieder aufgebauten Teil des Basars zur Folge gehabt, während in den nicht vom Brand in Mitleidenschaft gezogenen Basarteilen die traditionellen Verkaufsformen mit den offenen Läden weiter bestehen. Diese unterschiedliche Ausstattung der Geschäfte hat in Verbindung mit Qualitätsunterschieden der angebotenen Waren zu einer entsprechenden Segregation der Kundschaft – in eine ländlich-traditionelle und in die städtisch-moderne Gruppe geführt. In größerer Entfernung von der Hauptmoschee befinden sich hölzerne und metallene Haushaltsgeräte ..." (S. Ste20).

Und für Kiel:

„Während in Bursa in den traditionellen Basarteilen (...) die Branchen räumlich segregiert und konzentriert auftreten, ist für Kiel eine sehr viel stärkere Branchenmischung kennzeichnend. Dennoch lassen sich auch in Kiel gewisse Ordnungsprinzipien des Cityeinzelhandels erkennen. Dazu gehört die Konzentration von Spezialgeschäften geringerer Größenordnung und starker Branchenmischung, die alle auf ein sozial hochrangiges Publikum eingestellt sind, in einem peripheren Teil der City (Dänische Straße)(...). (...) ferner die Konzentration von Geschäften unterschiedlicher Größenordnung und starker Branchenmischung, die auf ein sozial niedrigrangiges Publikum eingestellt sind, in einem anderen peripheren Teil der City (Sophienblatt). An weiteren räumlichen Ordnungsprinzipien (...) wurde eine Ballung der Geschäfte für Textilien und Schuhe in Form von Kaufhäusern (nördliche Holstenstraße) und der Geschäfte für technische Artikel in Form kleinerer Betriebe (südliche Holstenstraße) festgestellt" (S. Ste22).

Wie kaum anders zu erwarten, ist die *Art* der angebotenen Waren oder, anders gesagt, die Branche das wichtigste Kriterium, das Einzelhandelsbetriebe voneinander unterscheidet. Das Maß an intrazentraler Dispersion bzw. Konzentration von Betrieben einzelner Branchen und die intrazentrale Anordnung von Branchenkonzentrationen im zweidimensionalen Raum (z. B. ausgedrückt als „Entfernung zur Hauptmoschee") bilden, nach der räumlichen Anordnung von Handelsagglomerationen unterschiedlichen zentralörtlichen Ranges, das zweite „Strukturelement" lokaler Einzelhandelsstrukturen.

Ähnlich wichtig wie die *Art* der angebotenen Waren ist für STEWIG auch deren „Qualität". Manchmal nimmt er hier eine simple Zweiteilung in niedrige und hohe Qualität vor, manchmal eine Dreiteilung, bei der auch ein mittleres Niveau existiert. (Dies kann man aus der Beschreibung der Kieler City herauslesen, auch wenn die Betriebe mit

Waren mittlerer Qualität nicht angesprochen werden, die aber nach aller Logik wohl den gesamten nicht „peripheren" Teil der City ausfüllen). Woran sich die „Qualität" eines Warenangebotes mißt, bleibt den gesamten Text über im Unklaren. Man darf annehmen, daß der Preis als Indikator herangezogen wurde; Anzeichen dafür, daß noch andere Merkmale betrachtet wurden, gibt es nicht, und „Preisniveau" wäre daher sicher der bessere Name für dieses dritte „Strukturelement" als der irreführende Begriff „Qualität".

Ein viertes „Strukturelement", das STEWIG zwar nur bei der Beschreibung Bursas explizit anspricht, das aber an anderen Stellen immer wieder durchscheint, ist die Traditionalität bzw. Modernität von Einzelhandelsbetrieben. Im Hauptgeschäftszentrum von Bursa, dem Basar, kommen sowohl „traditionelle" als auch „moderne" „Verkaufsformen" (S. Ste20) vor, die sich dadurch unterscheiden, daß in einem Fall die Verkaufsräume offen zugänglich, im anderen Fall aber durch Schaufenster und Türen abgeschlossen sind. Interessant und für weite Teile des Textes charakteristisch, dies als kurzer Vorgriff, erscheint die „Erklärung", die STEWIG für die Zweiteilung gibt: Er schreibt, ein Brand habe die Einführung der modernen Verkaufsformen „zur Folge gehabt". Niemand hat hier gehandelt, niemand hat hier Interessen gehabt oder Strategien verfolgt. Es kommt einfach, was kommen muß – auf das Alte folgt das Neue.

Das fünfte und letzte „Strukturelement" ist die Betriebsgröße. Sie spielt insgesamt eine verblüffend kleine Rolle und wird nur an einer Stelle herausgehoben behandelt. STEWIG stellt dort fest, „daß in der Kieler City eine Vielfalt von unterschiedlichen Betriebsgrößen vorhanden ist und daß gerade die großen Kauf- und Warenhäuser, die in Bursa völlig fehlen, in der City massiert auftreten" (S. Ste22). Ansonsten kommt die Betriebsgröße nur noch im Zusammenhang mit „Supermärkten" ins Spiel. Sie stellen in den „Kleinzentren" Kiels und Londons einen „Großbetrieb" zur täglichen Bedarfsdeckung dar, der in den „Kleinzentren" Bursas nicht vorhanden ist (vgl. S. Ste22 und 26).

Abb. 2: Nachholende Operationalisierung von STEWIGS Begriff der Einzelhandelsstruktur

Analyse-Ebene	Strukturelement	
gesamtstädtisch-interzentral	Zentren	Existenz und räumliche Anordnung von Zentren mit unterschiedlicher "Bedarfsdeckungsfunktion" und unterschiedlicher Morphologie (nur bei den "commercial strips")
teilräumlich-intrazentral	Branchen	Existenz und räumliche Anordnung von Betrieben mit Sortimenten unterschiedlicher Art; Ausmaß der "Branchenkonzentration"
	Qualität/Preis	Existenz und räumliche Anordnung von Betrieben mit Sortimenten unterschiedlichen Qualitäts- bzw. Preisniveaus (hoch, mittel, niedrig)
	Modernität	Existenz und räumliche Anordnung von "traditionellen" bzw. "modernen" "Verkaufsformen"
	Betriebsgröße	Existenz und räumliche Anordnung von Betrieben unterschiedlicher Größenordnung (klein / groß)

Quelle: eigener Entwurf

Man könnte die nachholende Operationalisierung des Begriffes Einzelhandelsstruktur, deren Kernelemente in Abb. 2 dargestellt sind, noch weiter treiben, denn der Autor nennt – am Rande und unsystematisch – allerlei mehr „Strukturelemente" (zum Beispiel die Gestalt der Gebäude, in denen Handel getrieben wird, oder die unterschiedlich starke

Spezialisierung von Geschäften), aber man würde den Text, dessen Stärke eindeutig eher die anregende Analyse als die systematische Deskription ist, damit sicherlich überinterpretieren und dem gesamten Forschungsansatz nachträglich mehr Systematik zuschreiben, als er jemals gehabt hat.

Aus diesem Grund wäre es auch falsch, etwaigen Indikatoren zum Beispiel für „Modernität" oder, schon thematisiert, „Qualität" nachzuspüren. STEWIG hat wahrscheinlich keinen einzigen präzise festgelegten Indikator verwandt; er ist in seine Untersuchungsgebiete gefahren und hat „losgelegt", und dabei sind ihm zahlreiche logische Fehler unterlaufen, von denen einer hier erwähnt sei, weil er eine für interkulturelle Vergleiche (und damit auch für die vorliegende Arbeit) grundlegende Frage berührt: Die Frage, ob man mit universellen, also auf alle Vergleichsobjekte anwendbaren Kategoriesystemen und Meßskalen arbeiten soll, oder mit speziellen, auf das einzelne Objekt und seinen kulturellen Kontext abgestimmten. Beides hat Vor- und Nachteile, beides läßt sich begründen. Problematisch wird es dann, wenn beide Vorgehensweisen vermischt werden, wie es bei STEWIG geschieht: Während die Zentren in allen drei Städten relativ konsequent in den universellen Kategorien der Bedarfsdeckungsfunktion beschrieben werden, mißt sich die „Modernität" von Verkaufsformen eindeutig nach den speziellen Maßstäben der Lokalität – denn wie sonst könnten die „durch Schaufenster und Türen nach außen abgeschlossenen Verkaufsräume" in Bursa „modern" sein, wo es sie doch in Kiel seit einigen hundert Jahren gibt?

Bei den übrigen drei Strukturelementen Branche, Qualität und Betriebsgröße ist nicht genau zu entscheiden, ob universelle oder spezielle Skalen verwandt wurden, was nicht nur wissenschaftlich unsauber ist, sondern an einigen Stellen ernstlich das Verständnis der beschreibenden Passagen erschwert. (So wird dem Ortsunkundigen nicht klar, ob in dem qualitativ hochwertigen Teil des Basars von Bursa tatsächlich Kleidungsstücke und Küchenmaschinen verkauft werden, die auch nach westlichen Maßstäben hochwertig (bzw. teuer) wären, oder ob man dort nur die etwas besseren Sandalen und Kochtöpfe findet als im Rest des Basars).

In der Frage der angewandten Forschungsmethoden, der letzten, die in diesem Abschnitt anzusprechen ist, gibt sich der Autor etwas auskunftsfreudiger und präziser als bei der Fragestellung und ihrer Operationalisierung. Man erfährt, daß in den drei Städten jeweils eine „Bestandsaufnahme" stattgefunden hat, bei der „der Standort jedes Einzelhandelsgeschäftes (...) und die Angebotspalette am jeweiligen Standort erfaßt" wurde. Das Wort „Kartierung" fällt seltsamerweise nicht, aber es kann kein Zweifel daran bestehen, daß mit „Bestandsaufnahme" nichts anderes als eine flächendeckende Kartierung gemeint ist, denn wie gezeigt, kommt es STEWIG ja gerade auf die genaue Verortung und nicht auf eine bloße tabellarische Auflistung von Zentren in der Stadt und von Betrieben innerhalb von Zentren an. Welche Merkmale (außer der Bedarfsdeckungsfunktion der angebotenen Waren) kartiert wurden, welche Zuordnungsregeln galten und ob gemessen oder geschätzt wurde – darüber erfährt man wiederum nichts.

Die Kartierung ist die einzige Methode, die STEWIG anwendet, um die Informationen zu gewinnen, die er zur Beschreibung der Einzelhandelsstrukturen der drei Städte benötigt. Warum sollte er auch andere Methoden hinzunehmen? Alle Strukturelemente einer Einzelhandelsstruktur, wie er sie versteht, lassen sich ja, mehr oder minder problemlos per Kartierung erfassen. Oder – war es hier vielleicht so, daß die „Kartierbarkeit" die Operationalisierung bestimmt hat; vielleicht nach dem Motto: Einzelhandelsstruktur ist das, was man von der Straße aus sehen und in Karten eintragen kann? Man kann hier nicht entscheiden, wie es war, aber darauf kommt es auch gar nicht an. Es sollte hier nur am konkreten Beispiel schon einmal vor Augen geführt werden, welch enge Bindung zwischen Karte und Einzelhandelsstruktur in der traditionellen Einzelhandelsgeographie besteht – ein kleiner Vorgriff auf die konzeptionellen Überlegungen im anschließenden Kapitel.

Um an die Informationen zu gelangen, die er zur Erklärung der von ihm beschriebenen Strukturen benötigt, wendet STEWIG nach eigener Darstellung zwei Methoden an: In Kiel und London wertet er bereits vorhandenes „statistisches und kartographisches Material" aus, um sich die „sozio-ökonomische Struktur der Einzugsgebiete der jeweiligen Einzelhandelsgeschäfte oder –zentren" zu erschließen, in Bursa führt er zum selben Zweck (!) eine „Beobachtung" durch, über die man leider keine Einzelheiten erfährt.

Die von STEWIG genannten Methoden stellen allerdings ganz offenkundig nur einen sehr kleinen Ausschnitt aus seinem Instrumentarium dar. Ob der Brand im Basar von Bursa im Jahre 1958, oder die Tatsache, daß London/Ontario „im kulturellen Bereich mit einer deutschen Kleinstadt vergleichbar" ist, ob die „vorwiegend vegetarische Ernährungsbasis" in Bursa oder die „Einförmigkeit der Ansprüche" der Konsumenten in London – nichts davon hätte STEWIG mit den von ihm angegebenen Methoden erfahren können. Dazu mußte er sich, um es auf einen einfachen Begriff zu bringen, in den drei Städten ein wenig umtun – Gespräche mit Einheimischen führen, herumstöbern, die Lokalzeitung lesen und so weiter. Daß STEWIG die Anwendung dieser Methoden nicht erwähnt, mag dem Geist der „nach Kiel-Zeit" geschuldet sein, der von der angeblich unwissenschaftlichen, leger-interpretativen Feldforschung der Altvorderen[8] nichts mehr wissen wollte. Ob STEWIG selbst glaubte, es sei unwissenschaftlich, sich umzutun, oder ob er nur zum Schein mit der Mode ging, muß offen bleiben, aber es ist festzuhalten, daß der Forschungsansatz – sehr zum Wohle des Forschungsergebnisses – sehr viel „qualitativer" und (für die Zeit) „altmodischer" war, als es nach außen scheint.

---

[8] Das vielleicht schönste und im Ergebnis überzeugendste Beispiel für diese Art von Forschung ist RÜHLs berühmter Aufsatz „Die Wirtschaftspsychologie des Spaniers" (1922), der im wesentlichen auf „Eindrücken" basiert, die RÜHL nach eigener Auskunft während einer mehr als zehn Jahre zurückliegenden „Reise" durch Spanien gesammelt hatte.

2.2 Ergebnisse

Die Ergebnisse von STEWIGs Strukturvergleich lassen sich gedanklich in einen deskriptiven, einen analytischen und einen prognostischen Teil gliedern. Diese Gliederung spiegelt sich ansatzweise auch im formalen Aufbau des Aufsatzes wider. Allerdings mischen sich in den einzelnen Abschnitten die beschreibenden, erklärenden und vorhersagenden Passagen immer wieder, so daß die folgende Zusammenfassung dem Text nicht linear nachfolgen kann. Durch Bündelung thematisch verwandter, aber im Original verstreuter Argumente, wird eine Ordnung hergestellt, die bei STEWIG nur angedeutet ist.

2.2.1 Deskription

Die Deskription nimmt in STEWIGs Text den größten Raum ein. So großen Raum, daß es nicht möglich ist, all die vielen Details, die man erfährt (vgl. die längeren Zitate weiter oben), wiederzugeben. Die notwendige Auswahl wird dadurch erleichtert, daß viele der Beschreibungen „in der Luft hängen bleiben", weil sie sich nur auf eine Stadt beziehen und beim Vergleich der drei Städte keine Rolle mehr spielen. Solche monographischen Beschreibungen haben sicher ihren Sinn, aber hier sind sie nicht weiter interessant, denn es geht ja um die Frage, wie STEWIG Unterschiede und Gemeinsamkeiten von Einzelhandelsstrukturen begründet, und diese Frage läßt sich eben nur anhand von Strukturelementen beantworten, die aufgrund von *vergleichenden* Beschreibungen als verschieden oder gleich identifiziert werden. Wenn also im folgenden jene Ergebnisse STEWIGs referiert werden, die beschreibender Natur sind, dann beschränkt sich das auf die Passagen, die von Unterschieden oder Gemeinsamkeiten zwischen den Städten handeln.

STEWIG komprimiert seine zentralen deskriptiven Forschungsergebnisse zu einem einzigen Kartogramm, das hier in Abb. 3 als (bearbeitetes) Faksimile wiedergegeben ist.

Abb. 3: STEWIGs **Profil der Einzelhandelsstrukturen der Städte Bursa, Kiel und London/Ontario**

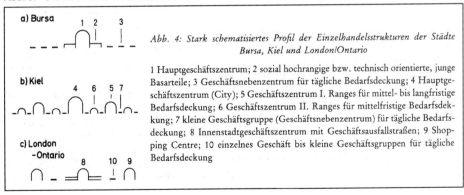

a) Bursa   1 2   3

Abb. 4: Stark schematisiertes Profil der Einzelhandelsstrukturen der Städte Bursa, Kiel und London/Ontario

b) Kiel   4 6 5 7

1 Hauptgeschäftszentrum; 2 sozial hochrangige bzw. technisch orientierte, junge Basarteile; 3 Geschäftsnebenzentrum für tägliche Bedarfsdeckung; 4 Hauptgeschäftszentrum (City); 5 Geschäftszentrum I. Ranges für mittel- bis langfristige Bedarfsdeckung; 6 Geschäftszentrum II. Ranges für mittelfristige Bedarfsdeckung; 7 kleine Geschäftsgruppe (Geschäftsnebenzentrum) für tägliche Bedarfsdeckung; 8 Innenstadtgeschäftszentrum mit Geschäftsausfallstraßen; 9 Shopping Centre; 10 einzelnes Geschäft bis kleine Geschäftsgruppen für tägliche Bedarfsdeckung

c) London -Ontario   8   10 9

Dargestellt werden hier vor allem (aber nicht nur) die stadtspezifischen Ausprägungen des ersten Strukturelementes von Einzelhandelsstrukturen, nämlich die Existenz und die räumliche Anordnung von Zentren unterschiedlicher Bedarfsdeckungsfunktion. Das Darstellungsprinzip ist folgendes: Das Vorhandensein eines Zentrums (oder mehrerer Zentren gleichen Typs) in einem bestimmten Gürtel des städtischen Raumes wird durch Eintragung eines Symbols auf einer vom Stadtzentrum zum Stadtrand laufenden Profilachse gekennzeichnet. Welche Bedarfsdeckungsfunktion die einzelnen eingezeichneten Zentren erfüllen, wird z. T. (aber nicht immer) durch die Größe des Symbols beschrieben (die z. T. aber auch noch eine andere Information transportiert). Zum Teil (aber nicht immer) wird auch die Art des Symbols benutzt, um die Bedarfsdeckungsfunktion anzuzeigen. (Aber das Symbol enthält z. T. auch noch eine andere Information). Letztlich ist man doch auf die begleitenden Beschriftungen und die Lektüre des ganzen Aufsatzes angewiesen, um herauszufinden, was es mit den einzelnen Zentren auf sich hat – ein Umstand, der den Nutzen des gesamten Kartogramms ein wenig zweifelhaft macht[9].

Neben dem Strukturelement „Zentrum" werden noch die Strukturelemente „Branche" und „Qualitäts- bzw. Preisniveau" dargestellt – allerdings nur für Bursa, wo die „jungen Basarteile" aufgrund ihrer diesbezüglichen Eigenarten (technische Branchen, hohes Qualitätsniveau) und ohne Ansehen der eigentlich maßgeblichen Bedarfsdeckungsfunktion den Status eines eigenen Zentrentyps verliehen bekommen. (In Kiel dagegen begründet die Ballung „der Geschäfte für technische Artikel in Form kleinerer Betriebe" in der südlichen Holstenstraße keinen eigenen Zentrentyp).

Diese Ungenauigkeiten und Ungeschicklichkeiten im Kartogramm und in den Textpassagen, die durch das Kartogramm zusammengefaßt werden sollen, sind besonders ärgerlich, weil sie einen an sich klaren und aufregenden Befund verschleiern: BERRYs Modell der innerstädtischen Zentrenhierarchie ist nicht das universell gültige Modell, als das es oft dargestellt und verwendet wird[10]! Zwar scheinen bei der Ausbildung städtischer Zentrensysteme „über alle kulturellen Verschiedenheiten hinweg mindestens einige gleichgerichtete Kräfte" (S. Ste27) wirksam zu sein. Aber diese universellen Kräfte werden offenbar von lokal- und kulturraumspezifischen Kräften überlagert, modifiziert und neutralisiert, so daß man bei interkulturellen Vergleichen städtischer Zentrenhierarchien Unterschiede ebenso wie Gemeinsamkeiten finden wird.

Anders als STEWIG, der die Gemeinsamkeiten betont (vgl. S. Ste27), scheinen mir die Unterschiede wegen ihres modellmodifizierenden Charakters interessanter zu sein – zumal diese Unterschiede nicht irgendwelche randlichen Erscheinungen betreffen, sondern zentrale Annahmen in dem auf Christaller fußenden Teil von BERRYs Modell. Im einzelnen widerlegen vor allem diese Befunde STEWIGs die universelle Gültigkeit:

---

[9] Wenn in meiner Darstellung hier und da auf eindeutige handwerkliche Fehler und Ungenauigkeiten STEWIGs hingewiesen wird, so geschieht das nicht zum eitlen Selbstzweck, sondern weil es unvermeidlich ist. Es kann nicht die Aufgabe wissenschaftlicher Literaturarbeit sein, einen Text glatt zu bügeln und auf seinen „guten Kern" zu kondensieren, nur damit man möglichst schnell „durch" ist und zu dem kommt, was man eigentlich zeigen (und der Leser eigentlich lesen) will.

[10] Zuletzt noch vor einem Jahr von BORCHERT. Er schreibt: „The model resulted from Chicago, but was soon accepted as a universally applicable general model" (1998: 327).

- Städtische Zentrensysteme weisen *nicht* überall die gleiche Anzahl von Hierarchiestufen auf.
- Zentren gleichen Ranges (bzw. gleicher Bedarfsdeckungsfunktion) finden sich *nicht* stets in vergleichbaren Teilräumen von städtischen Agglomerationen.
- Die relative Häufigkeit, mit der Zentren unterschiedlichen Ranges innerhalb eines städtischen Zentrensystems auftreten, ist *nicht* überall gleich.

Wie man bei Betrachtung der Abb. 1 feststellen kann, beschreibt STEWIG die Zentrensysteme von Bursa und London als zweistufig, das Zentrensystem von Kiel hingegen als dreistufig. Bursa und London verfügen jeweils nur über Zentren mit kurzfristiger und über Zentren mit langfristiger Bedarfsdeckungsfunktion. In Kiel dagegen trifft man zusätzlich noch Zentren mit mittelfristiger[11] Bedarfsdeckungsfunktion an. Kiel entspricht damit dem von zentralörtlichen Konzeptionen vorhergesagten Muster, Bursa und London weichen ab, weil sie einen Zentrentyp „überspringen", der eigentlich vorhanden sein sollte. (Auch hier dreht STEWIG die Verhältnisse um und stellt die Dreistufigkeit des Systems in Kiel – auf S. Ste27 – als erklärungswürdige Besonderheit dar).

Was die unterschiedliche räumliche Anordnung angeht, so betrifft das im besonderen die Zentren mit langfristiger Bedarfsdeckungsfunktion. Bursa entspricht hier am ehesten der Erwartung, denn das eine vorhandene Zentrum ersten Ranges, der Basar, liegt in der Stadtmitte (bzw. bildet die Stadtmitte). In London hingegen gibt es zwar auch ein zentral gelegenes Zentrum höchsten Ranges, den CBD, aber es ist nicht das einzige Zentrum dieser Hierarchiestufe, denn zusätzlich trifft man noch den „mehrfach über das Stadtgebiet in zentral-peripherer Lage gestreuten" (S. Ste27) Typus des Shopping-Centers an, dessen Angebot „nach Quantität und Qualität mit dem Angebot des Einzelhandels im CBD (...) konkurrieren [kann]" (S. Ste26). In Kiel schließlich existieren neben der City noch die von STEWIG so bezeichneten Nebenzentren I. Ranges, in denen ebenfalls Waren des längerfristigen Bedarfes zu haben sind. Diese Nebenzentren finden sich in allen Teilräumen der Stadt. Es ist allerdings eine gewisse Häufung in den älteren, innenstadtnahen Gebieten festzustellen (vgl. Abb. Ste2). Das macht den Unterschied zu London aus, denn die dortigen Shopping-Center liegen alle „in relativer Nähe zum Stadtrand" (S. Ste26).

Unterschiede stellt man auch bei der räumlichen Anordnung der Zentren für die tägliche Bedarfsdeckung fest. STEWIG sieht „drei verschiedene Verbreitungsmuster":

> *„In Bursa sind die Kleinzentren im gesamten Stadtgebiet außerhalb des Basardistrikts verbreitet; in London/Ontario beschränkt sich die Verbreitung auf die Innenstadtgebiete außerhalb des CBD; in Kiel läßt sich kein zusammenhängendes Verbreitungsgebiet erkennen"* (S. Ste27).

---

[11] Für die „Fristigkeitsbegriffe" gilt hier die Konvention, daß in Zentren mit langfristiger Bedarfsdeckungsfunktion immer auch Güter des mittel- und kurzfristigen Bedarfs erhältlich sind und in Zentren mit mittelfristiger Bedarfsdeckungsfunktion immer auch Güter des kurzfristigen Bedarfs. So entspricht es klassischer Theorie, und so hat es (unreflektiert) wohl auch STEWIG gesehen, obwohl bereits BERRY Zentren beschreibt, in denen durchaus *nur* Güter des langfristigen Bedarfes erhältlich sind.

Zu den unterschiedlichen Häufigkeiten, mit denen Zentren der einzelnen Hierarchiestufen im Stadtgebiet auftreten, liefert STEWIG kein Zahlenmaterial. Man kann die nötige Information jedoch aus den beigegebenen Karten ziehen. Eine Auszählung ergibt folgendes:

Tab. 1: **Häufigkeit von Zentren unterschiedlicher Bedarfsdeckungsfunktion in Bursa, Kiel und London/Ontario**

	Zentren f. langfristigen Bedarf		Zentren f. mittelfristigen Bedarf		Zentren f. kurzfristigen Bedarf	
	Absolute Häufigkeit	Relative Häufigkeit (%)	Absolute Häufigkeit	Relative Häufigkeit (%)	Absolute Häufigkeit	Relative Häufigkeit (%)
Bursa	1	1	0	0	110	99
Kiel	10	12	30	35	45	53
London	17	15	0	0	99	85

Quelle: eigene Auswertung von Abb. Ste1, Ste2, Ste3

Das ist deutlich, genau wie die beiden zuvor genannten Punkte, und reicht, um zu zeigen, daß BERRYs Modell nicht universell gültig ist – auch wenn man berücksichtigt, daß ein Modell nur ein Modell ist, also auf (realitätsfernen) Annahmen beruht und gar nicht den Anspruch erhebt, eine irgendwo anzutreffende Realität abzubilden. Die von STEWIG festgestellten Unterschiede in den Zentrenhierarchien sind einfach zu groß, als daß sie sich noch als „normale" Abweichungen von einem Modell ansehen ließen.

Nun kann man natürlich allerlei Einwände gegen STEWIGs Entscheidung erheben, die Position eines Zentrums in der städtischen Hierarchie nur über die Bedarfsdeckungsfunktion (also über die maximale „Fristigkeit") der angebotenen Güter zu bestimmen und so Zentren in einer Kategorie zu vereinen, die mit dem „common sense" betrachtet nicht sehr viel miteinander gemeinsam haben (z. B. der Basar von Bursa und die Shopping-Center von London). Aber STEWIG hat diese Vorgehensweise gewählt, und es ist müßig mutzumaßen, ob die Unterschiede zwischen den drei Städten kleiner oder gar noch größer ausgefallen wären (bzw. gewirkt hätten), wenn man andere Indikatoren (wie die Verkaufsfläche[12], den Umsatz oder die Größe des Einzugsbereiches) gewählt hätte, um den Rang der Zentren zu bestimmen. Eine solche Debatte ginge ohnehin an der Sache vorbei, denn egal welchen Indikator man zur Bestimmung von Zentralität benutzt – immer hat man ein Problem: Gerade weil das Modell der innerstädtischen Zentrenhierarchien und damit seine Begriffe und Kategorien nicht universell gültig sind, wird man, wenn man es benutzt, immer Ungleiches mit Verschiedenem zusammenfü-

---

[12] Vielleicht wurden derlei Daten sogar erhoben. Im Profil der Einzelhandelsstrukturen der drei Städte wird durch die Größe der Symbole jedenfalls angedeutet, daß Zentren mit gleicher Bedarfsdeckungsfunktion durchaus unterschiedlich „groß" sein können. Der Basar von Bursa erscheint bedeutender als die City von Kiel und die wiederum bedeutender als der CBD von London. Vermutlich ist hier eher die relative als die absolute Bedeutung gemeint, denn auf S. Ste26 heißt es, der Basar habe in Bursas Einzelhandelsgefüge die „eindeutige Dominanz", während die relative Bedeutung der City (Kiel) und des CBD (London) geringer sei. Vielleicht fußen die Hinweise auf „Größe" und Bedeutung der Zentren aber auch nur auf subjektiven Einschätzungen.

gen, Kulturtatsachen durch ein gleichmachendes Sieb pressen und dadurch ebenso viele Unterschiede verwischen, wie man durch die rigide Anwendung eines festen Kategoriensystems aufzudecken in der Lage war. (Als Gegenstück zur Anwendung eines solchen Systems sehe ich die freie Beschreibung einer Realität in deren eigenen Begriffen. Ein Basar bleibt dann ein Basar und und verwandelt sich nicht in ein „Zentrum mit langfristiger Bedarfsdeckungsfunktion" und – um bei Bursa zu bleiben – eine Devotionalienhändler wird auch so bezeichnet und nicht etwa als „Händler für Artikel des persönlichen Bedarfs").

STEWIG diskutiert diese Probleme nicht, aber gesehen hat er sie vermutlich. Und um dem Leser zu zeigen, daß Zentren gleicher Bedarfsdeckungsfunktion in unterschiedlichen Kulturen sehr verschieden sein können, fügt er seinen Beschreibungen der Zentrenhierarchien, wie schon gezeigt, Beschreibungen der *inneren* Gliederungen der einzelnen Zentren an – eben im wesentlichen entlang der Strukturelemente Branche, Qualität, Modernität und Betriebsgröße.

Dabei verzichtet er zum Teil (vgl. S. 19) auf universelle Kategorien und Begriffe, um lokalen Besonderheiten gerecht zu werden; insbesondere gilt das für die lokalen Besonderheiten Bursas, für die er sich ganz offenkundig am meisten interessiert und um deren „zutreffender" Abbildung wegen er im weiter oben abgedruckten Kartogramm ja sein gesamtes Klassifikationsprinzip aufgeweicht hatte. Auch gibt er bei der Beschreibung den Anspruch auf quantitative Ausgewogenheit und Vollständigkeit auf. Man sieht das beim ersten Blick auf Tab. 2 und 3, in denen die Kernbefunde zur inneren Gliederung der verschiedenen Zentrentypen dargestellt sind. (Die Zentren für die mittelfristige Bedarfsdeckung sind nicht aufgeführt, weil sie nur in Kiel vorkommen und es somit nichts zu vergleichen gibt).

Tab. 2: Die Strukturelemente Branche, Qualität/Preis, Modernität und Betriebsgröße in Zentren mit *kurzfristiger* Bedarfsdeckungsfunktion in Bursa, Kiel und London

	Bursa	Kiel	London/Ontario
	„Geschäftsnebenzentrum für tägliche Bedarfsdeckung"	„Kleine Geschäftsgruppe für tägliche Bedarfsdeckung"	„Einzelnes Geschäft bis kleine Geschäftsgruppe für tägliche Bedarfsdeckung"
B	Hauptsächlich Lebensmittel. In der Regel räumliche Vergesellschaftung des Einzelhandels mit personenbezogenen Dienstleistungen.	k. A.	Starke Präsenz von „variety stores" mit einem kompletten Sortiment für die tägliche Bedarfsdeckung. (Deshalb bestehen die „Zentren" vielfach nur aus einem Betrieb). Branchenspektrum reicht meist deutlich über Lebensmittel hinaus (Zeitungen, Schreibwaren, Drogeriewaren, Tabak).
Q	k. A.	k. A.	k. A.
M	k. A.	k. A.	k. A.
G	Keine größeren Betriebe.	Zum Teil große Betriebe (Supermärkte) vorhanden.	Meist kleine Betriebe („variety store", „drugstore", „grocery store", „dairy shop"), vereinzelt auch große Betriebe in Form von Supermärkten.

Quelle: eigene Auswertung

Tab. 3: Die Strukturelemente Branche, Qualität/Preis, Modernität und Betriebsgröße in Zentren mit *langfristiger* Bedarfsdeckungsfunktion in Bursa, Kiel und London

	Bursa	Kiel		London	
	Basar	City	Nebenzentren	CBD	Shopping-C.
B	Insgesamt sehr breites Branchenspektrum. Starke Segregation der einzelnen Branchen im Kernbereich des Basars. Räumliche Anordnung folgt dem „traditionellen" Schema. Kaum Branchensegregation in den jüngeren, am Rande gelegenen Basarteilen.	Insgesamt sehr breites Branchenspektrum. Räumliche Konzentrationen der Branchen Textil/Schuhe und technische Artikel.	Im allgemeinen: Textil, Schuhe, Möbel, Elektro- und Haushaltswaren sowie Optik. In manchen Zentren Dominanz einzelner dieser Branchen und Fehlen anderer.	Breites Branchenspektrum. Keine räumliche Sortierung der Branchen.	„Quantität des Angebotes wie im CBD".
Q	Waren aller Qualitätsstufen erhältlich. Angebote hoher Qualität und niedriger Qualität räumlich voneinander getrennt.	Waren aller Qualitätsstufen erhältlich. Klare räumliche Sortierung: mittleres Angebotsniveau im City-Kern, spezialisierte Areale für hohes bzw. niedriges Niveau am City-Rand.	Je nach Zentrum: Es existieren sowohl Zentren mit durchweg hohem Niveau, aber auch solche mit durchweg niedrigem Niveau.	Hauptsächlich Waren mittlerer Qualitätsstufe erhältlich. Keine räuml. Sortierung der Betriebe nach Angebotsniveau.	„Qualität des Angebotes wie im CBD".
M	Moderne Verkaufsformen im Areal für Schuhe und Textilien sowie im gesamten jüngeren Basarbereich, traditionelle Formen im Rest des Basars.	k. A.	k. A.	k. A.	k. A.
G	„Geringe Betriebsgrößendifferenzierung" im Kernbereich des Basars, Ansätze dazu in den jüngeren, am Rande gelegenen Basarteilen. Insgesamt: Keine großen, mehrgeschossigen Betriebe.	Insgesamt sehr unterschiedliche Betriebsgrößen, aber homogene Betriebsgrößen in einzelnen Arealen der City. „Massiertes Auftreten großer Betriebe" (= Kauf- und Warenhäuser).	k. A.	Betriebe unterschiedlichster Größe vorhanden. Dominanz mittelgroßer Geschäfte.	k. A.

Quelle: eigene Auswertung

Insgesamt wirkt dieser Teil von STEWIGs Untersuchung (mit Ausnahme einiger Stellen über Bursa) wenig inspiriert; die Ergebnisse scheinen unergiebig: Für einen stringenten Vergleich sind sie zu unsystematisch und zu „qualitativ" und zur Erzeugung von mehr Anschaulichkeit – vermutlich der intendierte Zweck – sind sie zu karg und zu lustlos.

STEWIG scheint die Unergiebigkeit seiner deskriptiven Ergebnisse im Hinblick auf die Strukturelemente Branche, Qualität/Preis, Modernität und Betriebsgröße selbst gespürt zu haben, denn in seinem analytischen Ergebnisteil, den ich im Anschluß zusammenfasse, kommt er kaum noch darauf zu sprechen. Man erfährt leider nicht, warum die Branchen in Bursa stark konzentriert sind, in Kiel weniger stark und in London/Ontario kaum, oder warum es hier keine Supermärkte gibt, dort aber sehr wohl.

2.2.2 Analyse

STEWIGs eigentliches Thema im analytischen Teil ist das erste Strukturelement, das Vorhandensein und die räumliche Anordnung von Zentren. Die Frage, die über den entsprechenden Passagen des Textes hätte stehen können, wenn STEWIG bereit gewesen wäre, sich explizit auf BERRY zu beziehen, lautet: Warum besitzen Teile des Modells der innerstädtischen Zentrenhierarchie keine universelle Gültigkeit, andere aber doch? Oder, anders formuliert: Welches sind die universell wirksamen und welches die lokalspezifischen Kräfte, die ein innerstädtisches Zentrensystem formen?

STEWIG baut seinen analytischen Teil übersichtlicher auf als den deskriptiven. Zwar wird nicht gesagt, welchem Raster die Darstellung folgt, aber man kann es erkennen: Zunächst werden jene „Zentrentypen"[13] behandelt, die in allen drei Städten vorkommen, nämlich die „Kleinzentren für die alltägliche Bedarfsdeckung" (S. Ste26) und die „Massierung[en] von Einzelhandelsgeschäften in der Stadtmitte" (S. Ste27), dann jene „Zentrentypen" die, „wie die Geschäftsnebenzentren I. und II. Ranges in Kiel, die Shopping Centres und Strip Commercials in London/Ontario, nur jeweils einer der drei Städte zu eigen sind" (S. Ste27). Dies Raster wird nur insofern verlassen, als STEWIG sich bei den Erklärungen für die Existenz gemeinsamer und lokalspezifischer Zentrentypen einige Ideen aufspart, die er erst bringt, wenn man denkt, alles sei vorüber. Durch diesen Überraschungseffekt will er den nachgelieferten Ideen natürlich größere Wucht verleihen. Hat man alles gelesen, merkt man, daß die „regulären" Begründungen für Gemeinsamkeiten und Unterschiede ausschließlich sozio-ökonomischer, die „besonderen" (nachgelieferten) Begründungen aber ausschließlich kultureller Natur sind.

Daran ist zweierlei bemerkenswert: Zum ersten die Tatsache, daß STEWIG es überhaupt für sinnvoll *und machbar* hielt, „reine Ökonomie" und Kultur voneinander zu trennen. (Heute gälte dies in gewissen Zirkeln der Wirtschaftsgeographie als Ausweis intellektueller Beschränktheit). Zum zweiten die Tatsache, daß der Kultur, wiewohl sie mit den bereits geschilderten Mitteln besonders herausgehoben wird, de facto eher wie

---

[13] Die Verwendung des Begriffes „Zentrentyp" ist im Original inkonsistent. Im Laufe des Textes bezieht sich der „Typ" manchmal nur auf das Merkmal Bedarfsdeckungsfunktion, manchmal auch auf dieses *und* weitere Merkmale. Dem Leser wird die Inkonsistenz auch in der folgenden Aufzählung auffallen.

ein Dessert wirkt, das dort noch zur Sättigung beitragen darf, wo das Hauptgericht, die reine Ökonomie, an Brennwert zu wünschen übrig ließ, das, alleine verzehrt, aber keineswegs sättigte. Dies zeigt sich an der Länge der entsprechenden Textpassagen (sozioökonomische Begründungen auf zwei Seiten, kulturelle Begründungen auf einer halben) und an STEWIGs Einleitungssatz zu der „kulturellen" Textpassage (S. Ste28), der sich – aus dem Speziellen ins Allgemeine gewendet – etwa so liest: Wenn bei gegebener sozioökonomischer Lage, jenes in dieser Lage zu erwartende Phänomen nicht auftritt, so muß die Erklärung wohl im Kulturellen zu suchen sein.

Ich notiere das hier, weil sich die Frage, wie Einzelhandelsentwicklung vom Zusammenspiel „rein ökonomischer" und „kultureller" Faktoren beeinflußt wird, durch alle folgenden Kapitel dieser Arbeit ziehen wird – im Prolog deutete sie sich ja schon an –, und man festhalten sollte, wie dieses Problem von *der* Pionier-Arbeit auf dem Feld der interkulturell-komparativen Handelsforschung gesehen wurde. Zudem möchte ich wenigstens einmal explizit auf den Gegensatz zwischen Untersuchungsansatz (drei Städte aus drei „*Kulturkreisen*") und dem Untersuchungsergebnis (hauptsächlich *sozioökonomische* Begründungen) hinweisen. Die Frage, wie dieser Gegensatz zu interpretieren ist, ließe sich wohl beantworten, soll hier aber offen bleiben.

Also, welche sozio-ökonomischen und kulturellen Faktoren sind es nun im Detail, die STEWIG für die Gemeinsamkeiten und Unterschiede der „Einzelhandelsstrukturen" (de facto: der Zentrenhierarchien) verantwortlich macht? Die Antwort beginnt mit einer Enttäuschung, denn bei den Kleinzentren, die für STEWIG *das* gemeinsame Strukturelement schlechthin sind, werden explizit keine Gründe für die universelle Verbreitung genannt. Statt dessen erfährt man hier, daß die Kleinzentren nicht nur überall vorhanden sind, sondern „unabhängig von den kulturellen Bedingungen" (S. Ste27) überall den gleichen Zweck erfüllen:

> *„Das Kleinzentrum übernimmt die Funktion der Lagerhaltung und Werterhaltung (Kühlung) der Waren, die von den Haushalten in seinem Einzugsbereich in kleinen Mengen und kurzen Abständen abgeholt werden; das Aufsuchen des Kleinzentrums erfolgt in der Regel zu Fuß – auch dort, wo, wie in London/Ontario, dem Verbraucher ein Kraftfahrzeug zur Verfügung steht"* (S. Ste27).

Das ist zunächst wenig erhellend für die Analyse, denn einige Sätze weiter heißt es, „daß für die Verbreitung von Kleinzentren in einer Stadt wirtschaftliche und soziale Verhältnisse verantwortlich gemacht werden müssen" (S. Ste27). Ein Widerspruch, weil die drei durch sehr unterschiedliche ökonomische Verhältnisse geprägten Städte dann ja nicht den gleichen Zentrentyp mit der gleichen Funktion haben dürften.

Der scheinbare Widerspruch klärt sich bei genauem Lesen: Man erkennt, daß STEWIG mit „Verbreitung" nicht das generelle Vorhandensein der Kleinzentren meint, sondern deren je unterschiedliche Häufigkeit und räumliche Anordnung in den drei Städten. Im Kern meint STEWIG augenscheinlich, daß Kleinzentren vor allem von den Bevölkerungsgruppen gebraucht und besucht werden, die sich „die höhere[n] Investitionen und Einrichtungen zur Werterhaltung der Waren im eigenen Haushalt", also Kühl- und Gefriergeräte, nicht leisten können. Da nun im vergleichsweise „armen" Bursa fast die gesamte Bevölkerung in dieser ökonomischen Lage sich befindet, sind auch die Kleinzentren relativ zahlreich und flächendeckend vorhanden.

Abb. 4: STEWIGS Darstellung der Einzelhandelsstruktur der Stadt London/Ontario

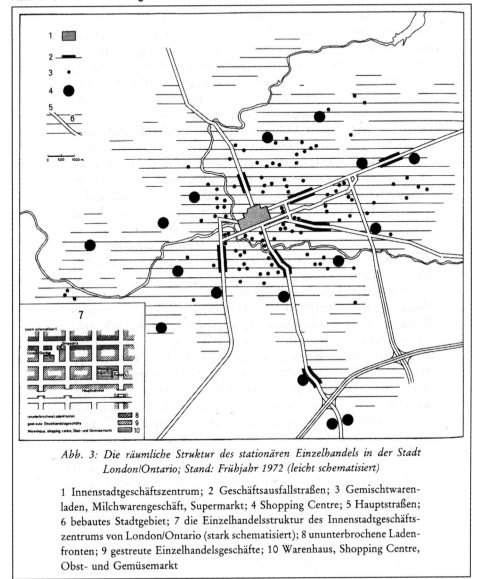

Abb. 3: Die räumliche Struktur des stationären Einzelhandels in der Stadt London/Ontario; Stand: Frühjahr 1972 (leicht schematisiert)

1 Innenstadtgeschäftszentrum; 2 Geschäftsausfallstraßen; 3 Gemischtwaren-laden, Milchwarengeschäft, Supermarkt; 4 Shopping Centre; 5 Hauptstraßen; 6 bebautes Stadtgebiet; 7 die Einzelhandelsstruktur des Innenstadtgeschäfts-zentrums von London/Ontario (stark schematisiert); 8 ununterbrochene Laden-fronten; 9 gestreute Einzelhandelsgeschäfte; 10 Warenhaus, Shopping Centre, Obst- und Gemüsemarkt

In London/Ontario, dem von STEWIG an anderer Stelle des Textes das insgesamt höchste ökonomische Niveau der drei Städte zugeschrieben wird, spiegelt die räumliche Anordnung der Kleinzentren (dichtes Netz im inneren Stadtgebiet, nur inselartige Verbreitung im äußeren; vgl. a. Abb. 4) exakt die starke soziale Polarisierung und das damit verbundene Segregationsmuster wider, das als so charakteristisch für nordamerikanische Städte gilt.

Die Verhältnisse in Kiel sind, wie STEWIG selbst schreibt, „komplizierter", und können hier übersprungen werden, weil sie später, im Zusammenhang mit den Nebenzentren I. und II. Ranges, ohnehin ausführlich behandelt werden.

Nun, da die Frage geklärt ist, warum es in den drei Städten unterschiedlich viele Kleinzentren in unterschiedlicher räumlicher Verteilung gibt, kann man auch zu der von STEWIG offen gelassenen Frage zurückkehren, warum der Typus des Kleinzentrums denn überhaupt in allen drei Städten vorkommt. Das zuvor Gesagte in Betracht ziehend muß man annehmen, daß STEWIG meint, daß es in jeder Stadt eben einen gewissen Anteil von Haushalten gibt, die einfach nicht umhin kommen, ihren täglichen Bedarf in einem Kleinzentrum zu decken. (Als limitierender Faktor werden explizit nur die Haushaltsgeräte genannt, aber man ahnt, daß STEWIG auch die Verfügbarkeit von Kraftfahrzeugen für relevant hält).

Das klingt banal, ist es aber nicht, denn die normale, einfache Erklärung für die universelle Verbreitung von Kleinzentren wäre die Christallersche von der beschränkten Reichweite bestimmter Güter, die jeder „homo oeconomicus" mit begrenztem Wegeaufwand zu beschaffen bemüht ist. Natürlich liegt auch bei STEWIGs das Prinzip der Reichweite von Gütern zugrunde, aber dieses Prinzip ist hier durch die Beobachtung bereichert, daß das gleiche Gut für unterschiedliche Bevölkerungsgruppen unterschiedliche Reichweiten haben kann. Und da eben verschiedene Gesellschaften bzw. Lokalitäten selten die gleiche soziale Zusammensetzung der Bevölkerung zeigen, ergeben sich zwangsläufig unterschiedliche Zentrenstrukturen. Das ist die anregende Idee STEWIGs, die bei seiner weiteren Argumentation immer wieder anklingt.

Während STEWIG in seinen Äußerungen über die Orientierung der ökonomisch schwächeren Bevölkerungsgruppen auf die Kleinzentren klar und fest ist, bleibt er, was die alltägliche Bedarfsdeckung der wohlhabenden Bevölkerung angeht, vage. Verschiedenes deutet darauf hin, daß STEWIG glaubt, wer ökonomisch dazu in der Lage sei, miede stets die Kleinzentren und versorgte sich selbst bei alltäglichen Gütern nur noch in höherrangigen Zentren bzw. käme gar nicht in die Verlegenheit, ein Kleinzentrum aufzusuchen, da in besseren Wohngegenden ohnehin immer höherrangige Zentren (an Stelle von niederrangigen) „entstehen" (vgl. S. Ste28). Aber das alles ist nicht ganz klar, und STEWIG geht hier nicht in die Tiefe. Später erweist sich dies hier und dort als hinderlich für das Verständnis seiner Argumentation.

Bei der „Massierung von Einzelhandelsgeschäften" in der Stadtmitte, dem zweiten gemeinsamen Strukturelement der drei Städte geht STEWIG ähnlich vor wie bei den Kleinzentren. Er erklärt *nicht*, warum sie überall vorhanden sind – diesmal läßt sich auch keine implizite Erklärung im Text aufspüren –, sondern beschäftigt sich gleich mit der Frage, warum sie so verschieden sind, wobei mit verschieden hier die unterschiedliche relative Bedeutung im städtischen Einzelhandelsgefüge gemeint ist. Die Antwort erscheint STEWIG einfach; sie liegt im unterschiedlichen Grad der „(...) Ausbildung von außerhalb des Stadtzentrums gelegenen Nebenzentren des Einzelhandels, deren Funktion über die Deckung des alltäglichen Bedarfs hinausgeht (...)" (S. Ste27). (Daß die Kausalität auch umgekehrt sein könnte, daß also der Grad der Ausbildung von Nebenzentren von der Stärke der Innenstadt abhängig sein könnte, wird nicht erwähnt).

Mit dieser Feststellung ist nun gleich der Übergang zu eben jenen Nebenzentren geschafft, die die Innenstädte unterschiedlich stark sein lassen, und die gleichzeitig die Zentrentypen darstellen, die jeweils nur in einer der drei Städte vorhanden sind. Im einzelnen: Shopping-Center und „strip commercial" in London und die Nebenzentren I. und II. Ranges in Kiel.

Über die Shopping-Center erfährt man, daß sie sich „durch Sonderangebote (...) auch gegenseitig Konkurrenz" machen (!), und daß für sie ein „Großparkplatz (...) unerläßlich" ist (!). Shopping-Center, hat STEWIG beobachtet, werden von den Kunden „meist einmal wöchentlich" zum Zwecke eines größeren Einkaufs aufgesucht. Daraus folgert er, daß „das Vorhandensein eines Shopping-Centers einen hohen Grad an Mobilität, Kaufkraft[14] und Lagerungsmöglichkeiten" voraussetzt (S. Ste27).

Da diese Voraussetzungen, so ist es wohl gedacht, nur in London gegeben sind, existieren Shopping-Center nur dort. STEWIG versucht dieses Argument noch zu verstärken, indem er darauf hinweist, daß die Shopping-Center innerhalb Londons eben gerade dort zu finden seien, wo die „middle und high income groups" wohnen. Das überzeugt aber nicht, denn wenn Shopping-Center ohnehin nur mit dem Auto angefahren werden und die Mobilitätskosten nordamerikanisch niedrig sind, müßte es doch eigentlich relativ gleichgültig sein, wo sie stehen.

Eine weiterer Punkt, an dem die Argumentation nicht überzeugt, ist dieser: STEWIG führt das „Vorhandensein" der Shopping-Center auf ein Kundenverhalten (den wöchentlichen Großeinkauf mit dem Auto) zurück, das sich aber erst entwickelt, wenn die Shopping-Center bereits da sind. Und schließlich: Es ist auch nicht überzeugend, wenn STEWIG suggeriert, in Kiel und Bursa gäbe es überhaupt keine Haushalte, die über genügend „Mobilität, Kaufkraft und Lagerungsmöglichkeiten" verfügten, um das „Vorhandensein" von Shopping-Centern zu ermöglichen. Es dürften – analog zu der Logik bei den Kleinzentren – zwar weniger sein, aber es müßte welche geben.

Kurz und gut: Es wird deutlich, daß STEWIG mit seiner Wahrnehmung des Wirtschafts- und Kultursystems Einzelhandel weder das „Vorhandensein" von Shopping-Centern in London, noch deren „Nicht-Vorhandensein" in Bursa und Kiel wirklich überzeugend erklären kann. (Obgleich die Beobachtung, daß es irgendwie mit der höheren Kaufkraft und Mobilität in London zu tun hat, richtig und wichtig ist).

---

[14] Der Begriff Kaufkraft ist hier sicher nicht so zu verstehen, wie man ihn heute im allgemeinen versteht. (Denn sonst gäbe STEWIGs Aussage nur wenig Sinn, da ja das Angebot der Shopping-Center günstiger sein dürfte als das im traditionellen Einzelhandel). Ein Haushalt mit hoher Kaufkraft ist für STEWIG anscheinend einer, der in der Lage ist, soviel liquide Mittel zu akkumulieren, daß ein wöchentlicher Großeinkauf bar bezahlt werden kann. Das gelang zu der Zeit, als STEWIG den Aufsatz schrieb, selbst in Deutschland noch nicht allen Arbeitnehmerhaushalten. Neben dem täglichen Minimal-Einkauf („vom Laden direkt auf den Tisch") war auch der Einkauf auf Kredit, das „Anschreiben lassen", weit verbreitet. Es ist mir nicht bekannt, ob die kleinen Einzelhändler in London in den 60er Jahren noch Kredit gaben. Wenn ja, wäre das (neben Mobilität und häuslicher Infrastruktur) ein weiteres Argument für die Bevorzugung des traditionellen Einzelhandels durch die ärmere Bevölkerung.

Es ist bezeichnend, daß STEWIG gerade bei diesem (damals) modernen „Strukturelement", das zudem die gesamte Zentrale-Orte-Theorie außer Kraft zu setzen scheint, an die Grenzen seines Konzepts gerät. Hier, an dieser Stelle erhält man eine Vorahnung davon, welche Akteure und Prozesse in STEWIGs Einzelhandelswelt (in der ShoppingCenter „entstehen", „vorhanden sind" oder sich „um die Innenstadt legen") *nicht* vorkommen. Ich werde darauf im Abschnitt 2.2.3 zurückkommen. Soviel kann man jedoch schon sagen: STEWIGs Blick auf das System Einzelhandel ist an seiner Zeit und seiner Kultur geschult. Die Kieler Realität der 60er Jahre liefert ihm seine Maßstäbe, seine Ideen und letztlich seinen Forschungsansatz. Phänomene, die in dieser Realität (noch) nicht vorkommen, werden zwar besonders aufmerksam wahrgenommen, können aber nur unzureichend erklärt werden. Das geht nicht nur STEWIG so, sondern beinahe jedem der forscht, und liefert die Begründung, warum es so sinnvoll ist, sich in andere zeitliche Realitäten zu vertiefen (wie es hier auf dem Umweg über STEWIGs Aufsatz auf den letzten 20 Seiten geschieht), und andere räumliche Realitäten zu erkunden – man wird der Zeit- und Raumgebundenheit seiner Forschungsansätze wenigstens gewahr und kann hoffen, daraus die richtigen Schlüsse zu ziehen.

Der „strip commercial", wie STEWIG ihn nennt, fristet im gesamten Text ein eher kümmerliches Dasein, vermutlich deswegen, weil er sich nicht so leicht in die Hierarchie der Bedarfsdeckungsfunktionen einordnen läßt (vgl. S. 15), mit denen STEWIG wissenschaftlich und alltagsweltlich (s. o.) aufgewachsen ist. Auch hier, bei der Begründung für die Existenz von Strukturelementen, die nur einer der drei Städte zu eigen sind, wird der „strip commercial" nur sehr kurz, seiner Bedeutung unangemessen behandelt. Allerdings ist diese Passage besonders wichtig, denn hier taucht ein ganz neues Argumentationsmuster auf: STEWIG begründet die Existenz der „commercial strips" nicht mit den gegenwärtigen sozio-ökonomischen Verhältnissen, sondern mit früheren, vor der großen Suburbanisierung von Bevölkerung und Einzelhandel herrschenden:

> *„(...) die älteren Formen der Strip Commercials in der Innenstadt von London/Ontario [sind] als Relikte zu deuten, die vor der Phase des ShoppingCentre-Baus entstanden sind und die den in der Innenstadt ehemals vorhanden gewesenen Angehörigen wirtschaftlich stärkerer und sozial höherrangiger Gruppen eine über das Alltägliche hinausgehende Versorgung boten"* (S. Ste28).

Es wird nicht klar, ob STEWIG annimmt, diese „Relikte" würden nach einer gewissen Übergangszeit verschwinden, oder ob er glaubt, etablierte Einzelhandelsagglomerationen könnten – vielleicht mit einem veränderten Geschäftsbesatz – auf Dauer bestehen bleiben, auch wenn die Bedingungen, die einmal zu ihrer Entstehung geführt haben, gänzlich verändert sind. In jedem Fall zeigt die Passage über die „commercial strips", daß Einzelhandelsstrukturen sich nicht ausschließlich aus den Strukturen erklären lassen, die man hier und heute sehen (bzw. kartieren) kann. Aber diese eine Stelle bleibt eine Ausnahme. Im Prinzip argumentiert STEWIG ahistorisch: Er erklärt die gegenwärtige Einzelhandelsstruktur im wesentlichen mit der gegenwärtigen Wohlfahrt und der gegenwärtigen räumlichen Verteilung der Bevölkerung.

Bei aller Bedeutung dieser historischen Argumentation für die Herausarbeitung von STEWIGs „Weltbild" – zur Beantwortung der Frage, warum es „commercial strips" nur in London gibt, trägt sie eigentlich nichts bei. In Kiel wohnen die „Angehörigen wirtschaftlich stärkerer und sozial höherrangiger Gruppen sogar noch im inneren Stadtgebiet und sind nicht an den Stadtrand gezogen, aber für ihre „über das Alltägliche hinausgehende Versorgung" stehen dennoch keine „commercial strips" zur Verfügung. Warum nur? Außerdem bleibt wieder die Frage offen, warum in besseren Wohngegenden immer gleich Zentren höherer Stufe entstehen. Man könnte sich Begründungen denken - STEWIG liefert sie nicht. Zwar ist klar, daß wirtschaftlich stärkere Bevölkerungsgruppen insgesamt mehr konsumieren und einen höheren Anteil ihrer Ausgaben für Waren des mittel- und langfristigen Bedarfs verwenden (Engel'sches Gesetz). Daß sie das aber an ihrem Wohnort tun, ist keineswegs selbstverständlich, denn die höhere Mobilität und die relativ geringere Bedeutung der Mobilitätskosten für die wohlhabenderen Bevölkerungsgruppen ließe es genauso plausibel erscheinen, daß diese Bevölkerungsgruppen ihren mittel- und langfristigen Bedarf (und vielleicht sogar den kurzfristigen) *irgendwo* decken.

Vielleicht tut sich STEWIG mit dem Einkaufsverhalten der höheren sozialen Schichten deswegen so schwer, weil diese Schichten im Gegensatz zu den niederen *Wahlmöglichkeiten* haben, und weil sie ihre Wahl nach anderen als nach ökonomischen Kriterien treffen können und auch treffen. (Später wird sich zeigen, daß STEWIG – für seine Zeit sehr progressiv – durchaus einen Zusammenhang zwischen Werten und Normen und Einkaufsverhalten sieht, oder besser vermutet; er kann nur keine befriedigende Erklärung anbieten).

Unter dem geschilderten Defizit leidet vor allem STEWIGs Abhandlung über die Nebenzentren I. und II. Ranges, also jene Strukturelemente, die nur der Stadt Kiel zu eigen sind. Diese Passage ist vergleichsweise lang und versucht auf recht komplizierte Weise zu zeigen, daß die „(...) räumliche Verbreitung der Nebenzentren I. und II. Ranges das Ergebnis eines differenzierteren Zusammenspiels wirtschaftlich-zentralörtlicher und sozialer Faktoren" ist (S. Ste28).

Als „wirtschaftlich-zentralörtliche" Faktoren sind dabei wohl folgende von STEWIG genannte Tatsachen aufzufassen: Erstens die Tatsache, daß die Wahrscheinlichkeit für die Bildung eines Zentrums grundsätzlich mit zunehmender Entfernung von anderen Zentren gleicher oder höherer Hierarchiestufe steigt, und zweitens die Tatsache, daß die Dichte des Zentrennetzes und die Größe der einzelnen Netzknoten – in Folge sich ausdünnender Bevölkerung – zum Stadtrand hin abnehmen. Nach diesen beiden, in der Tat problemlos aus der Zentrale-Orte-Theorie ableitbaren Gesetzen entsteht nun laut STEWIG eine Basisstruktur an Zentren, die allerdings in der Realität kaum noch zu erkennen ist, weil sie in erheblichem Maße „sozial modifiziert" wird. In dieser Basisstruktur bilden nach STEWIGs Ansicht die City und die Nebenzentren das Grundgerüst, Kleinzentren und Nebenzentren passen sich ein und füllen die Zwischenräume (vgl. S. Ste28). Da zur Lage der City wenig zu sagen ist, bleiben die Nebenzentren I. Ranges als Schlüssel zum Verständnis der Zentrenhierarchie Kiels.

Nach dem ersten der oben beschriebenen „wirtschaftlich-zentralörtlichen" Prinzipien wäre es wahrscheinlich, daß Nebenzentren I. Ranges, wenn denn Bedarf nach ihnen bestünde, in der größtmöglichen Entfernung zur City (und auch zueinander) entstehen. Sie würden dann einen Kranz am Stadtrand bilden – wie die Shopping-Center in London. Das zweite oben beschriebene Prinzip wirkt dem allerdings entgegen, denn anders als in

London mit seiner ausgeprägten Suburbanisierung fällt in Kiel die Bevölkerungsdichte zur Peripherie hin ab und erreicht irgendwann einen Wert, der zu niedrig ist, als daß Nebenzentren I. Ranges entstehen bzw. sich halten könnten. In der Konsequenz würde sich der gesamte Kranz zur Innenstadt hin verschieben. Ein solches Muster ist in Kiel – vgl. 2.2.1 und Abb. Ste2 – auch ansatzweise zu erkennen, aber es ist eben „sozial modifiziert"[15]. Das heißt: „(...) wenn in einem Einzugsgebiet die wirtschaftlichen Voraussetzungen gegeben sind", bilden sich Nebenzentren I. Ranges auch dort, wo sie aufgrund der „wirtschaftlich-zentralörtlichen" Gesetzmäßigkeiten nicht entstehen sollten. Nämlich entweder trotz der Konkurrenz in „unmittelbarer Nähe zur City Kiels" oder aber trotz der geringen Bevölkerungsdichte in peripheren Stadtteilen.

Anders formuliert: Der Kranz der Nebenzentren ist immer in Richtung der Wohngegenden verzerrt, in denen „sozial stärkere" Bevölkerungsgruppen leben. Ein klarer Befund, der aber, man muß es noch einmal sagen, nicht wirklich überzeugend erklärt wird. Die Frage bleibt: Warum brauchen „sozial stärkere" Bevölkerungsgruppen immer gleich ein höherrangiges Zentrum vor der Haustür und „bekommen" es auch. Warum kaufen sie nicht, wie die sozial Schwächeren, ihr Brot im Kleinzentrum und ihre Schuhe in der Innenstadt? (Daß STEWIG hier nicht weiter in die Tiefe geht, ist besonders erstaunlich, weil er später, für Bursa, gerade einen Fall schildert und analysiert, in dem „sozial stärkere" Bevölkerungsgruppen keine höherrangigen Zentren „bekommen". Er sollte also wissen, daß dies Phänomen keineswegs selbsterklärend ist).

In die „Grobstruktur" aus City und Nebenzentren I. Ranges passen sich nun die Kleinzentren und die Nebenzentren II. Ranges ein; sie füllen gewissermaßen die Zwischenräume. Das geschieht nach einem Muster, bei dem die „wirtschaftlich-zentralörtlichen Faktoren" kaum noch zum Tragen kommen, die „sozialen Faktoren" aber ausschlaggebend sind: Ob nämlich in einem „Zwischenraum" ein Kleinzentrum oder ein Nebenzentrum II. Ranges entsteht, ist laut STEWIG allein vom sozialen Niveau der jeweiligen Wohnbevölkerung abhängig – die logischen Ableitungen, die Christaller zu seinem Sechseck brachten, spielen keine Rolle mehr, und deshalb deutet sich das Sechseck nicht einmal mehr an. Abb. Ste2 zeigt, daß es Gebiete gibt, in denen sich die Nebenzentren II. Ranges ballen, und in denen gar keine Kleinzentren existieren. Umgekehrt findet man aber auch Gebiete, in denen mehrere Kleinzentren in enger Nachbarschaft koexistieren (und sich nicht um ein höherrangiges Zentrum gruppieren).

STEWIG sieht gewissermaßen das Nebenzentrum II. Ranges als das Kleinzentrum des reichen Mannes an. Er bleibt seiner Argumentation damit treu: In wohlhabenden Wohnvierteln „entstehen" immer Zentren, die höher in der Hierarchie stehen, als jene, die nach „wirtschaftlich-zentralörtlichen" Prinzipien an diesem Ort zu erwarten wären.

Nein, nicht immer!

---

[15] Man muß hinzufügen, daß das Muster natürlich auch – in STEWIGs Diktion – „topographisch modifiziert" ist. Allein Kiels Lage an der Förde, die STEWIG keiner Erwähnung wert ist, verhindert die Ausbildung eines kompletten Kranzes. (Das Beispiel zeigt STEWIGs echte oder auch nur aufgesetzte Scheu vor der Idiographie.)

Denn auch in Bursa gibt es Viertel mit „günstigen wirtschaftlichen und sozialen Voraussetzungen". Dort aber sind „(...) keine höherrangigen Nebenzentren des Einzelhandels als für die tägliche Bedarfsdeckung entstanden" (S. Ste28). Diese Ausnahme von der (ökonomischen) Regel, auf die STEWIG selbst hinweist, will erklärt werden: Und die Erklärung ist einfach und einleuchtend, wenn auch umständlich vorgebracht:

> „(...)[es] läßt sich vermuten, daß eingeschliffene Verhaltensweisen der Konsumenten eine Rolle spielen, die wahrscheinlich in dem traditionellen Rhythmus des Aufsuchens der Stadtviertelmoschee und des Kleinzentrums zur Deckung der täglichen materiellen und geistigen Bedürfnisse und der großen Stadtmo-schee und des Basars zur Deckung der über das Tägliche hinausgehenden materiellen und geistigen Bedürfnisse begründet sind" (S. Ste28).

Hier kommt also die Kultur ins Spiel. Der Islam mit seinen regelmäßigen Gebeten prägt den Tagesablauf der Gläubigen in Bursa in zeitlicher und räumlicher Hinsicht und dies führt zu einem Einkaufsverhalten, das sich besonders bei den höheren sozialen Schichten markant von dem in Kiel und London/Ontario unterscheidet. STEWIG spricht von „eingeschliffenen Verhaltensweisen" und meint damit die Gewohnheit, den Moscheebesuch mit dem Einkauf zu verbinden. Heute würde man wahrscheinlich eher von einem – zeit-ökonomisch sinnvollen – Kopplungsverhalten sprechen.

Auch Haushalte, die eigentlich längst auf den wöchentlichen Großeinkauf hätten umstellen können, weil sie über ausreichende Lagerungs- und Kühlungsmöglichkeiten verfügen, bleiben in Bursa beim täglichen Einkauf im Kleinzentrum, weil sie sich ohnehin täglich dort hinbegeben, um ihre „geistigen Bedürfnisse" zu decken. Andererseits – und das gilt für alle Bevölkerungsschichten – kommt man oft genug in die Stadtmitte (zur Stadtmoschee), um jedweden mittel- und längerfristigen Bedarf dort decken zu können. Beides zusammen liefert eine überzeugende Erklärung dafür, daß für Zentren, die nach Bedarfsdeckungsfunktion und Größe zwischen Basar und Kleinzentrum liegen, in der Tat wenig Bedarf besteht. Dadurch bleibt die bipolare Struktur, die für STEWIG die Urstruktur allen städtischen Einzelhandels ist (vgl. S. Ste30), anders als in Kiel und London, erhalten.

Während im eben geschilderten Fall die Kultur die direkte Ursache für ein bestimmtes aktionsräumliches Verhalten war, von dem relativ leicht auf ein bestimmtes räumliches Einkaufsverhalten geschlossen werden kann – man muß dazu nicht einmal vom Bild des Konsumenten als „homo oeconomicus" abrücken –, so ist der Zusammenhang im zweiten Fall, in dem STEWIG die Kultur zur Erklärung heranzieht, weniger greifbar. Es geht um Kiel und London, die sich zweifellos in ihrem Wohlstand nicht sehr stark voneinander unterscheiden, zwischen deren Einzelhandelsstrukturen aber doch beträchtliche Unterschiede bestehen. Unterschiede, die, wenn man so will, viel größer sind als die ökonomischen Unterschiede und die eben mit diesen ökonomischen Unterschieden auch nicht vollständig zu erklären waren, und hinter denen also noch etwas anderes stecken muß.

Zu diesen Unterschieden zählt, um es in STEWIGs Worten zu sagen, die „differenziertere Vielfalt der Einzelhandelskonzentrationen", die Kiel im Vergleich zu London zu bieten hat. Diese zeigen sich zum einen auf der vordergründigen Ebene der Bedarfsdeckungsfunktionen – das System in London ist, wie berichtet, nur zweistufig; es fehlen

Zentren für die mittelfristige Bedarfsdeckung – zum anderen aber vor allem bei der inneren Struktur der Zentren (die hier gegen Ende des Aufsatzes wider Erwarten doch noch einmal angesprochen wird).

Sowohl die Nebenzentren I. als auch die II. Ranges in Kiel sind in sehr unterschiedlicher Ausprägung anzutreffen, insbesondere wenn man die Strukturelemente Branche und Qualität betrachtet. Für beide Zentrentypen läßt sich zwar ein idealtypischer Branchenmix benennen (vgl. a. Tab. 1 und S. Ste22), der aber in der Realität entweder nur „(...) in beschränkter oder in übersteigerter Vollständigkeit (...)" anzutreffen ist. Beim Strukturelement Qualität ist es ähnlich. Die einzelnen Zentren unterscheiden sich „(...) was die Ausstattung und das Warenangebot der Geschäfte betrifft (...)" erheblich voneinander. Textilbetriebe etwa kommen laut STEWIG in einem Spektrum „zwischen Boutique und einfachem Textilgeschäft" vor.

Die Shopping-Center in London, die STEWIG als Pendant zu den Kieler Nebenzentren sieht, weil sie ebenfalls eine Erweiterung der zweistufigen Urstruktur von Kleinzentrum und Stadtmitte darstellen, erscheinen dagegen viel uniformer. Zwar sieht STEWIG Ansätze zu einer Spezialisierung (allerdings mehr im Bereich der „zusätzlichen Angebote") und notiert auch die unterschiedliche Größe der einzelnen Center (vgl. S. Ste26), aber im Grunde bleiben alle diese Center für ihn verkleinerte Abbilder des CBD, die wenig Einzigartigkeit besitzen. (Man muß das glauben, denn im deskriptiven Teil seiner Arbeit schreibt STEWIG kein Wort über die innere Gliederung der Shopping-Center, so als sei jedem Leser klar, wie so etwas aussieht).

Soweit zur Illustration der – laut STEWIG[16] – größeren Vielfalt der „Einzelhandelskonzentrationen in Kiel. Zu ihrer Erklärung schreibt der Autor:

> „*Im nordamerikanischen Kulturbereich dürften die allerdings vom sozialen Status abhängige und im Grad der Ausprägung sozialschichtenspezifische Normenrigidität und die ritualisierten Verhaltensmuster – eine Stadt von der Größe des kanadischen London ist im kulturellen Bereich mit einer deutschen Kleinstadt vergleichbar – dazu beitragen, die Wahlmöglichkeiten der Konsumenten und damit eine differenzierte Vielfalt von Einzelhandelskonzentrationen auf die tatsächlich vorhandenen, wenigen Typen zu beschränken. In der europäischen*

---

[16] Das „laut STEWIG" ist hier zu betonen, weil es sich um eine Einschätzung handelt, die man nach Lektüre des gesamten Textes nicht unbedingt nachvollziehen kann. (Ich habe oben alle im Text zu findenden Argumente gesammelt, die diese Einschätzung in irgendeiner Weise begründen können, aber es gäbe auch Gegenargumente). Dem Leser wird z. B. aufgefallen sein, daß bei der Beurteilung der Vielgestaltigkeit des Einzelhandels in London einmal mehr die „commercial strips" „unter den Tisch fallen", obwohl es sich bei dieser Gruppe von Zentren um eine sehr heterogene handelt (vgl. S. 15). Auch der Griff, die Shopping-Center ohne weitere „Beweise" als uniform darzustellen, nährt Zweifel. Vielleicht war es mehr ein Gefühl STEWIGs als etwas, das sich an Strukturelementen festmachen ließe – so wie eben die meisten Menschen die Toskana eindeutig schöner finden als die Westfälische Bucht und doch ins Grübeln gerieten, wenn man sie nach den Strukturelementen fragte, durch die sich die beiden *Landschaften* unterscheiden. Kurz und gut: Hier, beim Thema Vielgestaltigkeit, ist der Punkt erreicht, an dem STEWIG augenfällig an die Grenzen seines Strukturbegriffes gelangt. In Anlehnung an ein bekanntes Wort könnte man sagen: Er wollte Strukturen untersuchen und hat Landschaften gefunden.

Stadt von der Größe Kiels hat die größere Typenzahl der Einzelhandelskonzentrationen ihre Ursache (...) auch in einer größeren Vielfalt der Normen und Wertvorstellungen, woraus sich geringere Standardisierung des Einkaufsverhaltens und größere Wahlmöglichkeiten der Konsumenten ergeben" (S. Ste29).

Der Einzelhandel als Abbild von Werten und Normen einer Gesellschaft – das ist, neben der Fragestellung, die große Innovation in STEWIGs Aufsatz. Werte und Normen in einer Zeit, in der die deutsche Geographie voll im Banne des raumwissenschaftlich-nomothetischen Paradigmas stand – und die junge Sub-Disziplin der Einzelhandelsgeographie analog dazu im Banne der Zentrale-Orte-Theorie (vgl. KLEIN 1995: 7).

Aber es bleibt ein schüchterner Gedanke, der keine Taten nach sich zieht. Der Leser erfährt nicht, warum und wie eine größere Vielfalt an Werten und Normen sich in städtischen Zentrenhierarchien abbildet; nicht einmal Spekulationen werden ihm entgegengeworfen. Und – man kann es nicht oft genug sagen – die Kultur darf nur dort einspringen, wo die „reine Ökonomie" keine zureichenden Erklärungen mehr liefert, und auch da nicht immer. (Nicht alle offenen Fragen werden am Schluß noch einmal der „kulturellen Prüfung" unterzogen. Zum Beispiel die, warum es in Kiel keine Shopping-Center und keine „commercial strips" gibt. Diese Frage bleibt ohne Antwort).

Und ein drittes: STEWIG versucht, Kultur zu rationalisieren, sie so handhabbar zu machen wie seine „wirtschaftlich-zentralörtlichen" Faktoren, ihr alles Unübersichtliche zu nehmen. Man sieht das an seiner hochgradig technokratischen Sprache („sozialschichtenspezifische Normenrigidität") und daran, daß er (u. a. im oben präsentierten Textausschnitt) bemüht ist, (Lokal-)Kultur nicht als wildes Amalgam unterschiedlichster Einflüsse erscheinen zu lassen, sondern meist versucht, sie auf allgemeine Gesetzmäßigkeiten zurückzuführen und sie in einen größeren (räumlichen) Zusammenhang zu stellen. So liest man denn vom „nordamerikanischen Kulturbereich" und von der „europäischen Stadt der Größe Kiels" (vgl. Zitat oben) oder von der „islamisch-orientalischen Stadt der Größenordnung Bursas" bzw. der „orientalische[n] Stadt islamischer Prägung" bzw. der „im Wandel begriffene[n] orientalischen Stadt" (alles S. Ste21). Das alles, man sieht es leicht, ist von dem damals blühenden kulturgenetischen Ansatz der Stadtforschung beeinflußt[17], dessen Grundanlage hinlänglich bekannt ist und hier nicht dargelegt werden muß.

Das Attribut „kulturgenetisch" sagt nicht nur viel darüber aus, welchen Kulturbegriff STEWIG zugrunde legt, sondern auch viel darüber, welche Rolle in seinem Konzept die Lokalität spielt – allerdings wird dieser Punkt noch vertieft werden müssen, denn in einer Arbeit, die von „lokalen Einzelhandelslandschaften" handelt, ist die Frage, wie man denn Lokalität zu verstehen habe, ebenso wichtig wie die nach der Auffassung vom System Einzelhandel.

Indirekten Aufschluß über die Frage der Lokalität gibt auch der letzte Teil von STEWIGs Aufsatz, der hauptsächlich prognostische Elemente enthält (und hier deswegen

---

[17] Anders als bei der Zentrale-Orte-Theorie bzw. BERRYs Fortführung wird dieser Einfluß – im Ansatz – offengelegt: Das Literaturverzeichnis enthält zwei Arbeiten von Wirth zur orientalischen Stadt.

unter einer entsprechenden Überschrift steht), der aber von STEWIG selbst mit „zusammenfassende Deutung" überschrieben wird. Das hat Sinn, weil bei der Behandlung der Frage, wie sich die Einzelhandelsstrukturen der drei Städte fortentwickeln könnten, fast unvermeidlich Bezug auf die übergeordnete Fragestellung der Arbeit genommen wird: Was macht lokale Einzelhandelsstrukturen verschieden?

2.2.3 Prognose

Knapp und klar beschreibt STEWIG bereits am Anfang des Abschnittes dessen Sinn und dessen wichtigste These:

> *„Die aufgezeigten Einzelhandelsstrukturen der drei Städte Bursa, Kiel und London/Ontario sollte man (...) nicht nur isoliert nebeneinandergestellt betrachten; vielmehr bietet es sich abschließend an, die drei Strukturen als eine genetische Abfolge, als Manifestationen einer zyklischen Entwicklung zu sehen"* (S. Ste29).

Im weiteren erläutert und illustriert STEWIG seine These von der „genetischen Abfolge" ohne größere Exkurse und Unklarheiten. Man kann deswegen die Zusammenfassung im ersten Teil knapp halten und sich mit Zitaten eng am Original orientieren.

Eine Einzelhandelsstruktur, wie er sie in Bursa gefunden hat, ist für STEWIG die Ausgangsstruktur allen städtischen Einzelhandels, die erste, im eigentlichen Sinne des Wortes *primitivste* Stufe eines vorgezeichneten Entwicklungsweges. Wichtigstes Merkmal dieser Urstruktur ist, wie bereits deutlich geworden sein sollte, eine „(...) Zweistufigkeit, bei der ein höherrangiges Zentrum in der Stadtmitte der Vielzahl der Kleinzentren gegenübersteht" (S. Ste30). Diese Struktur sieht STEWIG in Zusammenfassung seiner Forschungsergebnisse als direkte Folge eines ebenso primitiven Entwicklungsstandes der *jeweiligen städtischen Gesellschaft* an, wobei Entwicklung nicht nur sozio-ökonomisch, sondern auch kulturell zu definieren ist. Das zeigt sich im Falle Bursas, wo beide Dimensionen ausdrücklich angesprochen werden, wenn es heißt, die Stadt habe „(...) eine wirtschaftlich und sozial wenig entwickelte und gering differenzierte Stadtbevölkerung (...), die geringe Ansprüche stellt und in traditionellen Einkaufsverhaltensmustern verharrt" (S. Ste39).

Die Stadt Kiel steht dagegen, was die sozio-ökonomische und kulturelle Entwicklung sowie die daraus resultierenden Handelsstrukturen angeht, auf einer höheren Stufe:

> *„Der Grad der wirtschaftlichen und sozialen Differenziertheit ist bei der (...) Kieler Stadtbevölkerung gegenüber der Bursas beträchtlich größer. Gehobene und geringe Ansprüche werden von einer Kundschaft, die sich von einer gesteigerten Zahl von Einkaufsverhaltensmustern leiten läßt, in einer mehrstufig differenzierten Zahl von Einzelhandelszentren gedeckt. Deren räumliche Anordnung innerhalb der Stadt schlägt sich in einem gegenüber Bursa wesentlich differenzierteren Verbreitungsmuster nieder"* (S. Ste30).

STEWIG vermutet, daß auch Kiel ursprünglich einmal eine zweistufige Einzelhandelsstruktur besaß, die sich dann in Folge allgemein steigender Wohlfahrt, stärkerer sozialer

Differenzierung und kultureller Modernisierung zu der ausführlich beschriebenen komplexeren Struktur weiterentwickelt hat. Daraus folgert er, daß Bursa und Kiel in einer „genetischen Reihe" stehen (vgl. S. 30) und dies wiederum bedeutet, daß der Weg des Einzelhandels in Bursa vorgezeichnet ist: Er wird werden wie der in Kiel. (Wofür STEWIG auch bereits Ansätze zu sehen glaubt; vgl. S. Ste29).

Dem bisher Ausgeführten kann man leicht folgen, obschon auch an dieser Stelle bereits Einwände möglich wären. Problematischer wird es nun bei London/Ontario, denn die dortige Einzelhandelsstruktur ist ja nicht - wie bei linearer Fortschreibung der „genetischen Reihe" zu erwarten wäre – noch komplexer, sondern sie ist weniger komplex. STEWIG scheint das nicht als störend zu empfinden. Er verlängert die „genetische Reihe", ohne auf die Frage einzugehen, warum sich der mit ihr verbundene Trend plötzlich umkehrt:

> *„Die Einzelhandelsstruktur von London/Ontario schließlich stellt eine weitere Entwicklungsstufe dar. Auf ihr hat sich der Grad der wirtschaftlichen und sozialen Differenziertheit auf einem höheren Niveau als dem Kieler verringert. Einförmigere Ansprüche – wenn auch auf höherem, kaufkräftigerem Niveau – und eine beschränktere Zahl von Einkaufsverhaltensmustern haben zu einer Reduktion der Stufigkeit und Differenziertheit der Strukturtypen des Einzelhandels geführt. Auch die räumliche Anordnung der Einzelhandelszentren innerhalb der Stadt zeigt – mit deren ringförmiger Verbreitung – ein gegenüber Kiel vereinfachtes Anordnungsmuster"* (S. Ste30).

Und dann, direkt danach, folgt ein Satz, der in vielfacher Hinsicht denkwürdig ist:

> *„Von den Verhältnissen in London/Ontario aus läßt sich die prognostische Aussage machen, daß sich die Einzelhandelsstruktur der europäischen Stadt der Kieler Größenordnung nicht durch Gründung einzelner Shopping Centres am Stadtrand verändern wird, sondern erst zu einer neuen Entwicklungsstufe findet, wenn die entsprechenden wirtschaftlichen, sozialen und geistig-kulturellen Voraussetzungen in spezifisch innerstädtischer Nivellierung gegeben sind"* (S. Ste30).

Eine kühne Prognose, mit der STEWIG jedoch nicht so falsch lag, wie man im ersten Moment glauben mag. Natürlich stehen heute, 25 Jahre später, in vielen europäischen Städten „der Kieler Größenordnung" Shopping-Center (einige standen schon damals), aber erstens befinden sich die meisten dieser Shopping-Center nicht am Stadtrand (vgl. GUY 1994: 181) wie in London und zweitens hat keine „europäische Stadt der Kieler Größenordnung" heute auch nur annähernd so viele Shopping-Center, nämlich 17[18], wie man sie in London bereits damals zählte.

---

[18] Man möge diese Zahl nicht allzu genau nehmen. STEWIG gibt keine Definition für „Shopping-Center", und es kann sein, daß hier Einkaufsstätten mitgezählt wurden, die viele Experten nicht unter den Begriff stellen würden. Aber ob nun 8, 12 oder 15 Center – es ändert nichts an der Tendenz.

Wenn man also die Prognose ganz wörtlich nimmt, ist sie nicht eingetroffen bzw. war schon widerlegt als sie entstand, denn es gibt Shopping-Center. Wenn man aber die Tendenz der Aussage betrachtet, hatte STEWIG recht: Was die (suburbanen) Shopping-Center angeht hat Europa nicht „aufgeholt", sondern Nordamerika hat weiter „vorgelegt". Man kann dies recht anschaulich durch die bereits erwähnte (vgl. S. 11) Untersuchung von LORD / GUY (1991, 1992) illustrieren. Dort werden Cardiff in Großbritannien (280000 Einw.) und Charlotte in den USA (390000 Einw.) verglichen – ein Paar, das (rein zufällig) dem Paar Kiel (245000 Einw.) und London (300000 Einw.) sehr ähnlich ist.

Tab. 4: Shopping-Center[19] (ab 200000 sq. ft[20] vermietbarer Fläche) in Cardiff und Charlotte

	Cardiff		Charlotte	
Größe (sq. ft)	Anzahl Center	davon suburban	Anzahl Center	davon suburban
200000-400000	0	0	12	12
> 400000	1	0	4	4

Quelle: eigene Zusammenstellung von Daten aus LORD / GUY (1991: 429-430)

Nun, Cardiff und Kiel sind genauso wenig Europa wie Charlotte und London Nordamerika, aber ich glaube, man kann hier, ohne größere Zahlenberge aufzuhäufen, festhalten, daß im Falle der Shopping-Center STEWIGs kulturgenetisch gefärbte Rede von der europäischen bzw. der nordamerikanischen Stadt, gegen die es manches einzuwenden gibt, durchaus berechtigt war und ist, denn nach allem, was man weiß, ist die Variation in der Ausstattung mit Shopping-Centern *unter* den europäischen *und* unter den nordamerikanischen Städten insgesamt immer kleiner als *zwischen* den Städten der beiden Kulturräume (vgl. Tab. 5).

Das heißt nicht, daß die Unterschiede im Einzelhandel innerhalb Europas (und innerhalb Nordamerikas) nicht der Rede wert wären – man sieht oben, daß sie es sind – aber es heißt, daß sich bei vielen Einzelhandelsphänomenen[21] ein sehr großer Teil der Varianz bereits durch die Betrachtung auf der global-kulturräumlichen Ebene erklären läßt. (Ohne dazu Untersuchungen angestellt zu haben, würde ich deshalb hier auch die Prognose wagen, daß man keine Stadt in Nordamerika oder in Südostasien oder im Orient finden wird, die einer der drei hier untersuchten, im europäischen Maßstab sehr verschiedenen Städte Birmingham, Mailand und München von ihrer Einzelhandelsstruktur ähnlicher wäre als die Städte einander sind).

---

[19] LORD / GUY geben auch keine Begriffsdefinition. Sie zählen anscheinend aber nicht nur „malls", denn sonst kämen sie für Charlotte nicht auf eine Gesamtzahl von 102 (!) Centern. Ich habe hier nur Zentren ab einer gewissen Größe aufgeführt, weil in diesen Größenordnungen kein Zweifel daran besteht, daß nur das enthalten ist, was nach allgemeinem europäischen (!) Verständnis ein Shopping-Center ist.

[20] Umrechnung: $1m^2 = 10{,}764$ sq. ft. Die 200000 sq. ft hier entsprechen also knapp 18600 m^2.

[21] Daß die Unterschiede nicht nur die Shopping-Center betreffen, sondern nahezu alle (quantitativ faßbaren) Elemente der Einzelhandelsstruktur läßt sich ganz unmittelbar aus den Arbeiten von LORD / GUY (1991, 1992), HALL / BREHENY (1987) und SIMMONS / KAMIKIHARA / JONES (1996) ablesen.

Tab. 5: Anteil (%) verschiedener Standortbereiche an den Einzelhandelsumsätzen in den Stadtregionen von Barcelona, München, Dallas- Fort Worth und Toronto[22]

	Innenstadt / CBD	Andere „traditionelle" Lagen	Malls	Restliche Lagen
Barcelona	18	25	12	45
München	20	60	4	16
Dallas - Fort Worth	3	3	34	60
Toronto	7	15	28	50

Quelle: SIMMONS / KAMIKIHARA / JONES (1996: 14), bearbeitet und (frei) übersetzt

Nun ist aber der Umstand, daß eine Stadt in einem bestimmten (Kultur-)Erdteil liegt nur in der Sprache der Statistik eine *Erklärung* für den Umstand, daß sie mit ziemlich hoher Wahrscheinlichkeit eine vollkommen andere Einzelhandelsstruktur zeigt als eine andere Stadt in einem anderen (Kultur-)Erdteil. Inhaltlich ist damit nichts gesagt; Kausalitäten werden nicht benannt. Und so kommt man zurück zu STEWIGs denkwürdigem Satz, der die kühne Prognose enthielt (die man nicht unkommentiert lassen könnte). Aber wie kam er eigentlich zu dieser Prognose?

Es ist erstaunlich – zunächst wird dargelegt, daß London/Ontario sich auf einer höheren Entwicklungsstufe befinde als Kiel und man erwartet nun – nach der Logik dessen, was über Bursa gesagt wurde, daß Kiel der Weg Londons prophezeit wird, aber es geschieht genau das Gegenteil. Nein, Kiel wird sich „nicht durch Gründung einzelner Shopping Centres am Stadtrand verändern"! Oder doch? Und zwar dann, „wenn die entsprechenden wirtschaftlichen, sozialen und geistig-kulturellen Voraussetzungen in spezifisch innerstädtischer Nivellierung[23] gegeben sind".

Hier liegt ein unauflöslicher logischer Widerspruch vor. (Im Grunde sagt STEWIG: Es geschieht nicht, *sondern* es geschieht doch). Man kann jedoch diesen Widerspruch nicht einfach als uninterpretierbar übergehen, denn in ihm scheinen sich wichtige Hinweise auf STEWIGs implizite Konzeption zu verbergen. Was könnte also gemeint sein? Die einfachste Erklärung wäre die, daß STEWIG noch einmal in einer Art Zusammenfassung seiner Abhandlung bekräftigen wollte, daß zwar im Prinzip die wirtschaftlichen, sozialen und geistig-kulturellen Charakteristika einer Lokalität (oder eigentlich: eines Kulturraumes) und nur diese für die Ausbildung einer bestimmten Einzelhandelsstruktur sorgen und daß Kiel also bei Veränderung dieser Charakteristika theoretisch wie London werden würde (also z. B. auch Shopping-Center bekäme), daß dies aber mehr der Vollständigkeit halber anzumerken sei, weil Kiels ökonomische, kulturelle und stadt-

---

[22] Man sollte diese Zahlen als Schätzungen verstehen, obwohl sie von den Autoren nicht so genannt werden. Da ich an der Datenbeschaffung für das Projekt beteiligt war, ist mir bewußt, wie viele Kompromisse von den Bearbeitern der einzelnen Städte gemacht werden mußten, damit überhaupt eine solche Tabelle entstehen konnte.

[23] Der Begriff ist äußerst unklar, weil er niemals vorher im Text auftaucht. Möglicherweise soll er die vergleichsweise ausgeprägte räumliche Sortierung sozial unterschiedlicher Bevölkerungsgruppen in London beschreiben. Das ergäbe Sinn, denn die räumliche Verteilung der Kaufkraft nahm bei STEWIGs Erklärungen großen Raum – einen größeren als die absolute Höhe.

strukturelle Charakteristika sich praktisch niemals denen Londons angleichen werden. Das wäre mehr ein Glaubensbekenntnis, von dem man heute in der Rückschau sagen könnte, daß es eher richtig als falsch war (vgl. Tab. 4 und Tab. 5). Dieses Glaubensbekenntnis vertrüge sich nun allerdings schlecht mit STEWIGs im Falle Bursas nicht zu übersehenden Glauben an eine Modernisierung und überhaupt mit der Rede von „genetischen Reihen" und Entwicklungsstufen.

Vielleicht muß man aber STEWIGs Prognose über die Shopping-Center auch ganz anders interpretieren, sie viel wörtlicher nehmen. Vielleicht geht es STEWIG nicht um die Aussage, daß Kiel sich *nicht* in Richtung London verändern wird, sondern wirklich darum, daß es sich nicht *durch Gründung von Shopping-Centern* verändern wird. (Aber durch den Wandel sozio-ökonomischer und kultureller Charakteristika möglicherweise doch).

Dies wäre eine klare Aussage, die zudem kongruent mit allem wäre, was STEWIG zur Erklärung der Unterschiedlichkeit der Einzelhandelsstrukturen präsentiert hat. Es wäre die Aussage: Der Kunde ist König! Nur er (der de facto meist „sie" ist) erschafft Einzelhandelsstruktur. Sein Wille ist nicht zu beugen, seine Wege nicht zu lenken.

Andere Akteure als Konsumenten kommen im Text ja auch gar nicht vor – nicht als Akteure jedenfalls. Die Händler erscheinen wie Spielsteine, die immer genau dort auf dem Brett stehen (und stehenbleiben), wo sie der Konsument mit ihren wirtschaftlich-sozial und geistig-kulturell bedingten „Einkaufsverhaltensmustern" hinstellt. (Nur einmal, bei den „commercial strips" stehen die Händler falsch. Sie haben versäumt, ihre Geschäfte rechtzeitig zu räumen und so sind „Relikte" entstanden; vgl. S. 32).

Ganze Zentren wandern, von der magischen Schnur der Konsumentin gezogen, durch die Stadt und selbst da, wo unübersehbar ist, daß ein anderer als die Konsumentin gehandelt hat, wird uns dieser andere unterschlagen: „(...) ein Basarbrand [hat] die Einführung (...) moderner Verkaufsformen zur Folge gehabt" (vgl. S. 17). Haus- und Grundbesitzer, Stadtplaner, Politikern und Juristen, alle außer Nachfragern und Anbietern, die noch Einfluß auf das System haben könnten, kommen gar nicht vor; nicht einmal hinter Passiven versteckt.

So gesehen hat es also tatsächlich keinen Sinn, in Kiel Shopping-Center zu „gründen": Niemand wird so verrückt sein es zu tun, bevor nicht „die entsprechenden wirtschaftlichen, sozialen und geistig-kulturellen Voraussetzungen in spezifisch innerstädtischer Nivellierung" gegeben sind. Sollten diese aber einmal gegeben sein, wird sofort jemand herbeieilen und ein Shopping-Center „gründen". (Und es ist auch niemand da, der ihn daran hindern könnte).

Diese totale Fixierung auf die Konsumentenseite, mit der STEWIG sich im übrigen genauso im Mainstream der deutschen Einzelhandelsgeographie seiner Zeit befand, wie mit seiner Reduzierung des Einzelhandels auf Zentrenhierarchien (vgl. KLEIN 1995: 8), diese totale Gleichsetzung von Konsumentenwille und –bedürfnis mit räumlichen Strukturen ist nicht nur an sich notierenswert, sondern verweist auch auf zwei weitere entscheidende Bausteine in STEWIGs „Weltbild":

Erstens: STEWIG glaubt an den reinen, den funktionierenden Markt, an einen Markt, der noch reiner ist als jener der neo-klassischen Ökonomie. Nichts, nicht einmal staatliche Intervention, die die Neo-Klassiker immerhin wenigstens als „Marktstörung" zur

Kenntnis nehmen, stellt sich zwischen Anbieter und Nachfrager. Und es gibt keine „time lags"; jede Nachfrage erzeugt sofort („schlagartig") ein entsprechendes Angebot – und zwar immer am „rechten Ort". Und so wird die räumliche Struktur des Einzelhandels zu dem, was der Preis für die neo-klassische Ökonomie ist – ein immer „richtiges" Ergebnis[24] des Zusammenspiels von Angebot und Nachfrage, aus dem man immer problemlos auf das Verhalten der Marktteilnehmer zurücklesen kann[25].

Zweitens: Lokaler Einzelhandel ist ein hermetisches System. Wenn nur der Konsument entscheidet, und zwar aufgrund seiner an den Ort gekoppelten wirtschaftlich-sozialen und geistig-kulturellen Eigenschaften, wenn Nachfrage nicht erzeugt bzw. geformt werden kann (z. B. durch neue Verkaufsformen wie die Shopping-Center) schmort das System, volkstümlich ausgedrückt, im eigenen Saft. Entwicklung kann nur endogen erfolgen – zum Beispiel dadurch, daß die Konsumenten sich Autos oder Kühlschränke anschaffen, nicht mehr so regelmäßig in die Moschee gehen oder von ihrer „Normenrigidität" lassen. Alle Marktteilnehmer sind also bekannt, es sind local players – nicht nur in dem Sinne, daß sie (nur) in einem bestimmten Erdausschnitt agieren, sondern auch all ihre Motive für diese Aktionen aus diesem Raum beziehen. Eine Vorstellung, die offenkundig nicht mehr der zeitgenössischen Realität und den zeitgenössischen wissenschaftlichen Moden entspricht und derer sich ein neues Konzept über die Formung lokaler Einzelhandelslandschaften wird annehmen müssen.

STEWIG, dem hier das letzte Wort gehören soll, beendet seine Prognose (und damit seinen Aufsatz), so, wie sich dieser Aufsatz über weite Strecken gestaltet. Zur Frage, wie denn die Fortsetzung der genetischen Reihe Bursa – Kiel – London aussehen könnte, schreibt er, unorthodox in der Sache (der Diffusionstheorie) und ein wenig kryptisch im Wort:

> *„Es muß offenbleiben, wie über den Entwicklungsstand der (...) Stadt London/Ontario hinaus eine Weiterentwicklung verlaufen könnte: ob es sich um eine neue Differenzierung der Einkaufsmöglichkeiten handeln wird – vorangetrieben von einigen wirtschaftlichen und sozialen Schrittmachergruppen – oder ob eine solche weitere Differenzierung gar nicht im eigenstädtischen Bereich ansetzt, sondern von den Schrittmachergruppen in höherrangige städtische Siedlungen getragen wird" (S. Ste30).*

---

[24] Mit der Ausnahme der „commercial strips", deren Persistenz (time lag!) den Interpretator täuschen kann.

[25] STEWIG befindet sich hier in guter Gesellschaft, denn nicht nur die Geographie, sondern alle Sozialwissenschaften, die sich mit Konsumverhalten beschäftigen, waren bis in die jüngste Zeit tief von neo-klassischen Gedanken „durchseucht". So jedenfalls schildert es MILLER (1995) – recht überzeugend – in einer furiosen Polemik. Vgl. hierzu auch FINE / LEOPOLD (1993: 46-53) und FINE (1995: 128-133).

3 Lokale Einzelhandelslandschaften in Zeiten der symbolischen Ökonomie und der Internationalisierung

Im Februar 1999 erschien im *Guardian* ein böser, ironischer Artikel über die Einkaufsstadt Birmingham und die Veränderungen, die ihr wahrscheinlich in den nächsten Jahren bevorstehen. Nachricht und Kommentar bewußt und aus gutem Grund vermischend, schreibt Julia FINCH (in meiner Übersetzung):

Zweite Stadt bestellt die Bulldozer

Aufgepaßt Paris! Ein großartiger Plan wurde gestern in Großbritanniens zweiter Stadt bekannt. Er zielt darauf ab, Birmingham auf die Landkarte glamouröser internationaler Einkaufsstädte zu bringen. Die Bulldozer schnappen sich das augenwunde Bull Ring Centre. Dieses Einkaufszentrum, das zum Symbol der Brutalität der Stadterneuerung der 60er Jahre geworden ist und den Ruf einer ganzen Stadt ruinierte, wird nun endlich abgerissen. Ein Investoren-Konsortium aus drei Unternehmen - Land Securities, Hammerson und Henderson Investors - will 800 Millionen britische Pfund in dieses Projekt stecken, das den östlichen Teil der Innenstadt wiederbeleben und die allerbesten Namen des europäischen Einzelhandels anlocken soll. Am Ende des Acht-Jahres-Planes, der 3000 Arbeitsplätze in der Bauwirtschaft und 5000 im Einzelhandel schaffen könnte, wird das größte Einzelhandels-Regenerationsprojekt in Europa stehen (...).
Das Bull Ring Centre, das heute ein trauriges Symbol städtischen Verfalls ist, wurde einst als Traum aller Hausfrauen und als echte Konkurrenz für das Londoner West End gesehen. Als es 1964 öffnete, schrieb die Birmingham Post: „Für die durchschnittliche Konsumentin wird es eine echte Wohltat sein - ein Erlebnis, das sie bis jetzt nur bei einem Ausflug nach London haben konnte". Heute ist das Einkaufszentrum ein Labyrinth aus furchterregenden Unterführungen, beschmierten Wänden und heruntergekommenen Läden. Das Bull Ring Centre ist ein nationaler Witz. Jetzt rückt schweres Gerät an und die Investoren möchten Birminghams Ruf wiederherstellen. Aber es gibt viel zu tun. Die drei Herren, die der Stadt ein neues Gesicht verpassen wollen, traten gestern einen hastigen Rückzug aus dieser Stadt an und reisten zurück nach London, sobald sie ihre Pläne vorgestellt hatten ...

The Guardian, 26. Februar 1999

Auch das ist Einzelhandel: Männer aus London kommen mit Koffern voller Geld und bauen der Stadt Birmingham eine halbe neue Innenstadt. Das Geld haben sie (vermutlich) auf der *ganzen Welt* eingesammelt – kaum anders vorstellbar bei einem Betrag (2,5 Mrd. DM), der dem gesamten Investitionsvolumen der Stadt München von zwei Jahren entspricht. Ziel der Investoren ist es, die „allerbesten Namen des *europäischen* Einzelhandels" anzulocken, wovon sich wiederum der Stadtrat ernsthaft verspricht,

Birmingham könne eine *international* gerühmte Einkaufsstadt werden und dadurch seinen schlechten *Ruf* verlieren, den es jedoch nur in England hat, weil der Rest der Welt kaum Notiz von der Existenz dieser Stadt nimmt, was man ebenfalls ändern möchte.

Konsumentenbedürfnisse, gar solche, die mit Begriffen wie Versorgung oder Bedarfsdeckung assoziiert wären, scheinen überhaupt keine Rolle zu spielen. Diese halbe neue Innenstadt entsteht offenbar nicht in erster Linie deswegen, weil sog. Bedarf nach ihr da wäre. Wie verkündet die Stadtverwaltung in ihrer Bürgerzeitung das Projekt? Schreibt sie „fine new shopping facilities for Birmingham" oder „better choice for Birmingham consumers"? Nein, sie schreibt: „New look for Brum[26]"! (Birmingham Voice 1999). Reputation im nationalen und internationalen Standortwettbewerb ist alles. Und nur deshalb muß das alte *Bull Ring Centre* weg; weil es die Augen wund macht, weil es aus jeder Fuge nach Armut riecht, weil es ein „nationaler Witz" ist.

Foto 1: *Bull Ring Centre*, Birmingham – Ansicht von Norden

---

[26] „Brum" ist das vor allem in der Region gebräuchliche, aber in ganz England bekannte volkstümliche Kose- bzw. Schmähwort für die Stadt Birmingham. Es leitet sich aus dem Wort „Brummegam" ab, das entsteht, wenn man „Birmingham" in der Mundart seiner Bewohner ausspricht. Im Zuge der – in vielen altindustrialisierten, abgehängten Regionen Europas zu beobachtenden – vorgeblichen Besinnung auf lokale Werte, vor allem die der ehrlichen, hart arbeitenden, bodenständigen usw. Arbeiterklasse, die der Stadt einstmals den (nun verblaßten) Reichtum brachte, verwendet die Stadtverwaltung, wann immer möglich, diesen „bodenständigen" Begriff. Gewisse Erfolge scheinen sich einzustellen, denn auch die *Times* aus London berichtet bereits – ohne Ironie – über „Brum" statt über „Birmingham" (vgl. etwa SETON 1998 in seiner Darstellung des hier behandelten Einzelhandelsprojektes).

Es muß nicht weg, weil niemand dort einkauft, sondern es muß weg, *obwohl* es eine funktionierende, beliebte Einkaufsstätte ist. Sie ist nur, um es vorwegzunehmen, bei den „falschen" Konsumenten (alt und arm bzw. jung, aber nicht weiß) beliebt.

Die durchschnittlichen Hausfrauen, für die dieser „Traum" einmal gebaut wurde, träumen längst von etwas anderem. Manche wohl wieder vom Londoner West End, manche vielleicht vom Marmor und den Palmen des *Merry Hill*-Einkaufszentrums, 20 Kilometer vor der Stadt. Aber der *Bull Ring* steht noch und wirtschaftet (erfolgreich?) seit 20 Jahren an dem „Bedarf" vorbei, den es einmal decken sollte und gedeckt hat.

Und sollte jemand meine empirischen Untersuchungen in Birmingham in fünf oder zehn Jahren wiederholen, so hätte er, verließe er sich auf STEWIGs Modell, die undankbare Aufgabe, aus den gleichen „wirtschaftlichen, sozialen und geistig-kulturellen Voraussetzungen in spezifisch innerstädtischer Nivellierung" (STEWIG 1974: 30) etwas völlig anderes zu erklären: eine Innenstadt mit fast doppelt so viel Verkaufsfläche, mit vier oder fünf großen Warenhäusern statt einem und ohne einen einzigen Sonderposten-Markt, in dem sich neben oxydierten Monozellen und verbeulten Haarsprayflaschen hunderte von gut erhaltenen Nylontaschen stapeln, deren Aufdruck zeigt, daß sie Überbleibsel eines drei Jahre zurückliegenden internationalen Urologen-Kongresses im International Convention Centre von Birmingham sind. (Praktische, wasserdichte Taschen mit hohem Erinnerungswert, von denen ich, hybrider Konsument, eine gekauft und später bei allen Kartierungen, auch in Mailand und München, benutzt habe).

Kurz und gut: Diese Zeitungsmeldung bzw. das dahinterstehende Ereignis zeigt schon ohne besonders eingehende Interpretation (die dann im empirischen Teil folgt), wie unbrauchbar STEWIGs Konzeption bei der Deutung städtischen Einzelhandels heute sein *kann:* Es ist schlechterdings unmöglich, das, was dort in Birmingham geschieht, auch nur ansatzweise mit STEWIGs Variablen zu erklären. (Unter anderem deswegen, weil die beiden in dieser „Public-Private-Partnership" maßgeblichen Akteure, Developer[27] und Kommune, in seinem impliziten Modell gar nicht vorkommen; vgl. S. 42).

Mehr noch: Vieles von dem, was im Zuge des größten Einzelhandels-Regenerationsprojektes Europas geschieht, wäre mit STEWIGs Kategorien nicht einmal (sinnvoll[28]) zu *beschreiben*, denn es gibt kein Strukturelement „Ästhetik", kein Strukturelement „Reputation", kein Strukturelement „internationale Wettbewerbsfähigkeit" und so weiter.

---

[27] In letzter Zeit ist es populär geworden, „developer" einfach mit „Entwickler" zu übersetzen. Ich halte das nicht für glücklich. Einerseits ist der Begriff „Entwickler" im deutschen mit anderen Bedeutungsfeldern (Technik) assoziiert. Zweitens suggeriert die Übersetzung, die Bau- und Bodenwirtschaft würde in Deutschland genauso funktionieren wie im anglo-amerikanischen Raum. Das ist aber nicht so, so daß der Developer ebenso als eine Kultur- wie als eine Sprachtatsache zu betrachten ist. Kulturtatsachen aber beläßt man am besten in der Originalsprache (vgl. ZIMMER 1997: 341-342).

[28] *Irgendwelche* Beschreibungen sind natürlich auch mit dem alten Konzept möglich. So erfüllt – beispielsweise – jedes „Zentrum" per Definition irgendeine „Bedarfsdeckungsfunktion", die man beschreiben kann. Man wird also nie – das ist das verführerisch-trügerische – mit leerem Kartierbogen aus dem Felde zurückkehren. Ob eine solche Beschreibung aber irgendeine Relevanz besitzt, ist eine andere Frage, deren Beantwortung sich die Geographie für meinen Geschmack zu häufig entzieht.

Ich ziehe hieraus den Schluß, daß dieses alte Konzept für das Studium städtischen Einzelhandels, besonders für das vergleichende Studium städtischen Einzelhandels nicht mehr mit Gewinn verwendet werden kann, und durch ein neues ersetzt werden sollte.

Wie man am Beispiel des *Bull Ring Centres* gesehen hat, sind es vor allem zwei große Veränderungen in Wirtschaft und Gesellschaft, denen man in einem solchen neuen Konzept wohl Rechnung tragen muß, um *relevante* Beschreibungen und Interpretationen lokaler Einzelhandelslandschaften und ihrer Veränderungen anfertigen zu können: Die erste große Veränderung – im zitierten Zeitungsartikel durch die Anmerkungen zur Ästhetik und zur Reputation des *Bull Ring Centres* angedeutet – ist der Wandel von der „Ökonomie des Gebrauchswertes" zur „Ökonomie des Zeichenwertes" (gewissermaßen von Marx zu Baudrillard) und die damit verbundene „Kulturalisierung" des Wirtschaftslebens bzw. „Ökonomisierung" der Kultur. Die zweite Veränderung – angedeutet durch die „globale" Finanzierung des neuen *Bull Ring*-Einkaufszentrums und die europaweite Suche nach Mietern – ist das weite Feld der Internationalisierung. Wie der Zeitungsartikel im kleinen und maßgebliche gesellschaftstheoretische Schriften unserer Zeit (z. B. HARVEY 1989: 284-307) im großen zeigen, gibt es zwischen diesen Veränderungen zahlreiche Bezüge, so daß es nicht ganz leicht ist, sie voneinander zu isolieren. Um die Darstellung überschaubar zu halten, werde ich sie dennoch zunächst nacheinander behandeln und die Querbezüge erst später darstellen.

Die Tatsache, daß städtische Einzelhandelssysteme offenbar neben ihrem Gebrauchswert, der „Bedarfsdeckungsfunktion", immer stärker auch einen Zeichenwert haben *und* die Tatsache, daß solche Systeme nicht mehr (wie bei STEWIG) hermetisch abgeschlossen sind – vgl. S. 43 –, sondern vielfältigen supra-lokalen Einflüssen ausgesetzt sind, liefern zusammen die Begründung dafür, daß ich den Begriff der „Einzelhandelslandschaft" dem Begriff der Einzelhandelsstruktur vorziehe. Ohne mich auf bestimmte der zahlreichen alten und neuen Landschaftskonzepte in der Geographie (vgl. HARD 1969, DUNCAN 1995) zu beziehen, sehe ich, schon aus dem allgemeinen Sprachgefühl heraus, folgende Unterschiede zwischen „Landschaft" und „Struktur":

- Landschaften haben eine *Anmutung*. Strukturen nicht. Die Anmutung hat materielldingliche Grundlagen, ist aber in hohem Maße sozial vermittelt. Sie wird und mit ihr wird – im wahrsten Sinne des Wortes – gehandelt.
- Landschaften sind einmalig und an die *Lokalität* gekoppelt. Strukturen nicht. Die Kräfte aber, die einmalige, lokale Landschaften produzieren, sind nicht immer einmalig und lokal. Sie können an weit entfernten Orten ihren Ursprung nehmen und an vielen Orten gleichzeitig (aber unterschiedlich) wirken. (Der Wirbelsturm, der weit entfernt entsteht und die eine Landschaft entwaldet, die andere aber überflutet).

Mit dem Begriffswechsel sollen einerseits die Veränderungen in der Realität (symbolische Ökonomie, internationale Einflüsse, mehr Komplexität und Unübersichtlichkeit) betont werden, andererseits soll dadurch auch ein – im Vergleich zu STEWIG – veränderter wissenschaftlicher Zugang symbolisiert werden; eine holistischere, organischere und stärker interpretierende Betrachtung.

Mit der symbolischen Ökonomie, der ersten der beiden großen Veränderungen, möchte ich mich im gleich folgenden Halbkapitel beschäftigen, wobei hier keine allgemeine theoretische Abhandlung geliefert wird, sondern es hauptsächlich um die Frage geht, was Einzelhandel und symbolische Ökonomie miteinander zu tun haben, und was sich wissenschaftlich gewinnen läßt, wenn man diese Beziehungen stärker beachtet. Im dann anschließenden Halbkapitel werde ich unter der Überschrift „Konvergenz, Persistenz, Divergenz" ein Modell der Formung lokaler Einzelhandelslandschaften entwerfen, in dem die Tatsache berücksichtigt ist, daß lokale Einzelhandelslandschaften nicht mehr „lokal" und „self-contained" sind, sondern vielfältigen, miteinander in Wechselwirkung stehenden supra-lokalen Einflüssen unterliegen. (Dafür steht das Schlagwort Internationalisierung). Mein besonderes Augenmerk gilt dabei der Frage, welche Argumente und Gegenargumente sich für die populäre Annahme finden lassen, diese Landschaften würden einander immer ähnlicher, wo immer auf der Welt sie auch seien.

Dieses Kapitel bildet zusammen mit dem vorangegangenen das, was man unter Akademikern im allgemeinen den „Theorieteil" nennt. Deshalb noch vier Anmerkungen zu Absichten und Haltungen, die die „Theorie" (besser: die Konzeption) betreffen:

Erste Anmerkung: Meine Vorschläge für ein neues Konzept richten sich natürlich nicht gegen STEWIG als Person und Wissenschaftler, aber sie richten sich auch nicht gegen die zahlreichen anderen Autoren, die zu STEWIGs Zeit, um 1970, mit den gleichen Grundannahmen und Methoden Einzelhandelsforschung betrieben haben. Das wäre unfair, weil man bekanntermaßen hinterher immer klüger ist, vor allem wäre es aber höchst überflüssig, genauso überflüssig wie eine Dissertation in der Medizin, die heute die einstmals weit verbreitete Therapie des Irrsinns mittels des Aderlasses kritisierte. Nein, der Grund, konzeptionelle Veränderungen vorzuschlagen, kann ja nur im Umstand liegen, daß man die *gegenwärtigen* Paradigmata seines Forschungszweiges für unzureichend hält. Und genauso ist es: STEWIGs Arbeit wurde hier unter anderem deswegen ausführlich besprochen, weil ich der Auffassung bin, daß die verborgenen Grundhaltungen, Theorien, die herauszuarbeiten ich versucht habe, im Mainstream der (deutschen) Einzelhandelsgeographie immer noch sehr, sehr verbreitet sind – und zwar genauso verborgen und unthematisiert wie bei STEWIG. (Ich nehme an, daß sich die meisten der betreffenden Autoren bewußt sind, daß sie bestimmte Annahmen haben, auch wenn sie sich nicht ausdrücklich positionieren. In einigen Fällen – und diese Fälle sind besonders schweres Wasser auf die Mühlen ambitionierter Fachkollegen[29] – gewinnt man allerdings den Eindruck, daß Autoren ernsthaft glauben, sie seien „neutral" und untersuchten „einfach" den Einzelhandel, „wie er ist").

Zweite Anmerkung: Auch wenn ich glaube, daß STEWIGs Aufsatz viele Elemente enthält, die noch heute anzutreffen (und als unzeitgemäß zu kritisieren) sind, so wäre es natürlich falsch, den Eindruck zu erwecken, als sei in den letzten Jahrzehnten konzeptionell gar nichts geschehen. Nein, einige grundlegende Schwächen, die bei STEWIG festzustellen waren, sind längst beseitigt. Vor allem gilt das für die Reduktion des gesamten Marktgeschehens auf zwei Gruppen von Akteuren, Nachfrager und Anbieter, (vgl. S. 42) sowie die anscheinende Allmacht der Konsumenten bei gleichzeitiger Wil-

---

[29] Der Ruf der „Einzelhandelsgeographie" innerhalb des Faches ist und bleibt schlecht; vor allem scheint das Attribut „theorielos" für viele Kollegen schon im Begriff Einzelhandelsgeographie enthalten zu sein. Gutes Beispiel: JACKSON / THRIFT (1995). (Zeigt en passant auch, daß dies Phänomen länderübergreifend ist).

len- und Leblosigkeit der Anbieter innerhalb dieses einfachen Marktmodells (vgl. S. 42). Auch wenn es bei den verschiedenen Autoren, meist ideologisch bedingt, beträchtliche Unterschiede im Detail gibt, so kann man doch sagen, daß heute in der deutschen Einzelhandelsgeographie im allgemeinen ein Marktmodell zugrunde gelegt wird, das um eine wichtige Gruppe von Akteuren (Politik / Planung) erweitert ist, und in dem die Beziehungen zwischen den Marktteilnehmern vielfältiger und variabler geworden sind. Exemplarisch mag hier (Abb. 5) das Modell von PÜTZ (1997) stehen, das auf KULKE (1992) zurückgeht. In ihm kommen sicherlich auch die individuellen Anliegen der beiden Autoren zum Ausdruck, im großen und ganzen dürfte es aber bei den meisten maßgeblichen Wissenschaftlern Zustimmung finden.

Abb. 5: Marktmodell mit breiter Akzeptanz in der deutschen geographischen Handelsforschung

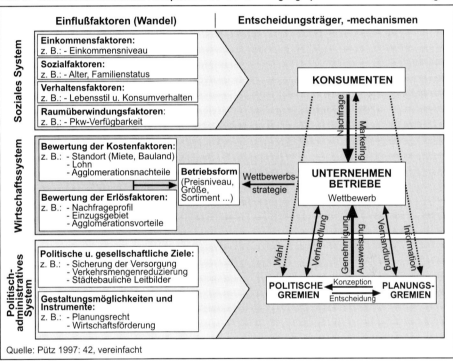

Man findet dieses Marktmodell nicht nur in theoretisch-konzeptionellen Grundsatzschriften (die freilich in diesem Bereich ohnehin rar), sondern auch in vielen empirischen Arbeiten, wo es tatsächlich „benutzt" wird. Diese Verbesserungen[30] gegenüber

---

[30] Da hier nicht der Raum ist, einen Überblick über die einzelhandelsgeographische Forschung von Anfang der 70er Jahre bis heute zu geben, und ich somit auch nicht zeigen kann, wie es im einzelnen zu diesen Verbesserungen kam, verweise ich auf eine entsprechende Zusammenstellung bei KLEIN (1995: 7-12).

STEWIG sind also wirklich etabliert und es wäre, um das Bild noch einmal zu bemühen, auch hier wie eine Kritik des Aderlasses durch einen zeitgenössischen Mediziner, wenn ich mit meinen Vorschlägen noch einmal dort ansetzte.

Dritte Anmerkung: Es wird aufgefallen sein, daß ich mich oben ausdrücklich nur auf die deutsche bzw. deutschsprachige Einzelhandelsgeographie bezogen habe. Das geschah nicht etwa, weil ich die englischsprachige nicht im Blick hätte oder glaubte, man könne gut ohne sie auskommen. Nein, es geschah, weil man es hier wirklich mit zwei Welten zu tun hat, die sich nach meinem Eindruck sogar seit vielleicht 15 Jahren eher voneinander weg anstatt aufeinander zu bewegen. Nicht nur, daß die anglo-amerikanische (Einzelhandels-)Geographie die deutsche (französische, spanische, italienische) ignorierte – das ist bekannt und aufgrund der sprachlichen Machtverhältnisse wohl nicht zu ändern – nein, die deutsche ignoriert auch weitgehend die anglo-amerikanische, womit die Verhältnisse ganz anders liegen als beispielsweise in der Industriegeographie. Diese Ignoranz ist einerseits eine Folge davon, daß es sich hier wirklich um zwei Forschungswelten handelt, andererseits zementiert sie die Verschiedenheit dieser Welten weiter.

Mit der Feststellung von Verschiedenheit verbindet sich im übrigen nicht in erster Linie eine Wertung der Art, daß die deutschsprachige Einzelhandelsgeographie zurückgeblieben sei und Anschluß finden müsse (wiewohl ihr das in einigen Bereichen sicher gut täte). Es geht wirklich um die Verschiedenheit der Forschungstraditionen, um die unterschiedliche Einbettung der Subdisziplin in die Gesamtdisziplin und die unterschiedlich getönten, aber unbewußt getragenen Brillen der akademischen Zirkel in beiden Sprachräumen. Um einige Beispiele zu geben: Die Betrachtung des Einzelhandels mit „zentralörtlichen" Gläsern ist im anglo-amerikanischen Raum längst nicht so verwurzelt und verinnerlicht wie im deutschsprachigen (vgl. a. KLEIN 1995: 7), gleiches gilt für die enge Verbindung des Einzelhandels mit sozialen Fragen von „Versorgung" und Benachteiligung (vgl. a. KLEIN 1995: 8). Umgekehrt hat die anglo-amerikanische Einzelhandelsgeographie beispielsweise seit jeher den Einzelhandel stark unter immobilienwirtschaftlichen Gesichtspunkten betrachtet – ein Blick, der im deutschsprachigen Raum bis heute wenig Einfluß auf empirische Arbeiten hat.

Die Analyse der Gründe für die – mal größere, mal kleinere – Fremdheit der beiden Forschungswelten rechtfertigte und füllte leicht ein Buch; sie kann hier nicht unternommen werden. Eines aber scheint klar zu sein: Viele der Unterschiede ergeben sich ganz einfach aus der fundamentalen Unterschiedlichkeit der jeweiligen Forschungsobjekte, also der Einzelhandelssysteme. Besonders hoch ist dieser Anteil natürlich im Hinblick auf die Gegenüberstellung von Deutschland und dem nordamerikanischen Teil der anglo-amerikanischen Welt (vgl. S. 40), aber auch für den britischen Teil dürfte sich damit noch viel erklären lassen. (Näheres dazu im empirischen Teil der Arbeit).

Wahrscheinlich ist der Hauptgrund für die größere Internationalität der Industriegeographie (die sich immer zum Vergleich anbietet) genau darin zu sehen, daß die Globalisierung im produzierenden Gewerbe tatsächlich um ein Vielfaches weiter fortgeschritten ist als im Bereich des Einzelhandels.

Ich sage das alles, um meine Überzeugung zu begründen, daß es so etwas wie einen internationalen Forschungsstand in der Einzelhandelsgeographie nicht gibt und nicht geben kann. Und daraus folgt zwangsläufig, daß es auch keine konzeptionellen Vorschläge geben kann, die an diesen Forschungsstand anknüpfen. Das gilt auch für die hier folgenden, die ich unterbreiten werde. Sie sind, wie die gesamte Arbeit, durch und durch für den „deutschen Markt" konzipiert, auch wenn sie sich zu einem sehr großen Teil aus der anglo-amerikanischen Literatur speisen, die ich mit deutschen Augen gelesen habe.

Das Ganze ist bedauerlich, wenn man am Ideal der weltoffenen, internationalistischen Universität hängt, aber es ist unvermeidlich. Einzelhandelsgeographen sind keine Astronomen oder Herzchirurgen und die schlimmsten wissenschaftlichen Unfälle passieren, wenn sie so tun, als wären sie welche[31]. Die Beschränkung auf eine Forschungstradition und einen Forschungsstand ist im übrigen, so paradox es zunächst erscheint, bei einer vom Forschungsgegenstand her internationalen Arbeit wie dieser besonders zwingend, weil sich aus dem Forschungsgegenstand schon genug Begriffsverwirrungen und Perspektivenwechsel ergeben, so daß die Füße wenigstens fest stehen sollten.

Es ist also nicht alles neu, was hier an Vorschlägen folgt, aber es ist – hoffentlich – neu für den Mainstream der deutschen Einzelhandelsgeographie. Manches ist im Ausland, vor allem in England, längst etabliert und die Aufgabe bestand nur darin, es *sinnvoll* zu adaptieren und in die deutsche Diskussion einzupassen.

Vierte und letzte Bemerkung: Obwohl die wesentlichen Teile meiner Konzeption früh im Forschungsprozeß, also vor der Bereisung der Untersuchungsregionen und sogar vor deren Auswahl entstanden sind, sind sie in hohem Maße auf meine Fragestellung zugeschnitten. Zwar habe ich tatsächlich den Anspruch, allgemeine Vorschläge für das Studium lokaler Einzelhandelslandschaften in Zeiten der Internationalisierung zu machen, aber ich weiß, daß sie nicht für alle Fragestellungen und alle Untersuchungsregionen gleich gut geeignet sind. Um entsprechenden Einwänden vorzubeugen, sei gleich gesagt, daß die Vorschläge sich sicher besser für vergleichende als für monographische Studien eignen, besser für (Millionen-)Städte als für Landgemeinden und besser für komplette Einzelhandelslandschaften als für einzelne ihrer Teile.

Allerdings muß man in diesem Zusammenhang sagen, daß ein Einzelhandelsmodell wie STEWIGS (Zentrale Orte, lokal isolierter Markt usw.) in Wirklichkeit auch nicht universell mit Gewinn anwendbar war; man konnte mit ihm nur leichter den Eindruck erwecken, es sei es, weil eben der Kartierbogen nie leer blieb (vgl. S. 46).

Meine Vorschläge wollen nicht alles Alte ersetzen, sondern es eher ergänzen. Ich denke, daß die Lage einer Bäckerei in einem Wohngebiet einer Kleinstadt, weiterhin recht gut mit der Reichweite des Gebäcks und der Bevölkerungsdichte in der Umgebung erklärt werden kann. Ich ziele mit meinen Vorschlägen eher auf den Maximalfall (an Komplexität und realem „Volumen").

---

[31] Vgl. die mehrfach angesprochene und kritisierte Arbeit von SIMMONS / KAMIKIHARA / JONES (1996), die internationalen Forschungstraditionen und Einzelhandelsrealitäten vollkommen unsensibel gegenübersteht. Bezeichnenderweise ist einer der Verfasser, Jim Simmons, der bei nordamerikanischen Themen sicher seine Verdienste hat, von Haus aus Atomphysiker.

Auch wenn dieser Maximalfall in der Forschungspraxis eher selten vorkommt, muß man doch Vorsorge für ihn treffen, denn es darf nicht sein, daß die Fähigkeit der geographischen Wissenschaft, lokale Einzelhandelslandschaften zu beschreiben, in solchen Fällen hinter der einer Wirtschaftsredakteurin des *Guardian* zurückbleibt.

3.1 Ironie und Anmutung: Einzelhandel in Zeiten der symbolischen Ökonomie

Es gehört heute zum guten Ton, die Feststellung zu treffen, daß wir in einer „symbolischen Ökonomie" leben. Oder besser noch in einer „economy of signs and space", wie es LASH / URRY (1994) genannt haben. Selbst auf die Gefahr hin, etwas hinter der Mode zu sein – Meinungsführer wie Nigel THRIFT bezeichnen die symbolische Ökonomie schon als Klischee (THRIFT / OLDS 1996: 315) – bekenne ich, daß ich an die „economy of signs and space" glaube.

Dies war natürlich kein ernsthafter Einstieg in das Thema, sondern ein Beispiel für die economy, oder besser, die „science of signs and space". Die richtigen Namen kennen, Szenen (Landschaften) lesen können: In Deutschland schindet man noch Eindruck mit LASH / URRY, in England gewinnt man damit keinen Blumentopf mehr, jedoch wenn man das weiß und schreibt, kann man wiederum bei den richtigen Leuten in Deutschland Punkte machen. Oder: Mit ironischer Floskel („etwas hinter der Mode") zeigen, daß man den bekannten Herrn THRIFT durchschaut hat, der natürlich selbst noch an die „economy of signs and space" glaubt, und mit dem Wort Klischee nur die Schläfrigen distanzieren will, die das Thema etwas später als er entdeckt haben. (Macht er immer so). Auch wichtig: Die richtigen Namen weglassen: Jedes zweite Oberseminarreferat zum Thema enthält heute Verweise auf Baudrillard – kann man nicht mehr machen. Oder durch Verzicht auf Baudrillard anzeigen (!), daß man Freigeist ist, Nonkonformist, sich auf den eigenen Kopf verläßt. Dann am besten im nächsten Absatz die „HÖRZU" oder einen bislang unentdeckten Brieffreund Freuds aus Klagenfurt zitieren, um Freigeistigkeit unter Beweis zu stellen.

Oder war es doch ein ganz ernstgemeinter Einstieg in das Thema? Am besten man formuliert alles halb-eindeutig mit viel selbst-ironischem Gewölk, wirft Nebelkerzen, so daß sich jeder das Passende heraussuchen kann (und muß!). So ist die Wissenschaft heute (mehr und mehr) und so ist auch die Ökonomie: Wenn man die Zeichen nicht versteht und nicht mit ihnen spielt und nicht weiß, welche Zeichen die anderen verstehen – und das alles über drei ironische und selbstironische Brechungen hinweg – dann hat man schlechte Karten. (*Ikea* dankt im aktuellen Katalog seinen deutschen Kunden „für 25 Jahre Schleppen und Schrauben"!).

Ja, ich glaube an die „economy of signs and space" – mit zwei Einschränkungen, die man wohl machen muß, um zwei weitverbreiteten Einwänden zuvorzukommen. Erstens: Natürlich besteht nicht die ganze Wirtschaft aus dem Austausch von Zeichen, natürlich ist nicht die ganze Welt und nicht jeder Mensch gleichermaßen betroffen. Die vietnamesische Näherin, die ihren Ausbeuterlohn an jedem Abend auf den Markt trägt, um ihn dort, wo es am billigsten ist, gegen Reis einzutauschen, betrifft das Ganze wenig – ob- wohl auch sie wahrscheinlich anders leben würde, wenn sie nicht einen Arbeitgeber wie *Nike* hätte, der das ökonomische Florett der Zeichen und Räume (vgl. Abb. 6) *und* das Breitschwert des Manchester-Kapitalismus gleichzeitig führen muß, um wieder und wieder Turnschuhe an Menschen verkaufen zu können, die schon zehn Paare haben, keinen Sport treiben und sich diese Schuhe eigentlich nicht leisten können.

Abb. 6: London Town Meets *Nike*Town

London Town Meets NikeTown

Nike throws open the doors to the London NikeTown experience on July 17, 1999. Visitors start their journey at the "town square" before adventuring off into the nine pavilions designed to resemble London's eclectic neighbourhoods, complete with oddly joined walls, alley ways, and bricked up windows. The massive NikeTown London located at Oxford Circus is Nike's most ambitious retail undertaking to date with retail and storage space covering 70,000 square feet and a 350 member sales staff.

Quelle: Bild und Text aus www.nikebiz.com, neu montiert

Jede Gesellschaft, jede Lokalität, jeder Wirtschaftszweig ist unterschiedlich und un- terschiedlich stark betroffen. Und durch diese Prämisse entkräftet sich von vornherein das populäre und etwas populistische Argument, die symbolische Ökonomie sei ein Spielzeug gutverdienender Großstadt-Akademiker, die, verwirrt von den eigenen Mühen der Zeichenentschlüsselung bei Eintreffen des neuen *Manufactum*-Kataloges, ihr Leben zwischen *Bulthaup*-Küche und Klezmer-Konzert auf alle anderen Menschen der Welt projizierten. An die Ökonomie der Zeichen glauben heißt *nicht* zu leugnen, daß es Kin- derarbeit in Indien, Fabriktierhaltung in Südoldenburg und arme Menschen in Europa gibt, die tatsächlich noch bei *Aldi* einkaufen, weil man viele Kalorien für wenig Geld bekommt und nicht, weil es „Kult" ist. (Und beide Arten von Kunden, die Notkäufer und die Kultkäufer, verdienen unsere Aufmerksamkeit, die sie übrigens vom Unterneh- men *Aldi* auch bekommen).

Zweitens: Natürlich ist das alles nicht neu. Die Ökonomie der Zeichen ist vermutlich so alt wie die Ökonomie selbst, und sie war immer ein beliebtes Forschungsobjekt der Anthropologen. Mary DOUGLAS (1996: 51-56) etwa zeigt am Beispiel von chinesischen Tonschalen, daß schon im 11. Jahrhundert Moden einander abwechselten und Produ- zenten und Konsumenten sowohl Zeichen aussenden als auch verstehen mußten. Und die zahlreichen Arbeiten, auch von Geographen, die sich in letzter Zeit mit der Geschichte des „modernen" Konsums und der „modernen" Betriebsformen des Einzelhandels im 19. Jahrhundert beschäftigten (gute Überblicke bei GLENNIE 1995: 185-203 und FURLOUGH 1996) zeigen, daß besonders die Warenhäuser schon immer inszenierte Traum- und Fluchträume waren und vom meist weiblichen Publikum aus Gründen besucht wurden, die wenig mit Versorgung oder Bedarfsdeckung zu tun hatten.

Aber es hat auch niemand der Erfinder behauptet, daß das alles neu sei. Die Feststellung, wir lebten in einer „economy of signs and space", heißt nach meinem Verständnis, daß die Zeichenhaftigkeit der Ökonomie sich in den letzten zwei, drei Jahrzehnten exponentiell verstärkt hat und in so viele Bereiche vorgedrungen ist, daß wir die gesamte Ökonomie nicht mehr verstehen oder falsch verstehen, wenn wir uns nicht um neue Begriffe und Paradigmata bemühen. Ein Schlagwort wie „economy of signs and space" ist vor allem ein Weckruf, der uns aus dem Schlaf der Gewißheit reißen soll, kein Schlachtruf, der verkündet, nichts sei mehr wie am Tag zuvor[32].

All das, was hier gesagt wurde, gilt im übrigen genauso für das Schlagwort von der Globalisierung (bzw. Internationalisierung). Die Einwände, nicht alles und jeder sei betroffen und überhaupt habe es das alles immer schon gegeben, verfangen aus den genannten Gründen auch hier nicht.

Es gibt kaum jemanden, der sich mehr für die Ökonomie der Zeichen und Räume (!) interessieren sollte als der Einzelhandelsgeograph, denn nirgendwo hat die Zeichenhaftigkeit der Ökonomie mehr Relevanz und nirgendwo tritt sie offener zu Tage als in der Ökonomie des privaten Konsums und hier wiederum an den Stätten des Konsums. Drei handfeste „Belege" wurden bereits präsentiert, wenn auch nicht im Detail interpretiert: Das *Lafayette* in der Französischen Straße (!) zu Berlin, Birminghams „nationaler Witz" namens *Bull Ring Centre* und *Nikes* nachgebautes London im echten London. Es ist keine Übertreibung, wenn man feststellt: Unsere Fußgängerzonen und Einkaufszentren sind gepflastert (bzw. gekachelt) mit symbolischer Ökonomie.

> *„Milan boasts the best strip of shops in Europe, Via della Spiga: a quaint and very chic cobbled street. (...) The Italians seem to have an innate sense of style and a natural talent for glamour. Probably the only place in Europe where 'slouching around' means lolling about in killer heels" (ALTON u. a. 1999).*

Es ist das klassische Terrain, die Straße, die Landschaft; man muß es nicht erst erobern, sondern nur einen neuen Blick darauf werfen. Geographie ist „Augenwissenschaft"[33] und lange nicht mehr waren Augenwissenschaftler (Zeichen erkennen, Räume lesen) so nützlich. Warum bereichert die Geographie nicht die trübe Flut (oftmals) dubioser „consumption studies" aus anderen Disziplinen, in denen nie jemand bestimmtes etwas be-

---

[32] David HARVEY : „(...) real revolutions in sensibility can occur when latent and dominated ideas in one period become explicit and dominant in another" (1989: 44).

[33] Die Selbsterniedrigung der Geographie, die sich mit diesem Begriff verbindet, ist unnötig. Allerdings: Es darf nicht bei Augenwissenschaft bleiben; etwas „Gehirnwissenschaft" muß schon hinzukommen.

stimmtes an einem bestimmten Ort kauft, die dafür aber von einer „Mischung esoterischer Theorien aus Postmoderne und Psychoanalyse" (MILLER 1995: 37) triefen, um ein paar anschauliche Berichte aus den Einzelhandelslandschaften unserer Städte?

Foto 2: Via Della Spiga, Mailand – Blick nach Südosten

Ich plädiere nicht dafür, der Anmutung städtischen Einzelhandels mehr Beachtung zu schenken, weil es heißt, wir lebten in einer Ökonomie der Zeichen und Räume, sondern es ist umgekehrt: Der Bedeutungsgewinn der Anmutung von Einzelhandelslandschaften ist einer von vielen Prozessen, die die Wirtschaft mehr und mehr zu einer der Zeichen und Räume gemacht haben.

Doch was meine ich mit der wachsenden Bedeutung der Anmutung? Nun, sicher nicht, daß städtische Einzelhandelssysteme insgesamt mehr Anmutung bekommen hätten. Wer wollte das schon entscheiden, wo doch Anmutung per Definition im Bewußtsein des Betrachters entsteht und also niemals einfach „da" ist? Nein, ganz einfach und (vorerst) allgemein formuliert ist gemeint, daß die Anmutung *relativ zu anderen Eigenschaften städtischer Einzelhandelssysteme* (z. B. „Bedarfsdeckungsfunktion") immer bedeutender wird, weil sie – wiederum relativ zu anderen Eigenschaften städtischer Einzelhandelssysteme – *an Einfluß auf das Handeln aller am Wirtschafts- und Kultursystem Einzelhandel beteiligten Akteure* gewonnen hat. Und zweitens ist gemeint, daß das Handeln der am Wirtschafts- und Kultursystem Einzelhandel beteiligten Akteure – umgekehrte Fließrichtung – auch mehr und mehr auf die (Beeinflussung der) Anmutung als auf andere Eigenschaften des Systems abzielt.

Bevor ich darstelle, welche Überlegungen diesen Behauptungen zugrunde liegen, möchte ich dem Begriff der *Anmutung* noch einige Absätze widmen:

Anmutung ist zwar das, was man einen „zentralen Begriff" dieser Arbeit nennen könnte – dennoch verzichte ich auf eine ausgefeilte Definition. Erstens weil eine solche Sezierung dem holistisch-fließenden Charakter von *Anmutung* (und auch von *Landschaft*) widersprechen würde, zweitens weil der Aufwand den Ertrag nicht rechtfertigte, denn, wie immer die Definition ausfiele, bliebe auch *Anmutung* nur eine Annäherung an das, was gemeint ist. Es könnte niemals alles abdecken, denn niemand kann wissen, worin „Anmutung" steckt, woraus sie entstehen kann. Es spräche deshalb auch nicht viel dagegen, statt Anmutung Begriffe wie *Atmosphäre, Ausstrahlung, Wesen, Charakter* oder das von HELBRECHT (1998) eingeführte, griffige *„look and feel"* zu verwenden. Alle diese Begriffe zielen in die gleiche Richtung – sie beschreiben die nicht in einzelne Komponenten zerlegbare emotionale Gesamtwirkung eines betrachteten Objekts auf den Betrachter (der also an der Entstehung von Anmutung ebenso beteiligt ist wie das betrachtete Objekt). Völlig bedeutungsgleich sind die oben angeführten Begriffe allerdings nicht. In jedem dieser Worte stecken bestimmte Akzente, und ich ziehe *Anmutung* eben deswegen den anderen Begriffen vor, weil es einen Akzent setzt, der für die geographische Handelsforschung wichtig ist:

Anmutung betont – im Gegensatz etwa zu den psychologisierenden Begriffen *Wesen* und *Charakter* – die materiell-dinglichen Grundlagen emotionaler Wirkungen einer Landschaft auf den Betrachter, die nach meiner Meinung immer, aber im städtischen Einzelhandel besonders zu berücksichtigen sind. Damit plädiere ich nicht für die Wiederbelebung von Determinismen wie „hohe Berge = majestätisch" oder – im Einzelhandel – Mahagoni-Regale = „gediegen". Nein, es bleibt bei RUHLs Feststellung, „(...) daß die physische Objektwelt erst auf dem Wege ihrer sozialen Inwertsetzung[34] verhaltensbestimmende Kraft gewinnt" (1971: 29) oder, wie GOSS es – für die Anmutung von Shopping Malls – formuliert: „The key point is that the shopper is not merely the object of a (...) design, but is also a subject who may interpret the design aberrantly or intentionally appropriate for her/his own purposes" (1993: 19).

Umgekehrt gilt aber auch, und zwar für Natur- *und* Einzelhandelslandschaften, daß in ihrer emotionalen Wirkung immer ein materiell-dinglicher Kern und Ursprung steckt, auch wenn sich die sozial gehandelte Anmutung längst verselbständigt und abgekoppelt hat, wenn also der „Betrachter" die „physische Objektwelt" gar nicht mehr betrachten muß, um ihre Anmutung zu spüren. Keine Toskana ohne Olivenhaine und Zypressen, auch wenn die Maler und Literaten vergangener Jahrhunderte und die „neuen kulturellen Intermediäre" (BOURDIEU 1982) von heute, die Innenarchitekten und Feinkosthändler, Reisejournalisten und Floristen, sie schon reichlich sozial (und natürlich ökonomisch) in Wert gesetzt haben und sich dabei hauptsächlich auf die Inwertsetzungen der jeweils anderen beziehen.

---

[34] „Soziale Inwertsetzung" wäre heute bei einem entsprechend orientierten Publikum durch „kulturelle Dekonstruktion" o. ä. zu ersetzen, wenn man nicht unangenehm auffallen möchte. (Der Unterschied im Signalwert der beiden Begriffe ist sehr viel größer als der reale Bedeutungsunterschied, der wiederum gar nicht mehr diskutiert werden muß, wenn die Zeichen stimmen – science of signs and space!).

Und genauso: Keine Einkaufsstadt Mailand ohne *Galleria Vittorio Emanuele II* und ohne das historische Pflaster[35] der Via della Spiga (vgl. S. 54), obwohl auch die Anmutung der Einkaufsstadt Mailand wegen des fortgesetzten, überwiegend auto-reflexiven Wirkens der kulturellen (ökonomischen?) Intermediäre – mindestens auf den ersten Blick – alleine existieren könnte und keine reale *Galleria* mehr bräuchte. Aber: Auch wenn die Anmutung der Mailänder Einzelhandelslandschaft nur noch den Charakter einer tausendfach reproduzierten Geschichte hat – entstehen konnte diese Geschichte nur mit der *Galleria*; um ein *Bull Ring Centre* hätte man sie nicht spinnen können.

Foto 3: *Galleria Vittorio Emanuele II*, Mailand

Außerdem braucht man physische Objekte, Räume (!) wie die *Galleria* oder das *Bull Ring Centre* als Symbole, mit denen sich eine Anmutung schnell vermitteln läßt. Kein Text über den Glanz der Einkaufsstadt Mailand ohne Foto der *Galleria*, obwohl die *Galleria* mit den Schwärmen kranker Tauben, die die stets schmuddelige *McDonalds*-Filiale belagern und den Schwärmen fliegender Schwarzhändler, die alberne Spielzeuge und gefälschte *Versace*-Schals anbieten, gar nicht mehr so sehr zu diesem Glanz beiträgt wie zu den Zeiten, als Paganini hier (angeblich) vor jedem seiner Auftritte in der *Scala* halt machte, um einen *Campari* zu trinken, der wiederum (angeblich) hier in der *Galle-*

---

[35] Das über hundert Jahre alte Pflaster der Straße wurde vor einigen Jahren aufgenommen, jeder Stein wurde einzeln gereinigt und *poliert* und dann wieder eingesetzt. Wenn das nicht Stil hat!

ria erfunden wurde – Geschichten, die dazu beitragen können, aus einem mittelmäßigen Anblick eine großartige Anmutung zu machen.

Umgekehrt findet man aber auch selten einen Text über den Niedergang der Einkaufsstadt Birmingham, der sich nicht des Symbols *Bull Ring Centre* bediente, obwohl das reale *Bull Ring Centre* sicherlich nur ein Teil des ganzen Problems ist, und man auch um es herum vieles verbessern könnte. Der geplante Abriß, für den es bestimmt handfeste, städtebauliche Gründe gibt, ist auch der Abriß eines Symbols, das Abschütteln eines Fluches.

Das *Bull Ring Centre* erinnert aber auch daran, bei aller Begeisterung für den Zeichenwert von physischen Objekten, bei der Analyse die Vorsicht walten zu lassen, die sich aus der Interpretationsmacht des Betrachters bzw. Nutzers (vgl. S. 56) ergibt: Man hat gesehen (vgl. S. 44), daß aus einem „Traum aller Hausfrauen" ein „nationaler Witz" bzw. ein „Symbol (!) brutaler Stadterneuerung" werden konnte – das Gebäude ist aber, von einer gewissen Alterung abgesehen, immer noch das gleiche, mit den gleichen Unterführungen, die heute „furchterregend" sind, früher aber möglicherweise „praktisch" waren. Und die beschmierten Wände sind natürlich genauso das Resultat von veränderter Anmutung (denn „Hausfrauen" verfertigen in der Regel ja keine Graffitis) wie die Ursache für weitere Veränderungen. Der Wandel der Anmutung des *Bull Ring Centres,* wie er hier beschrieben wurde, ist außerdem natürlich nur eine der Geschichten, die erzählt werden könnten – die Geschichte aus den Augen weißer Mittelklasse-Konsumenten, zu denen ich selbst gehöre, genauso wie alle anderen, auf deren mündliche und schriftliche Berichte ich im Forschungsprozeß zurückgegriffen habe. Bei den Konsumenten aus der Unterschicht und aus den nicht-weißen Bevölkerungsgruppen wird sich eine ganz andere Anmutung einstellen – sonst gäbe es das *Bull Ring Centre* längst nicht mehr.

Die Beispiele *Galleria Vittorio Emanuele II* und *Bull Ring Centre* enthalten im übrigen einen weiteren wichtigen Hinweis: Während man nach klassischem Verständnis des Begriffs Landschaft in der Geographie davon ausgeht, daß eine Landschaft mehr sei als die Summe ihrer Teile, glaube ich, daß sie auch weniger sein kann, daß ihre Anmutung maßgeblich von einigen wenigen markanten und entsprechend „sozial in Wert gesetzten" „landmarks" (!) bestimmt werden kann, und zwar nicht nur in den Augen „dummer" Touristen oder ahnungsloser ausländischer Investoren, sondern auch in den Augen lokaler Akteure des Wirtschafts- und Kultursystems Einzelhandel. Daraus ergibt sich für die Erforschung (der Anmutung) von Einzelhandelslandschaften: Nicht alles ist gleich wichtig; man darf, ja man soll das Wichtige vom Unwichtigen trennen, das Ungewöhnliche vom Gewöhnlichen – eben genauso, wie es die tun, die an der Formung des Systems Einzelhandel beteiligt sind. Ich hoffe im empirischen Teil der Arbeit zeigen zu können, daß dieser Weg gangbar und fruchtbar ist.

Eine interessante Parallele weisen die „landmarks" im übrigen zu den „flagship stores" der großen Modehandelsunternehmen auf (z. B. die *Nike* Town in London oder das *Benetton*-Flaggschiff am Mailänder Corso Vittorio Emanuele, von dem in der Einleitung zu dieser Arbeit schon einmal die Rede war) – auch hier ist die Idee, mit einem einzigen hoch symbolischen physischen Objekt die Anmutung (bzw. hier besser: Image) eines ganzen Unternehmens zu prägen. Am besten funktionieren diese „flagship stores" dann, wenn sie mit der Zeit selbst zu „landmarks" der jeweiligen Einzelhandelsland-schaft werden, was wiederum am besten an Orten zu funktionieren scheint, die ihrerseits schon hoch symbolträchtig sind – so wie etwa das „Neue Berlin", in dem seit einiger Zeit auffällig viele „Flaggschiffe, Glanzlichter und kreative Konzepte" (BUSCH-PETERSEN 1999: 28) des Einzelhandels anzutreffen sind. Das *Lafayette* ist nur ein Bei-spiel, allerdings ein besonders auffälliges, weil sich hier die Absicht des Konzerns, sein Haus zum „landmark" von Berlin-Mitte zu machen, so unübersehbar in der spektakulä-ren Architektur des Jean Nouvel manifestiert.

Der Zusammenhang von physischer Objektwelt und Anmutung ist kaum irgendwo offenkundiger als im Falle von Shopping Malls, denn die Hauptfertigkeit der Architek-ten und Manager solcher Malls liegt ja darin, (vor allem) mit physischen Objekten An-mutung aus dem Nichts zu erzeugen. (Ohne „Großparkplatz", dessen „Unerläßlichkeit" STEWIG schon für das London der 60er Jahre notiert hatte – vgl. S. 31 – nützen freilich alle Zeichenspiele nichts, was wieder einmal zeigt, daß die Ökonomie der Zeichen selbstverständlich nicht alle bisherigen Erklärungsmuster obsolet macht). Die ganz of-fensichtliche Zeichenhaftigkeit der Malls hat dazu geführt, daß Ende der 80er, Anfang der 90er Jahre, auf dem Höhepunkt der Debatte um Postmoderne / Kulturalisierung der Ökonomie / Ökonomie der Zeichen im anglo-amerikanischen Raum eine größere An-zahl mehr oder minder gelungener Mall-Interpretationen verfaßt wurden[36], unter denen Jon GOSS' *The Magic of the Mall*" (1993) sicherlich herausragt – vor allem wegen der gelungenen Integration von kultureller und ökonomischer Betrachtung, die mindestens einen Eindruck davon gibt, wie eine „neue Wirtschaftsgeographie", die allenthalben gefordert wird, in der Praxis betrieben werden könnte.

Leider ist es, was die Erforschung oder auch nur randliche Berücksichtigung der Anmutung von Einzelhandelslandschaften angeht, auch im anglo-amerikanischen Raum im großen und ganzen bei den Malls geblieben. Andere, weniger standardisierte, weni-ger „übersichtliche" Einzelhandelslandschaften wie ganz „normale" Einkaufsstraßen, Märkte usw. sind nicht in dieser Weise interpretiert worden (vgl. JACKSON / THRIFT 1995: 210-211). Durch die Einengung der Forschung auf die Malls (bei der zudem im-mer wieder die gleichen Exemplare der Gattung „herhalten" mußten) ist das methodi-sche Instrumentarium nicht sehr entwickelt und der Forschungsstand sehr einseitig. Un-ter anderem hat das zur Folge gehabt, daß sich der Mythos von der weltweiten Homoge-nisierung des Einzelhandels in ästhetischer und funktionaler Hinsicht entwickeln konnte (vgl. CREWE / LOWE 1995: 1877-1881), mit dem ich mich in den folgenden Kapiteln noch weiter auseinandersetzen werde.

In der deutschsprachigen Einzelhandelsgeographie der letzten Jahre gibt es nach meiner Kenntnis, von einer Ausnahme abgesehen, keine Arbeit, bei der die „Anmutung" (oder das „Wesen" oder „Ausstrahlung" etc.) von Einzelhandelslandschaften eine nen-

---

[36] Die wohl wichtigsten: CHANEY (1990), CRAWFORD (1992), GOSS (1992, 1993), HOPKINS (1990), SHIELDS (1989). Eine ausführliche Übersicht findet sich bei JACKSON / THRIFT (1995).

nenswerte Rolle spielen würde[37]. Im großen und ganzen findet man nach wie vor ein ebenso hohes Maß an geometrischer Abstraktion und Unleiblichkeit vor wie bei STEWIG.

Allein – STEWIGs empirische Arbeiten liegen rund 30 Jahre zurück und vor 30 Jahren gab es noch relativ viele gute Gründe, so zu forschen, wie STEWIG es getan hat. Die meisten dieser Gründe sind inzwischen weggefallen, weil das Forschungsobjekt, der Einzelhandel, sich verändert hat. Ich möchte im folgenden einige dieser Veränderungen nennen und gleichzeitig zeigen, wie sich aus diesen Veränderungen theoretisch-argumentativ die Notwendigkeit herleiten läßt, der Anmutung von Einzelhandelslandschaften mehr Beachtung zu schenken und auf diese Weise einen ersten Schritt auf dem Weg von der Einzelhandelsstruktur zur Einzelhandelslandschaft zu tun.

Was also ist mit dem Einzelhandel in den letzten 30 Jahren geschehen? Die mit Abstand wichtigste aller Veränderungen, aus der sich vieles weitere ergibt, ist schnell benannt: *Der Konsum hat sich vom Bedarf emanzipiert.* Ein – für alle westlichen Industriestaaten – ganz klarer Befund, den man auch nicht durch zu viel Einschränkungen und Bedenken trüben sollte, damit er wirklich ins Bewußtsein dringt. Einige Erläuterungen sind aber dennoch nötig: Zunächst einmal ist – analog zu der Argumentation bei der Ökonomie der Zeichen; vgl. S. 42 – zu sagen, daß auch hier natürlich nicht alles und alle gleichermaßen betroffen sind (Arme weniger als Reiche, der Lebensmittelkonsum weniger als der von Juwelen usw.), und daß auch hier nicht alles neu ist – „bedarfsfreien" Konsum hat es – vor allem in Gestalt des Luxuskonsums – immer gegeben. Allerdings war er auf einen relativ kleinen Kreis von wohlhabenden Haushalten beschränkt.

Erst der „Fahrstuhleffekt" (BECK 1986), der sich in viereinhalb kriegs- und krisenfreien Jahrzehnten einstellen konnte, hat in der westlichen Welt so viele Haushalte über die Schwelle des Wirtschaftens von der Hand in den Mund gehoben, daß bedarfsunabhängiger Konsum heute die Regel und nicht mehr die Ausnahme ist.

Unterstützt wurde die gesamte Entwicklung durch überdurchschnittliche und in voller Höhe an die Konsumenten weitergegebene Produktivitätsforschritte bei der Erzeugung, Verarbeitung und dem Vertrieb von Lebensmitteln (vgl. MILLER 1995: 6). Der Anteil der Ausgaben für Lebensmittel an den gesamten Ausgaben der privaten Haushalte ist seit STEWIGs Zeiten beispielsweise in Westdeutschland von über einem Drittel auf rund ein Fünftel zurückgegangen (vgl. GREIPL / MÜLLER / GELBRICH 1999: 88). Und – in diesem Fünftel sind im Gegensatz zu damals schon bei durchschnittlichen Haushalten Kiwis, Grapefruit, Süßstofftabletten und Multivitaminsaft enthalten (vgl.

---

[37] DIE EINE AUSNAHME: HEINRITZ / POPIEN (1998). Die Anmutung der innerstädtischen Einzelhandelslandschaft von Kempten/Allgäu ist hier ein „regulärer" Teil der Fragestellung und wird systematisch erforscht. Das ist besonders bemerkenswert, weil es sich bei dem Projekt nicht um ein „freies" Forschungsprojekt handelte, sondern um bezahlte Auftragsforschung, die in der Regel nicht der Ort für methodische Innovation ist. Die Tatsache, daß die Autoren glaubten, schon bei dieser „Allerweltsfragestellung" in der bayerischen Provinz, bei der keine akademischen Meriten zu erwerben waren, nicht auf die Behandlung der „Anmutung" verzichten zu können, zeigt, daß es bei dem Thema wirklich um Substanzielles und nicht bloß um den „dernier cri" geht.

den aktuellen Warenkorb des Statistischen Bundesamtes). Und bei nicht wenigen Haushalten kommt noch Viktoria-Barschfilet, Mascapone, mexikanisches Bier, „natives" Olivenöl und so weiter hinzu.

Das verweist auf die Frage, was eigentlich „Bedarf" ist, wovon genau sich also der Konsum emanzipiert hat? Meistens wird diese Frage implizit oder explizit moralisch-ideologisch beantwortet, wobei extrem gegensätzliche Positionen möglich sind. Anhänger postmoderner Ideologien und Neo-Liberale (wenn sie nicht sowieso in Personalunion stehen), werden übereinstimmend sagen, daß für alles, was gekauft wird, auch ein Bedarf da ist. Verbunden ist das in der Regel mit einer generellen Begeisterung für jede Art von Konsum. Wertkonservative Asketen hingegen werden eher das zur Lebenserhaltung Notwendige als Maßstab heranziehen und vielleicht nur Grundnahrungsmittel, Kleidung und Möbel als Güter ansehen, derer man „wirklich" bedarf. Verbunden ist das in der Regel mit einer generellen Skepsis gegenüber dem Konsum.

Die zweite Position wäre wissenschaftlich einfach zu handhaben, aber sie ist offenkundig weltfremd, denn natürlich haben sich mit dem „Fahrstuhleffekt" auch die Grenzen des sozial als unbedingt erforderlich definierten Konsums nach oben verschoben. Nach regelmäßiger Rechtsprechung ist heute zum Beispiel ein Fernsehgerät unabdingbarer Bestandteil selbst einer „bescheidenen" Lebensführung, wie sie § 811 ZPO von Schuldnern verlangt – Fernsehgeräte dürfen deshalb nicht gepfändet werden. Oder, um noch ein Beispiel zu geben: Die seit 1970 extrem gestiegenen sozialen Anforderung an die Körperhygiene (mitverursacht durch und abgebildet im Aufkommen und Bedeutungsgewinn der Betriebsform „Drogeriemarkt") macht es unrealistisch, den erhöhten Konsum von Reinigungs- und Pflegeprodukten (und vor allem Warmwasser) in Gänze als „bedarfsunabhängig" zu charakterisieren. Nein, die allgemeinen sozialen Normen, die es wohl trotz Pluralisierung und Fragmentierung noch gibt, müssen bei der Definition von „Bedarf" berücksichtigt werden und *sind* in meinem provisorischen Bedarfsbegriff berücksichtigt.

Für mich ist bedarfsunabhängiger Konsum der Konsum von Gütern und Dienstleistungen, die austauschbar sind. Und zwar in dem Sinne, daß ein anderer, der sich in der gleichen sozio-ökonomischen Lage befindet wie ich, etwas völlig anderes an ihrer statt konsumieren kann und daraus den gleichen Nutzen zieht wie ich. Oder – noch deutlicher –, daß ich selbst an einem anderen Tag, aus einer anderen Stimmung heraus etwas anderes konsumieren oder ganz auf den Konsum verzichten kann und trotzdem den gleichen Nutzen habe. Für diese Definition spielt es im übrigen keine Rolle, ob der jeweilige Konsument sich der Subjektivität und Flüchtigkeit seines „Bedarfs" bewußt ist, also weiß, daß es sich eigentlich um ein „Bedürfnis" handelt oder ob das Bedürfnis als objektiver, unaufschiebbarer Bedarf gesehen und befriedigt wird. Wohlgemerkt: Es ist nur für die Definition egal – nicht für die jeweiligen Konsumenten, denn die zweite Variante geht nicht selten mit Kontrollverlust und „über-die-Verhältnisse-leben" einher. (Die rasant wachsende Verschuldung der privaten Haushalte durch kurzfristige Konsumentenkredite in allen westlichen Ländern ist eine Folge davon).

Zieht man die oben gegebene Definition heran, so wird man zugeben müssen, daß der Konsum sich weitgehend vom Bedarf emanzipiert hat. BOSSHART drückt den glei-

chen Befund etwas anders und prägnanter aus: Sein erster „Merksatz" zur gegenwärtigen Konsumgesellschaft lautet: „Es gibt von allem viel zuviel" (1997: 32).

**Abb. 7: Luftmatratze mit spritzwassergeschütztem Radio – ein Angebot von *Wal-Mart* in der 27.
Kalenderwoche 1999**

Selbst im Bereich der Nahrungsmittel, den man leicht gedankenlos *in Gänze* als
„echten" Bedarf einstuft, gibt es von allem viel zuviel: Zuviel, das man nicht wirklich
braucht (aus physiologischen oder sozialen Gründen) und über dessen Erwerb eine Entscheidung getroffen werden kann (und muß). Natürlich ist Mascapone gegen Dinkel-
mehl austauschbar und Rindsrouladen gegen Viktoria-Barschfilet. Und es geschieht:
FINE / HEASMAN / WRIGHT (1995) haben in einer gründlichen Studie mit dem bezeichnenden Titel „Consumption in the Age of Affluence" festgestellt, daß sich in Großbritannien hinter den über lange Zeit relativ konstanten Durchschnittsverbräuchen bestimmter Hauptnahrungsmittel extreme Spreizungen in den Eßgewohnheiten der verschiedenen Privathaushalte verbergen, wobei die Spreizungen nicht völlig chaotisch auf
der Individualebene verliefen, sondern im wesentlichen entlang der Bruchlinien der britischen Klassengesellschaft. Es gibt kaum Grund anzunehmen, daß diese Ergebnisse
sich nicht vom Grundsatz her auf andere westliche Staaten übertragen lassen.

Wichtiger noch als die Beobachtung, daß man ein Lebensmittel gegen ein anderes
austauschen kann, ist aber die, daß man Lebensmittel auch gegen etwas anderes austauschen kann; und zwar nicht nur gegen andere Güter, sondern vor allem gegen Dienstleistungen: Mehrkornbrot gegen einen Internetanschluß, Basmati-Reis gegen Skiurlaub
und so weiter. Natürlich funktioniert und passiert das alles auch anders herum: Ein bestimmtes Klientel verzichtet gerne auf manche Dienstleistung, um sich ökologisch und
ethisch korrekt ernähren zu können (mit einem entsprechend hohen Anteil des Lebens-
mittelbudgets am Gesamtbudget). Das Interessanteste aber ist, daß der ganze Austausch
auch innerhalb eines Haushalts, einer Person funktioniert – und zwar (theoretisch) vollkommen ohne erkennbares Muster, heute so, morgen so.

Hinter diesem Argument steckt die wohlbekannte Theorie von der Zersplitterung
und Entwurzelung des Individuums in der Postmoderne. Auf einen kurzen Nenner ge-

bracht, besagt diese Theorie (laut SHIELDS 1992: 107-108), daß es keine Individuen (mit einzigartiger Identität) mehr gibt, die in festen sozialen (und räumlichen) Bezügen stehen, sondern nur noch „Personen", denen verschiedene, jederzeit auswechselbare Pseudo-Identitäten „auftätowiert" sind. Anders, so die Theorie weiter, anders als das Individuum der Moderne, das lebenslang mit seiner ganzen Persönlichkeit in stabilen sozialen Bezügen steht, schließt sich die postmodernen „Person" auf seiner Suche nach Orientierung mit verschiedenen seiner Pseudo-Identitäten immer neuen, temporären „Stämmen" an. Konsum gilt dabei als „(...) signifikante Ausdrucksform oder auch als konstitutives Element des Lebensstils (...)" (HÜTTEN / STERBLING 1994: 122) bzw. – um im Bild zu bleiben – der Stammesangehörigkeit.

Aus empirischen Arbeiten zum Konsumverhalten weiß man allerdings, daß die Atomisierung und Flüchtigkeit der Konsumpräferenzen nicht so ausgeprägt ist, wie die postmoderne Rhetorik erwarten ließe[38]: Unter anderem deswegen, weil die Gruppenzwänge wegen des Zeichenwertes des Konsums (s. o.) vielleicht heute sogar stärker als zu STEWIGs Zeiten sind. Dennoch übersieht man diese Zwänge vermutlich auch leichter als früher, weil sie nicht mehr in erster Linie von den stabilen Großgruppen Schicht und Klasse ausgehen, sondern von den klandestinen und temporären „Stämmen" (s. o.). Auch nationale und regionale Unterschiede sind bei aller Ähnlichkeit des „Fahrstuhleffektes" in Westeuropa noch deutlich festzustellen.

Summa summarum: Der Einzelhandel ist im wesentlichen eine ganz „normale" Dienstleistung geworden. Normal in dem Sinne, daß ihm nicht mehr – qua Bedarfsdeckungsfunktion – ein fester Anteil des Budgets der privaten Haushalte automatisch zufließt, und der deshalb, will er fortexistieren, jene Bedürfnisse befriedigen muß, die andere Dienstleistungsbranchen befriedigen können, zu denen der Einzelhandel in direkter Konkurrenz steht. Dazu eine interessante Zahl: Von jeder Mark realem Einkommenszuwachs der privaten Haushalte in Deutschland fließen dem Einzelhandel mittlerweile nur noch sechs Pfennige zu – in den 60er Jahren waren es noch 48 Pfennige! (Vgl. GREIPL 1999). Das Management von *Ikea* hat die Zeichen der Zeit im Gegensatz zu manchem anderen erkannt: In seinem aktuellen (deutschen) Katalog preist es die blaugelben, profilblechverschalten „landmarks" im europäischen Autobahnnetz als „komplette Einrichtungshäuser" *und „inspirierende Ausflugsziele"*! Der Gedanke dahinter ist einfach: „(...) IKEA considers that it is not only competing with the furniture and home improvement suppliers, it is also competing with firms which sell television sets or holidays" (PRIME 1999: 40).

---

[38] Als aktueller empirischer Beleg kann hier MILLERs lesenswerte Studie des „ordinary housewife shopping" der Bewohner einer (nicht genannten) Straße in Nord-London dienen: Zwischen den einzelnen, der soziodemographischen Zusammensetzung nach recht heterogenen Haushalten, findet der Autor zwar Unterschiede in den Einkaufspraktiken und -motivationen, die Gemeinsamkeiten scheinen ihm jedoch größer: „I want to emphasize (...) that (...) most acts of shopping in this street exhibit a normative form ..." (1998: 11). Innerhalb der einzelnen Haushalte ist fast nichts von Patchwork-Identität und täglich wechselnden Vorlieben zu sehen. Die Einkaufspraktiken und -motive sind weitgehend konstant und stringent, obwohl die ökonomische Freiheit der Wahl – innerhalb gewisser Grenzen – da wäre.

Die Ausgangsbehauptung, (fast) aller Konsum, der heute stattfinde, sei bedarfsunabhängig, führt automatisch zu der Frage, welche Funktionen denn dieser Konsum wohl statt dessen hat, welche Bedürfnisse er befriedigt.

Wenn man die postmodern gefärbten „consumption studies" der letzten Jahre nur einmal stichprobenartig durchsieht – mehr ist wegen der unglaublichen Zahl der Werke de facto nicht möglich –, so wird man sehen, daß Konsum anscheinend für alles gut ist. Alle menschlichen Bedürfnisse, einschließlich derer, die man früher regelmäßig auf immateriellem Wege befriedigte (vgl. Abb. 8), scheinen heute durch Konsum bzw. über den Umweg des Konsum zu stillen zu sein.

Abb. 8: Katalog der menschlichen Bedürfnisse und einiger traditioneller Mittel, sie zu stillen

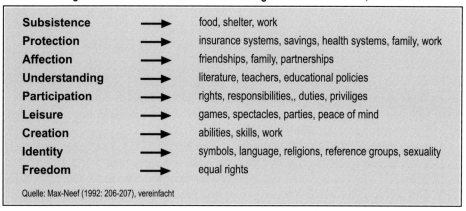

Subsistence ➤	food, shelter, work
Protection ➤	insurance systems, savings, health systems, family, work
Affection ➤	friendships, family, partnerships
Understanding ➤	literature, teachers, educational policies
Participation ➤	rights, responsibilities,, duties, priviliges
Leisure ➤	games, spectacles, parties, peace of mind
Creation ➤	abilities, skills, work
Identity ➤	symbols, language, religions, reference groups, sexuality
Freedom ➤	equal rights

Quelle: Max-Neef (1992: 206-207), vereinfacht

Die Bedürfnisse nach Identität und, mit Abstrichen, Freiheit („consumption as tactics of the weak"[39]) erhalten dabei, passend zum postmodernen Geist, die größte akademische Aufmerksamkeit.

Und sicherlich ist etwas daran: Die vollständige Wahlfreiheit durch den „Fahrstuhleffekt" bei gleichzeitiger „Entankerung" des Individuums vervielfältigt nicht nur die Konsummuster, sondern parallel dazu auch die Funktionen, die dem Konsum zugewiesen werden können und zugewiesen werden. Dennoch muß man nicht alles ernst nehmen, was da geschrieben wird, denn es ist viel über das Ziel hinaus schießende Begeisterung für das – zugegebenermaßen lange vernachlässigte – Forschungsobjekt Konsum im Spiel, die, gepaart mit stürmischem Streben nach Originalität, dazu führt, daß immer neue, an irgend jemandem (z. B. gutverdienenden Großstadt-Akademikern) beobachtete Konsummotive zu einem allgemeinen Trend ausgerufen werden, wobei meist viel zu sehr von konkreten Gütern, Einkaufsorten usw. abstrahiert wird (vgl. MILLER 1995: 34).

Als vulgäres Gegenstück zu den Forschungsergebnissen dieser akademischen Schule muß man wohl die Aberdutzende von „Konsumententypen" (mit jeweils unterschiedlichen Konsummotivationen) ansehen, die man Jahr für Jahr in Marketing-Seminaren und

---

[39] So die Quintessenz von de Certeaus Arbeiten zum Konsum (vgl. MILLER 1995: 29).

„Trendbüros" entdeckt und mit einprägsamen Namen versieht: „smart shopper" und „Frustkäufer", „leap frogger" und „Nostalgiekonsument", „hybrider Konsument" und „ethischer Konsument", ja selbst die Konsumtypen des „Prosumenten" und des „Nicht-Konsumenten[40]" werden gehandelt.

Diese Schöpfungen sollen hier ebenso unkommentiert bleiben, wie die gesamte Palette der Bedürfnisse, die Konsum angeblich befriedigen kann. Statt dessen wähle ich eine sehr handfeste Funktion aus, die der Konsum parallel zu seiner Emanzipation vom Bedarf eingenommen hat. Handfest einerseits insofern, als es ausreichende Indizien dafür gibt, daß das betreffende Phänomen kein randliches ist, sondern – in unterschiedlichem Maße – alle Konsumenten und alle Konsumgüter betrifft, handfest andererseits insofern, als es hier nicht mehr um den abstrakten Begriff des Konsum geht, sondern um den ganz konkreten Akt des Einkaufens[41] und damit (in den meisten Fällen) um Bewegung im Raum. In MAX-NEEFs Katalog der menschlichen Bedürfnisse (der ursprünglich für die Entwicklungsländerforschung konzipiert wurde) findet man diesen Punkt unter „leisure".

Der Ausgangspunkt: Einkaufen ist in allen westlichen Industriestaaten eine der beliebtesten Freizeitbeschäftigungen überhaupt! Bei entsprechenden Umfragen, die zugegebenermaßen immer mit erheblichen methodischen Problemen zu kämpfen haben (Was ist Freizeit? Was ist eine Beschäftigung") landet Einkaufen regelmäßig irgendwo auf den vorderen Plätzen. Und die Vorliebe für den Einkauf als Freizeitbeschäftigung wird auch ausgelebt. Das heißt: Mit der Tätigkeit des Einkaufens wird tatsächlich ein großer Teil der freien Zeit von Menschen gefüllt. Hopkins etwa berichtet aus Kanada: „Time spent in shopping centres ranks third after that spent at home and work or school by the average Canadian" (zit. n. JACKSON / THRIFT 1995: 230). Empirische Arbeiten von GERSHUNY (1987) in Großbritannien zeigen, daß dies nicht immer so war. Einkaufen hat zu Beginn von GERSHUNYs Zeitreihe (im Jahr 1961) tatsächlich viel weniger Freizeit verbraucht als am Ende (im Jahre 1985). NEWBY zieht daraus einen naheliegenden Schluß:

„Since there is no evidence that in 1961 people were poorly clothed, or that there was insufficient furniture in their homes, the implication is that the extra time spent shopping is not done out of necessity but out of choice. Now that people are increasingly choosing to spend their time in shops it is legitimate to consider some shopping at least as leisure activity" (1993: 211).

---

[40] „Eines unserer Hauptprobleme in Europa ist, daß der Konsument dem Namen Konsument nicht wirklich entspricht. Er ist ein Nichtkonsument" (Peter Brabeck-Lethmate, CEO der Nestlé AG in einem Interview der österreichischen Handelszeitschrift Cash, Dezember 1997). So markig die Aussage ist – sie stimmt nicht. Der Konsument konsumiert vielleicht im Einzelhandel nicht mehr (so viel), was das Unternehmen Nestlé natürlich vor Probleme stellt, aber er konsumiert mit wachsender Neigung Urlaubsreisen, Restaurantmahlzeiten und Freizeitparks (vgl. WALLRAF 1999: 13).

[41] Mit dem Begriff „Einkaufen" ist im folgenden nicht nur der konkrete Moment des Kaufes gemeint, sondern immer der gesamte Komplex von An- und Abreise, Bummeln, Preisvergleich, Rasten usw. Der Kauf nimmt unter Umständen nur einen Bruchteil der gesamten Einkaufszeit ein oder fehlt ganz.

Das ist vorsichtiger formuliert als es sein müßte, denn die Indizien sind zahlreich genug[42]. Es ist daher nicht nur legitim, sondern absolut notwendig, Einkaufen als Freizeitbeschäftigung zu sehen *und ernst zu nehmen*. Natürlich, bei NEWBY klingt es an, nicht jeder Einkauf ist eine gewünschte, positiv erlebte Freizeitbeschäftigung. Wir kennen aus der Marktforschung die Berichte von Müttern mit kleinen Kindern, denen jeder Routine-Einkauf wie ein mühsamer Hindernislauf mit Blei in den Schuhen erscheint, und wir kennen den in der Realität und in vielen Humoresken anzutreffenden Charakter des Herren mittleren Alters, der von der „Gattin" (um im Genre zu bleiben) regelrecht zur Anprobe des neuen Anzugs genötigt werden muß. All das gibt es, aber es spielt für die weitere Argumentation keine große Rolle, denn es kommt hier vor allem auf die Feststellung an, daß sich alle Einkäufe auf einem Kontinuum zwischen Funktionalität (zeiteffizient) und Rekreation (zeitverschwendend) einordnen lassen. Da der extreme Pol reiner Funktionalität genau wie der andere in der Realität selten vorkommen dürfte, kann man davon ausgehen, daß fast jeder Einkauf ein Freizeitelement enthält.

Welcher Einkauf wie viel Freizeitcharakter hat, weiß man (ohne Forschung) nicht; man muß es jedes Mal neu herausfinden, denn die traditionelle Scheidelinie zwischen „convenience goods" und „comparison goods" ist höchstens noch ein grober Anhaltspunkt. Denn: Aus der Markforschung kennt man auch die Mütter mit kleinen Kindern, für die der Ausflug in den Supermarkt eine willkommene Abwechslung vom öden häuslichen Einerlei ist – irgendwelche Lebensmittel, mit deren Beschaffung man diesen Ausflug vor sich und anderen begründen kann, landen dabei praktischerweise auch noch im Einkaufswagen. Oder: Männer im Baumarkt – wie leicht gerät hier die Beschaffung einer Handvoll verzinkter Holzschrauben zum genußvoll ausgedehnten „comparison shopping", in das gerne noch ein paar andere Produktgruppen (vom selbstfahrenden Rasenmäher bis zum Duschvorhang) einbezogen werden. Doch wartet zu Hause ein Möbelstück mit wichtiger Funktion dringend auf seine Instandsetzung, so genügt plötzlich – „convenience like" – ein einziger Griff ins Regal.

Man weiß es nicht, und man kann deshalb mit genau dem gleichen Recht Einkaufen pauschal als Freizeitbeschäftigung behandeln wie es Monat für Monat in Forschungsarbeiten pauschal (und stillschweigend) als Versorgungsaktivität behandelt wird. Zentrale-Orte-Theorie, nearest-center-Hypothese (mit welchen Modifikationen auch immer), „Kaufkraftpotential" und „Erreichbarkeit" – all diese Dinge, die im Standardpaket der empirischen geographischen Handelsforschung enthalten sind, geben ja nur Sinn, wenn man Einkaufen ausschließlich in seiner Funktion der „Bedarfsdeckung" wahrnimmt. Auch die inzwischen zum regelmäßigen Untersuchungsgegenstand gewordene Tatsache,

---

[42] Der *Kaufhof* am Berliner Alexanderplatz hatte – nach eigenen Angaben – bei seiner illegalen Öffnung am Sonntag, dem 1. 8. 1999, binnen fünf Stunden 50000 Besucher und damit eine Frequenz von 10000/h. An Werktagen liegt die durchschnittliche Stundenfrequenz bei rund 2200, am jeweils ersten Tag eines Sommerschlußverkaufs bei rund 3600 (eigene Berechnungen nach EHLERT 1999). Man wird vernünftigerweise annehmen müssen, daß dieser Ansturm nicht die Folge eines plötzlich aufgetretenen bzw. auf den Sonntag verschobenen „Bedarfes" der Menschen im „Einzugsbereich" war. (Zum Thema Einkaufen als Freizeitgestaltung und Sonntagsöffnung vgl. a. REDWITZ 1999: 275-276).

daß der Einkauf zunehmend mit Freizeitaktivitäten gekoppelt wird (bzw. von der Anbieterseite gesehen, Einkaufsangebote mit Freizeitangeboten), ändert nichts Wesentliches an dieser Implikation: Hier steht – gedanklich – auf der einen Seite immer noch der mühevolle, seriöse Einkauf (Versorgung!), dem dann zur Entspannung eine Freizeitaktivität angefügt wird.

Diese Zweiteilung findet man in der Realität nur selten wieder. Das unterstreicht der Bericht einer Einzelhändlerin aus München, die über ihr Geschäft sagt: „Es geht nicht mehr darum, daß ich ein Stück brauche. Niemand braucht etwas. Es geht nur um das Erlebnis. In unserem Laden ist es teilweise wie auf einer Party" (vgl. Textilwirtschaft 1999: 36). Noch einmal: Einkaufen *ist* Freizeit! Oder, wie NEWBY es ausdrückt: „It is a pleasurable activity in its own right and it usually takes place in a pleasurable environment" (1993: 213).

Der Bezug zur Anmutung von Einzelhandelslandschaften steckt im zweiten Teil des NEWBY-Zitats. Es ist im Grunde banal: Jeder Mensch wird selbstverständlich versuchen, seine Freizeit (egal ob Ski fahrend oder einkaufend) dort zu verbringen, wo die Umgebung eine angenehme *Anmutung* hat. Anmutung wird damit zum Parameter der Wahl der Einkaufsstätte bzw. des Einkaufsortes und – aus der Sicht der Einkaufsstätten und Einkaufsorte – zum Wettbewerbsfaktor.

Das alles wäre nicht weiter von Belang, wenn die Menschen ausschließlich zu Fuß und per Postkutsche verkehrten. Sie könnten dann von einem Einkauf in angenehmer Umgebung träumen, ihn aber nicht oder nur selten in die Tat umsetzen. Und die Einkaufsstätten (Geschäfte) und Einkaufsorte (Städte) hätten auch wenig Veranlassung, sich über das Merkmal der Anmutung zu differenzieren und zu profilieren – was nützte es schon, wenn doch nur die Kunden kommen, die nicht weiter als einen Tagesmarsch / Tagesritt entfernt wohnen, und die gar nicht anders können als ihren „Bedarf" in dem „Zentrum" zu decken, zu dessen „Einzugsbereich" sie „gehören". Wie man aber weiß, verkehren die Menschen nicht mehr in Postkutschen. Das war auch zu STEWIGs Zeiten schon so, und folgerichtig berücksichtigt STEWIG den Faktor Kraftfahrzeug ja auch in seiner Begründung für die Existenz der Shopping-Center in London/Ontario (vgl. S. 31). Allerdings war damals individuelle Mobilität offenbar noch keine Selbstverständlichkeit, denn sonst hätte *unterschiedliche* Mobilität ja nicht für eine Differenzierung der „Einkaufsverhaltensmuster" und – daraus folgend – der Einzelhandelsstrukturen verantwortlich sein können. Seit der Zeit von STEWIGs Forschungen hat sich in dieser Hinsicht viel getan: Der Motorisierungsgrad der privaten Haushalte ist in der Europäischen Union (EU 15) seit 1970 um den Faktor 2,5 angestiegen. Im Jahre 1997 kamen 454 Autos auf 1000 EU-Bürger. Etwa drei Viertel aller Haushalte haben Zugang zu mindestens einem PKW (alle Daten: Europäische Kommission 1999). Und bekanntermaßen werden die größeren *Möglichkeiten* mobil zu sein, auch genutzt: Die Verkehrsleistung aller Verkehrsmittel ist seit 1970 angestiegen – stark beim Automobil, explosionsartig beim Flugzeug (vgl. Tab. 6).

Der Anteil der Ausgaben für Mobilität an allen Ausgaben der privaten Haushalte ist dabei im übrigen nur marginal (von 13,0 auf 13,7 %) gestiegen (vgl. Europäische Kommission 1999: 16). Man begegnet hier der Essenz von „time-space-compression" (vgl. a. S. 76): Mehr als doppelt so viele Kilometer für (fast) das gleiche Geld und – wegen der Verschiebung des „modal splits" zugunsten schnellerer Verkehrsmittel – in sehr viel kürzerer Zeit.

Tab. 6: Entwicklung der Verkehrsleistung (Personenverkehr) wichtiger Verkehrsmittel auf dem Gebiet der Europäischen Union zwischen 1970-1997

	Verkehrsleistung in Mrd. Personenkilometer					
	PKW	Bus	Straßen-/U-Bahn	Eisenbahn	Flugzeug	gesamt
1970	1583	270	38	217	43	2151
1997	3787	393	41	282	322	4825
Zuwachs (%)	+139	+46	+8	+30	+649	+124

Quelle: Europäische Kommission (1999: 65); eigene Berechnungen

Automobil und Flugzeug stehen in grober Betrachtung stellvertretend für zwei Arten von Mobilität, die zwar in der Realität immer mehr miteinander verschmelzen, die man aber aus analytischen Gründen hier trennen sollte. Die erste Art der Mobilität ist die Alltagsmobilität, die zweite die touristische Mobilität. Beide Arten stehen auf etwas unterschiedliche Weise und in unterschiedlicher Intensität mit dem Themenkomplex Einkauf – Freizeit – Anmutung in Zusammenhang und sollen hier deshalb nacheinander behandelt werden.

Auf den vorangegangenen Seiten habe ich gezeigt, daß man vernünftigerweise annehmen darf, daß *jeder* Einkauf ein mehr oder minder großes Freizeitelement enthalten kann. Um herauszufinden, wie groß es bei einem bestimmten Einkauf ist, muß man sehr detaillierte, sehr auf den jeweiligen Einkaufskontext bezogene Forschungen anstellen. Eine Kategorisierung nach der Art der gekauften Produkte verspricht wenig Erfolg. Da es solche detaillierten und kontextbezogenen Forschungen – außerhalb der kommerziellen Marktforschung – kaum gibt, hat man es, was die Bedeutung der Anmutung für die alltägliche Einkaufsstättenwahl angeht, derzeit noch mit einer „black box" zu tun. Daher muß man, die Sache andersherum aufzuzäumen und in einer Art Ausschlußverfahren zu fragen, welche empirischen Belege es denn dafür gibt, daß der Mensch noch wie jener „homo oeconomicus" sich aufführt, als den STEWIG (und seine Brüder im Geiste) ihn durch die ganze Anlage ihrer Studien dargestellt haben bzw. darstellen.

Die Frage ist praktisch gleichzusetzen mit der, inwieweit sich die Leute trotz deutlich vergrößerter Chance zur Mobilität noch an die Einkaufswege halten, die sie nach den Gesetzen der Zentrale-Orte-Theorie einschlagen sollten. Und in dieser Frage ist die Antwort ziemlich klar: Sie halten sich nicht mehr sehr zuverlässig daran. Dies zeigt eine ganze Reihe von verschiedenen Studien, die im Laufe der 90er Jahre unter der Federführung von HEINRITZ am Geographischen Institut der TU München angefertigt wurden (vgl. HEINRITZ 1999 und die dort zitierte Literatur sowie POPP 1998). HEINRITZ (1999: 38) selbst faßt die Quintessenz dieser Studien so zusammen: „Was auch immer (...) an Motivation für den wachsenden Trend diffuser Einkaufsorientierungen verantwortlich sein mag, am Faktum selbst ist nicht zu rütteln, der Rückgang der Zentrentreue läßt sich gut belegen". Man sollte – zur Bekräftigung – noch hinzufügen, daß alle diese Studien in ländlich-kleinstädtischen Regionen angestellt wurden, in denen man möglicherweise ein vergleichsweise konservatives, dem Versorgungsgedanken noch stärker verhaftetes Einkaufsverhalten, erwarten darf. Es ist nicht unwahrscheinlich, daß die „Zentrenuntreue" in Großstadtregionen sogar noch größer ist als in den Studien, die HEINRITZ' Urteil zugrunde liegen. Ferner läßt sich – ebenfalls zur Bekräftigung – noch sagen, daß ein Teil der Studien sich ausschließlich mit dem Lebensmittelsektor befaßt, einem Sektor, der gerne als die letzte Bastion des reinen Versorgungskonsums gesehen wird (vgl. S. 62). Aber auch dort waren die Befunde klar: Der „feste" Einzugsbereich der meisten Supermärkte beschränkte sich auf einen Radius von einigen hundert Metern. Jenseits dieser Zone war alles möglich – wenn auch natürlich nicht alles gleich wahrscheinlich.

Wie schon gesagt, man weiß noch wenig über die Ursachen des „Phänomens der Streukunden" (HILDEMANN 1999). Aber was für übergeordnete Gründe sollen schon in Frage kommen? Freizeit ist jedenfalls ein heißer Kandidat, denn gerade beim alltäglichen Einkauf, um den es hier ja geht, bei dem, was MILLER (1998) „ordinary housewife shopping" nennt, dürfte die – im weitesten Sinne – identitätsspendende Wirkung des Konsums (Status, soziale Abgrenzung etc.), die als vermeintlich „irrationales Moment" auch in Frage käme, keine so große Rolle spielen.

Weitere Forschung ist natürlich nötig, aber man kann ohne Bedenken schon jetzt damit beginnen, das Menschenbild der geographischen Handelsforschung ein wenig vom „homo oeconomicus" zum „homo ludens" zu verschieben. *Ein* Schritt auf diesem Weg ist der, die Anmutung von Einzelhandelslandschaften stärker zu berücksichtigen. Denn sobald man das nicht impliziert man, daß auch die Kunden (bzw. die Anbieter) dies nicht tun und konserviert so weiter das Bild des „homo oeconomicus". Nicht nur in der Medizin können Unterlassungen die schlimmsten Fehler sein.

Weniger strittig dürfte der Zusammenhang von Einkauf, Freizeit und Anmutung mit dem Tourismus sein, dem „begehrtesten Lebenskonzept des planetaren Menschen" (BOSSHARDT 1997: 255). Man müßte ein sehr hartgesottener Vertreter neo-klassischen Gedankenguts sein, um die zahlreichen Indizien für diese Zusammenhänge zu übersehen: Seit zwei, drei Jahren offerieren Reisebüros spätestens ab Oktober Angebote zum „Christmas-Shopping" in New York. Wenn die *Süddeutsche Zeitung* in ihrer Tourismus-Sektion („Reise und Erholung") Mailand als Reiseziel vorstellt, so überschreibt sie diesen Bericht nicht – wie vielleicht vor 30 Jahren – mit: „Die frühchristlichen Sakralbauten des Ambrosius von Mailand", sondern, direkt in das Herz der Konsumgesellschaft zielend: „Auf der Pirsch nach der Riemchensandale" (LIEPERT 1998). Kein Stadtführer kommt ohne ein Kapitel zu den örtlichen Einkaufsmöglichkeiten aus, und manche Touristen verzichten gleich ganz auf den *Baedeker* und organisieren ihre Reise mit einem der zahlreichen „Schnäppchenführer", deren geographische Reichweite längst über Deutschland hinausreicht. (Kürzlich Jahr erschien z. B. ein Band über Kalifornien). Wer seinen Schnäppchenführer vergessen oder verlegt hat, muß jedoch – zumindest in Mailand – nicht auf angenehmen Zeitvertreib verzichten: Das Fremdenverkehrsamt erteilt gerne und sehr kompetent Auskunft über gewöhnliche und extravagante Einkaufsstätten in der Stadt. Die *Galeries Lafayette* ist längst zum regulären Haltepunkt der Doppeldeckerbusse geworden, mit denen Touristen Berlin erkunden, und die amerikanische Publizistin Catherine YOUNG (1997) macht gleich Nägel mit Köpfen und verfaßt einen „World Shopping Guide" (Untertitel: „What to buy where – for those who know").

Kein Zweifel also, daß die Freizeitaktivität Einkaufen längst untrennbar mit der Freizeitaktivität Reisen verschmolzen ist. Das eine bedingt nicht das andere, hier wird auch nichts gekoppelt. (Hinter der Kopplung steckt gedanklich ja immer noch der zeitsparende „homo oeconomicus" und nicht der zeitverplempernde „homo ludens"). Einkaufen und Reisen sollten in vielen Fällen analytisch als ein- und dasselbe betrachtet werden, nämlich als Teil der großen Freizeitindustrie. Dies zu verstehen, ist nicht nur im Hinblick auf die Konsumenten und ihre räumlichen Orientierungen wichtig, sondern auch im Hinblick auf die Anbieter. Beim einzelnen Unternehmen ist das ohnehin klar – jede Industrie- und Handelskammer trainiert heute ihre Mitgliedsunternehmen für den Umgang mit erlebnishungrigen, freizeitverbringenden Kunden. Wissenschaftlich interessante Veränderungen ergeben sich aber auch für die Einkaufsorte, die Städte. Einzelhandel wird zum Beispiel zum zentralen Subjekt städtischer Wirtschaftsförderung, was er eigentlich (wegen der ideologischen Dominanz der Exportbasis-Theorie) nie war. Wenn Einzelhandel, Tourismus und Freizeit untrennbar miteinander verschmolzen sind, ist städtischer Einzelhandel ein „regulärer" Teil einer postindustriellen städtischen Infrastruktur, und wenn dieser Teil nicht den gegenwärtigen Anforderungen entspricht (falsche Anmutung!), dann muß an ihm gearbeitet werden. (Und oft laufen diese Arbeiten genau dem „Versorgungsgedanken" bei der Einzelhandelsplanung zuwider).

Neue „winners" und „loosers" im Städtesystem entstehen auch aufgrund der unterschiedlichen Anmutung von Einzelhandelslandschaften. Das Kapital ist ein scheues Reh – nicht nur das große Kapital der Investoren, sondern auch das Münzgeld der Konsumenten. Manche Städte haben bessere Voraussetzungen als andere, weil sie eine hübschere Anmutung geerbt haben. Andere haben vielleicht schlechte Voraussetzungen, sind aber früh erwacht und bauen nun Museen, richten öffentliche Plätze her *und* bringen ihre Einzelhandelslandschaften in Schuß, wofür sie in der Regel auf „privates Geld" angewiesen sind. Und auch für den Fluß dieses privaten Geldes ergeben sich eventuell Veränderungen: Eine ungute Anmutung der lokalen Einzelhandelslandschaft kann einen Ort von Investitionen aus anderen Bereichen des touristisch-rekreativen Komplexes ausschließen. Investoren können versuchen, mittels des Zugpferdes Einzelhandel ganze Lokalitäten ins postindustrielle Zeitalter zu befördern, um sie danach insgesamt freizeitindustriell nutzbar zu machen und so weiter. Nicht nur das Verhalten der Nachfrager wird also sehr viel stärker von der Anmutung bzw. der Notwendigkeit sie zu manipulieren beeinflußt, sondern auch das der Anbieter (seien es Händler, Developer, Kommunen).

Im Anschluß an die informelle Vorstellung des neuen Zentrenkonzepts der Stadt München durch einen Beamten der Stadt warf ein Diskutant aus dem akademischen Planer-Milieu dem Referenten folgenden, sehr vorwurfsvoll gemeinten Satz an den Kopf: „In den 70er Jahren hat die Stadt München noch an die Versorgung der Bevölkerung gedacht!" Und er hatte recht. In den 70er Jahren war das so. Heute ist das nicht mehr so; man denkt (auch[43]) an Anderes

---

[43] Die Stadt München berücksichtigt „Versorgungsbelange" noch vergleichsweise stark. Vermutlich unter anderem deswegen, weil sie es sich leisten kann und den Einzelhandel nicht so sehr vor den Postindustrialisierungs-Karren spannen muß wie manche Stadt im Ruhrgebiet oder die Stadt Birmingham.

Das kann einem als Wissenschaftler gefallen oder nicht, dagegen kann man Flugblätter schreiben oder nicht – zuerst einmal muß man es zur Kenntnis nehmen und versuchen, es zu verstehen.

Ob es einem nun gefällt oder nicht, daß eine Frau aus Deutschland sich in Mailands Via Montenapoleone auf die „Pirsch nach der Riemchensandale" begibt, weil in der *Süddeutschen Zeitung* stand, dort ruhten diese Sandalen einzeln auf streifenfrei polierten Glastischen und man und man müsse das Auge ganz nah heranbringen an das Schaufenster, um die Nullen auf den winzigen Preisschildern zu sortieren (vgl. LIEPERT 1998) und ob es einem gefällt oder nicht, daß diese Frau deswegen nach der Via Montenapoleone reist, weil es in der Münchener *tz* hieß, man könne dort „Damen mit Dackel im Partnerlook [sehen] – sie mit Brilliantenhalskette, er mit Brilliantenhalsband" (GARBASSEN 1999) - diese Frau wird nicht damit aufhören, ihr Verhalten genau von solchen sozial vermittelten Bildern leiten zu lassen. Auch wenn die geographische Handelsforschung wieder und wieder *ausschließlich* das nachfolgende über die Via Montenapoleone zu berichten weiß:

Tab. 7: **Die Branchenstruktur der Via Montenapoleone, Mailand (Stand: 1998)**

	Betriebe	Anteil an den Betrieben (%)	Verkaufsfläche (m²)	Anteil an der VKF (%)
Bekleidung	38	43,7	6566	60,4
Schuhe, Lederwaren	17	19,5	1798	16,5
Uhren, Schmuck, Optik	16	18,4	685	6,3
Wohnen, Einrichtung	8	9,2	1150	10,6
Kunst, Antiquitäten, Philatelie	4	4,6	351	3,2
Lebensmittel	2	2,3	155	1,4
Sonstiger Einzelhandel	2	2,2	164	1,6

Quelle: eigene Erhebungen und Berechnungen

Die Frage ist: Wie sehr interessiert man sich wirklich für die Einkäufe dieser Frau?

3.2 Konvergenz, Persistenz, Divergenz: Einzelhandel in Zeiten der Internationalisierung

Daß die Einzelhandelslandschaften der Welt einander immer ähnlicher werden, weiß beinahe jeder. Oder, besser gesagt, jeder glaubt, es zu wissen, denn systematisch vergleichende Untersuchungen zu dieser Frage sind ja, wie an anderer Stelle (vgl. S. 11) erwähnt, kaum angestellt worden. Viele Schreiber innerhalb und außerhalb der Wissenschaft werfen hier einfach (sehr selektive) Alltagsbeobachtungen in die Debatte oder beziehen ihre Kenntnis über die angeblich weltweite Konvergenz des Einzelhandels offenbar aus einem sehr speziellen Segment der Forschung, nämlich genau aus jenen, vor einigen Jahren in größerer Zahl verfertigten Mall-Studien, von denen auf S. 59 schon die Rede war. Die Gleichheit von Malls, ihr öder Kloncharakter, ist im wahren Sinne des Wortes sprichwörtlich – spätestens seit Rob KROES' bekanntem Buchtitel und Wortspiel: „If you have seen one, you've seen the mall"[44] (1996).

Selbst der gewöhnlich fein differenzierende David HARVEY, dessen Hauptaugenmerk in guter marxistischer Tradition der Produktion gilt, und für den Einzelhandel kaum mehr als ein abhängiges Anhängsel der Industrie sein dürfte, kennt sich aus und erwähnt in beiläufiger Selbstverständlichkeit die „Benetton or Laura Ashley products in almost every serially produced shopping mall in the advanced capitalist world" (1989: 296).

Und selbstverständlich – die drei impliziten Behauptungen, die in dieser Aussage enthalten sind (Shopping-Center gibt es überall, sie sehen überall gleich aus und beherbergen überall die gleichen internationalen Einzelhandelsunternehmen) sind nicht völlig aus der Luft gegriffen, aber sie sind bisher von niemandem empirisch überprüft und auch nicht systematisch theoretisch begründet worden. (Etwa in der Art: Warum sind Shopping-Center, wenn es denn stimmt, immer gleich?). Ich werde weiter unten versuchen, solche Begründungen abzuleiten und später auch einige Befunde zu Shopping-Centern präsentieren. Allerdings – in dieser Arbeit sind die Shopping-Center kein zentrales Thema, denn es geht um Europa, und wie ich im Abschnitt 2.2.3 gezeigt habe, sind Shopping-Center – ungeachtet aller innereuropäischen Differenzierungen, auf die ich noch komme – insgesamt weit weniger bedeutend als in Nordamerika.

Mag man die implizite Gleichsetzung von Einzelhandel mit Malls durch nordamerikanische Autoren noch nachvollziehen können – in Dallas z. B. entfällt schließlich mehr als ein Drittel des gesamten Umsatzes auf sie; vgl. Tab. 5 –, so erscheint das bei europäischen Autoren ziemlich unverständlich. Zur Ehrenrettung Europas muß man allerdings sagen, daß es zwei britische Autorinnen waren, von denen die starke Verzerrung der Handelsforschung in Richtung Malls und damit in Richtung Homogenisierung zuerst bemerkt und kritisiert wurde. CREWE / LOWE (1995) fordern nicht nur, andere Schauplätze des Konsums empirisch zu untersuchen, was sie selbst dann auch tun, sondern zeigen, daß die bekannte Geschichte von der Mall und der Konvergenz nicht nur deswegen unvollständig ist, weil Malls längst nicht die einzigen Stätten des Konsums sind, sondern auch weil sich aus den gängigen Theorien gesellschaftlichen und wirtschaftlichen Wandels ebenso Tendenzen zur Divergenz und Re-Lokalisierung wie zur Konvergenz und Globalisierung herleiten und dann der empirischen Prüfung unterziehen lassen.

Ist das Problem mit den Malls inzwischen erkannt, so schleicht sich nun ein anderes Gespenst der Gleichmacherei heran: die Internationalisierung der Einzelhandelsunternehmen. Und dieses Gespenst droht nun auch – viel mehr als das der Malls – den Mitteleuropäern, obwohl gerade sie so große Angst davor haben. Ein Stimmungsbild:

---

[44] Im Buch geht es übrigens gerade nicht darum, daß alle amerikanischen „Kunstwelten" von der Shopping Mall bis zum „theme park" gleich sind, sondern darum, daß viele Europäer *glauben*, die amerikanische Kultur sei, künstlich, durch und durch kommerziell und vollständig homogenisiert.

Krieg um die Mode

Im Grazer Textilhandel fliegen die Fetzen. Ausländische Konzerne stoßen mit Billigst-
preisen in den ohnehin stagnierenden Grazer Mode-Markt. Sie verdrängen systematisch die heimischen Mode-Shops. Benetton und C&A waren die ersten Multis, die
unsere City-Shops das Fürchten lehrten. Darauf folgten H&M, New Yorker und L'Orsay.
Den jüngsten Coup landete die deutsche Kette Zero. Sie öffnete erst kürzlich ihre erste
Österreich-Filiale in der Herrengasse. Die Firmen-Ideologie ist auf Expansion ausgerichtet
- zwölf weitere Filialen sind in den nächsten zwei Jahren im gesamten Bundesgebiet
geplant. Die heimischen Boutiquen hüllen sich bezüglich ihrer Einbußen in Schweigen.
Der tiefpreisige Bereich ist aber für die Grazer endgültig verloren. Einige Geschäfte
machen gar nur noch ein Drittel des Umsatzes früherer Jahre. Hinter vorgehaltener
Hand gibt sich der Fachhandel realistisch: "Wir haben keine Chance!" (...).Und die
Riesen kommen immer stärker: Ein Branchen-Insider schätzt, daß in den nächsten
fünf Jahren in Graz noch bis zu 30.000 Quadratmeter neue Mode-Verkaufsflächen
dazukommen werden. Besonders der Kampf um die City wird eskalieren. Gerüchten
zu Folge streben nun auch C&A und H&M in die Innenstadt. Fazit: Man wird die
Herrengasse bald nicht mehr von einer anderen europäischen Einkaufsstraße
unterscheiden können.

Der Neue Grazer, 16. Mai 1996

Auch wenn die *Beschreibung* der Vorgänge in Graz sicher stimmt: Hier ist auf klei-
nem Raum alles an Vorurteilen und Ideologie zum Einzelhandel versammelt, was der
deutsche Sprachraum zu bieten hat. Die Internationalisierung erscheint hier als wesens-
verwandte, aber eben noch ein wenig perfidere Fortsetzung der „Filialisierung" auf nationaler Ebene, bei der ja die „einheimischen Mode-Shops" auch schon „systematisch"
von Unternehmen verdrängt wurden, „deren Ideologie auf Expansion ausgerichtet war".
Selbstredend sind es Billigstpreise (gemeint sind sicher „unfaire" Billigstpreise), mit denen man den einheimischen Händlern „keine Chance" läßt. Die Großen fressen natürlich
die Kleinen. Ja – und alles wird gleich: „Man wird die Herrengasse bald nicht mehr von
einer anderen europäischen Einkaufsstraße unterscheiden können".

Nun steht dieser Text in einem wenig anspruchsvollen Lokalblatt und nicht in einer
wissenschaftlichen Zeitschrift. Dennoch: Teile der angeführten Ideologien und Vorur-
teile kann man auch innerhalb der geographischen Handelsforschung finden: Kaum
einmal steht der Begriff „Filialisierung" alleine, fast immer folgt die „Banalisierung"
(„Billigstpreise") und die „Verödung", die merkwürdigerweise in den entsprechenden
Texten nicht wie im normalen Sprachgebrauch „menschenleer, ohne Leben" bedeutet,
sondern oft genau das Gegenteil. „Verödet" sind nicht die Straßen, in denen Geschäfte
sterben und nicht ersetzt werden, sondern die, in denen es besonders vitale Geschäfte
und besonders viele Kunden gibt (vgl. a. SCHRÖDER 1998).

Wo ist die Kausalität? Warum führt Filialisierung zu „Verödung" (d. h. Konvergenz), wo es doch viele Filialisten gibt, die große Summen Geldes in Strategien und
Technologien investieren, die sie in die Lage versetzten, sich dem lokalen Markt so gut
wie möglich anzupassen. (Am Ende sind sie vielleicht angepaßter als die lokalen Händler, die vielleicht gerade deswegen „keine Chance" mehr haben).

Und wo bleiben, Geographen, die regionalen Differenzierungen? Ist Baden-Baden genauso stark von Filialisierung betroffen wie Unna und ist es die gleiche Art von Filialisierung? Ist das Stadtzentrum ebenso betroffen wie die Stadtteilzentren? Und schließlich die große Frage überhaupt ... warum?

Es ist nicht so einfach mit der Filialisierung. Es reicht nicht, wenn man nur registriert, daß es sie „irgendwie" gibt und ihr dann quasi mit Textbaustein bestimmte Eigenschaften zuschreibt. Und auch bei der Internationalisierung, der die Gefahr droht, daß sie wissenschaftlich genauso abgespeist wird wie die Filialisierung, hilft es nicht weiter, wenn wir in unserer Datenbank oder auf unserem Kartierbogen notieren „Name: *Galeries Lafayette*, Herkunftsland: Frankreich" und daraus schließen, der Berliner oder gar der deutsche Einzelhandel sein nun etwas französischer geworden und es hätte sich (mehr) Konvergenz im europäischen Einzelhandel eingestellt.

Nein, Internationalisierung ist eindeutig kein Meteoritenhagel, der gleichmäßig auf die Erde niedergeht, lokale Strukturen in Schutt und Asche legt und überall die gleiche, nach populärer Ideologie gleich öde, Landschaft hinterläßt.

Der *Lafayette*-Konzern hat innerhalb Deutschlands Berlin als Standort für seinen jüngsten Internationalisierungsversuch ausgewählt, nicht Pirmasens oder München. Über die Gründe kann man hier nur spekulieren. Vielleicht war es wirkliche Begeisterung des Vorstandes für die Idee, beim Aufbau des „Neuen Berlin" dabeizusein (symbolische Ökonomie I) oder es war das Kalkül, man könnte durch dieses Engagement in Frankreich soviel Prestige gewinnen, daß es sich für das Unternehmen insgesamt auszahle (symbolische Ökonomie II) oder es war – prosaischer – die Überlegung, daß sich im voll ausgebauten „Neuen Berlin" irgendwann so viele französische Beamte, Diplomaten und Touristen aufhalten würden, daß sich ein französisches Kaufhaus allein durch ihre Nachfrage schon zu einem guten Teil tragen könne.

Wie auch immer, es war Berlin, das in diesem Fall vom Meteoriten der Internationalisierung getroffen wurde, und daß es Berlin war, liegt an einer oder mehreren Eigenschaften dieses Ortes, die andere Orte nicht oder nicht in dieser Kombination besitzen. Das Beispiel *Lafayette* zeigt überdies, daß die Eigenschaften, die zum Betroffensein oder Nicht-Betroffensein von Internationalisierung führen, nicht notwendigerweise dem Statistischen Jahrbuch dieses Ortes oder der Kaufkraftkarte der GfK zu entnehmen sind; dort ist nämlich die Aura des „Neuen Berlin" nicht verzeichnet.

Wie verändert nun der Meteorit *Lafayette* die Berliner Einzelhandelslandschaft? Wohl nicht sehr stark, das läßt sich sagen. Dazu ist seine Masse zu klein.

Es wird aber Veränderungen geben: Vielleicht schließt ein kleines, auf französische Delikatessen spezialisiertes Feinkostgeschäft am anderen Ende Berlins, weil es seine Stammkundschaft nach und nach an die prächtigere Lebensmittelabteilung des *Lafayette* verliert. Vielleicht imitieren die deutschen Kaufhäuser in Berlin einen Teil des Konzeptes von *Lafayette*; entweder weil das Management durch die räumliche Nähe zum ersten Mal mit diesem Konzept in Berührung kommt und sich davon inspirieren läßt, oder, wahrscheinlicher, weil man annimmt, die Berliner Kundschaft werde über kurz oder lang nun auch von einem deutschen Kaufhaus verlangen, was ein französisches offenbar bieten kann. (Was kaum noch jemand weiß: Es waren ursprünglich einmal Initiativen des *Lafayette*, durch die das Problem der Sonntagsöffnung in Berlin in die öffentliche

Diskussion gebracht wurde; inzwischen haben die Lehrlinge in ihrem Eifer den Meister überholt).

Vielleicht kommt auch irgendwo in Frankreich während einer Vorstandssitzung Begeisterung für die Idee auf, es dem Konkurrenten *Lafayette* nachzutun und bei der Gestaltung des „Neuen Berlin" „dabeizusein". Die Adresse Französische Straße (symbolische Ökonomie III) tut ein übriges und man entwickelt die Idee von einem „Quartier der französischen Mode"(symbolische Ökonomie IV), das man mit drei der konzerneigenen Vertriebslinien begründen könnte, die man in der Nähe des *Lafayette* ansiedelt.

Man weiß nicht, was die Eröffnung des *Lafayette* bewirkt, selbst wenn man nur an die Primärwirkungen denkt und die vielen Sekundär-, Tertiär-, Quer- und Wechselwirkungen außer acht läßt. Etwas anderes zu behaupten, wäre Scharlatanerie. Eins aber ist klar: Ob das kleine Feinkostgeschäft schließen wird, hängt nicht nur davon ab, wieviel Umsatz ihm das *Lafayette* abjagt, sondern auch davon, ob der Berliner Arbeitsmarkt gerade in einem Zustand ist, der es dem Ladeninhaber aussichtsreich erscheinen läßt, sich nach einer abhängigen Beschäftigung umzusehen oder nicht. Es hängt auch davon ab, inwieweit die selbständige Existenz als stolze Existenz empfunden wird, und die Unabhängigkeit als Wert gilt, den man bewahren möchte, selbst wenn der bisherige Lebensstandard dabei nicht zu halten ist. Und diese kulturellen Variablen sind wiederum (auch) eine Frage der Prägung durch ein Milieu, einen Ort.

Das Auffälligste und mir am interessantesten Erscheinende an der Geschichte des *Lafayette* ist allerdings, daß hier ganz offenkundig die Landschaft den Meteoriten mehr verformt hat als umgekehrt. Denn: Wie sehr hat sich die *Galeries Lafayette* verändern müssen, um – mehr schlecht als recht – im Berliner Markt bestehen zu können? Und wieviel Ähnlichkeit hat sie nach all diesen Verformungen noch mit den Filialen im französischen Mutterland? Ist nicht vielmehr etwas ganz Neues entstanden, etwas Einmaliges, das ein wenig französisch, ein wenig deutsch, aber vor allem sehr berlinerisch ist? Etwas, das in München nicht so entstanden wäre, weil die dortige, eisern an pseudomediterraner Lebensart orientierte obere Mittelschicht vermutlich gewußt hätte, daß man bei den französischen Konfektionsgrößen „zwei abziehen" muß und diese Mühe gerne auf sich genommen hätte, weil die französischen Etiketten, genauso wie die taillierten Schnitte, ja dafür zu bürgen scheinen, daß es sich um authentische Ware handelt, die auch in Paris verkauft und getragen wird, und nicht etwa um Imitate, die womöglich extra für den deutschen Markt produziert werden.

> *"Wer Nudeln auch nur ein wenig weich mag, wird (...) angeschaut, als wäre er gerade aus der Höhle gekrochen. Natürlich ist Pasta al dente am besten. Wenn sich aber die Mode, die vorwiegend von München ausgeht, so weiterentwickelt, wird es bald nötig sein, zu Rigatoni oder Tortellini Hammer und Meißel zu decken"* FEIN (1999).

Lafayette – ein kleines, zufällig aufgefangenes Beispiel dafür, daß gerade wegen der Internationalisierung mehr denn je gilt „space matters!" oder vielleicht noch treffender „locality matters!".

Theoretisch ist das alles nichts Neues: Der oben zitierte Satz von HARVEY zu den Malls stammt aus einem Abschnitt, der sich genau mit der Frage auseinandersetzt, wie sich die von ihm, HARVEY, erspähte neue Runde[45] der „time-space-compression" auf die Gleichheit oder Ungleichheit von Orten auswirkt.

Genau um diese Frage geht es im Grunde auch hier; allerdings nicht auf einem ganz so hohen Niveau an Abstraktion und Generalisierung: Statt um Orte allgemein geht es, soweit die jeweilige Materie eine solche Beschränkung erlaubt, natürlich nur um Einzelhandelslandschaften und statt um „time-space-compression" allgemein geht es nur um jene, von der die verschiedenen Akteure des Wirtschafts- und Kultursystems Einzelhandel in ihrer Eigenschaft als Akteure des Systems betroffen sind. Um diese Beschränkung begrifflich zu verdeutlichen und das Allgemeine auf das Konkrete zurückzuführen, spreche ich von Internationalisierung im Einzelhandel und nicht von „time-space-compression". Das ist deswegen problematisch, weil der Begriff „Internationalisierung" in vielen verschiedenen Definitionen gebraucht wird, und man immer erst verdeutlichen muß, auf welche davon man zurückgreift. Ich verwende in dieser Arbeit zwei verschiedene Definitionen: In diesem Halbkapitel gilt eine sehr weite Definition, unter die fast alles fällt, was im Wirtschafts- und Kultursystems Einzelhandel über Landesgrenzen hinweg passiert. Zum Beispiel: grenzüberschreitende Werbung, grenzüberschreitender Einkauf (Tourismus), die grenzüberschreitende Verbreitung von bestimmten Handelsformen (etwa Shopping-Center) usw. Im vierten Kapitel beziehe ich mich dann auf den Begriff der Internationalisierung im engeren Sinne und meine damit die Tatsache, daß immer mehr Handelsunternehmen Umsätze außerhalb ihres Stammlandes erzielen.

Nicht nur wegen der doppelten Bedeutung des Wortes Internationalisierung ist es möglicherweise nicht ganz leicht, die Funktion dieses Halbkapitels von der des anschließenden Kapitels 4 zu unterscheiden bzw. die Gründe für eine solche Zweiteilung nachzuvollziehen. Deshalb eine kurze Erläuterung: Dieses Halbkapitel, das ja noch zum konzeptionellen Teil der Arbeit zählt, versucht die wichtigsten jener Prozesse zu identifizieren, die seit STEWIGs Zeiten international oder internationaler geworden sind, und diskutiert dann, wie sich diese Prozesse theoretisch, nicht empirisch, mit Konvergenz, Persistenz und Divergenz in Verbindung bringen lassen. (Es geht also beispielsweise darum, gedanklich zu untersuchen, warum die Handelsform des Shopping-Centers möglicherweise systematisch dazu tendiert, identische „Besätze" mit Geschäften hervorzubringen, aber nicht darum zu „beweisen" oder zu widerlegen, daß überall gleiche „Besätze" anzutreffen sind). In dieses Halbkapitel gehörte normalerweise auch die Internationalisierung der Einzelhandelsunternehmen als ein Teilprozeß der gesamten Internationalisierung. Da dieser Prozeß aber ein zentraler Prozeß ist, der zudem noch zu wenig verstanden wird, obwohl er von allen Internationalisierungsprozessen am besten untersucht wurde, „zoome" ich ihn heraus und widme ihm ein eigenes Kapitel, in dem empirische Befunde vorkommen, aber eben auch die theoretischen Bemerkungen, die von der Systematik auch hier stehen könnten, sich dann aber wiederholten.

---

[45] HARVEY selbst hat nie behauptet, „time-space-compression" sei etwas Neues. Im Gegenteil: Er betont ausdrücklich, daß sie nichts Neues ist, sieht sie aber seit ungefähr 1970 in einer stark verschärften Gangart voranschreiten.

Seit STEWIGs Zeiten hat sich im Einzelhandel wie in allen anderen Lebensbereichen tatsächlich vieles internationalisiert. Die Internationalisierung im engeren Sinne, also die Internationalisierung der Einzelhandelsunternehmen, ist nur einer dieser Prozesse – vielleicht der auffälligste und scheinbar greifbarste, aber nicht unbedingt der bedeutendste im Hinblick auf die Konvergenz und Divergenz von Einzelhandelslandschaften.

Internationalisierungstendenzen, in welchem Bereich auch immer, sind potentiell konvergenzfördernd, weil sie die Wahrscheinlichkeit erhöhen, daß zwei Orte dem gleichen Einfluß unterliegen, woraus sich ein gleiches Resultat ergeben könnte. (In STEWIGs geschlossenen Einzelhandelswelten war das nicht so: Die Bewohner Bursas hatten ihren Islam, der dafür sorgte, daß sich keine Mittelzentren bildeten und die Bewohner Londons hatten Tiefkühltruhen, die die „Gründung" von Shopping-Centern induzierten).

Weil aber Lokalitäten, wie man am Beispiel Berlins sehen konnte, nun einmal eigen und widerspenstig sind, führt das, was dem Prinzip nach konvergenzfördernd ist, manchmal nicht zu Konvergenz, weil etwa der konvergenzfördernde Einfluß gar nicht an der Lokalität ankommt (kein *Lafayette* in Pirmasens) oder aber, weil die Lokalität ihn ignoriert, abwehrt (so scheint es bei den vielen anderen Internationalisierungsversuchen des *Lafayette* gewesen zu sein, die alle schnell abgebrochen werden mußten). Bei dieser Variante, bei der gewissermaßen alles beim alten bleibt, mündet potentiell Konvergenzförderndes also in *Persistenz*. Wissenschaftlich noch interessanter ist die Variante, bei der die internationalen Einflüsse so mit der Lokalität interagieren, daß etwas völlig Neues, möglicherweise Einzigartiges entsteht (wie z. B. die Breslauer *Benetton*-Filiale, in der es Kochtöpfe zu kaufen gibt). In all diesen Fällen führt potentiell Konvergenzförderndes also zu *Divergenz*. Insgesamt könnte ein Modell der Formung lokaler Einzelhandelslandschaft in Zeiten der Internationalisierung etwa so aussehen:

Abb. 9: Die Formung lokaler Einzelhandelslandschaften in Zeiten der Internationalisierung – ein Modell

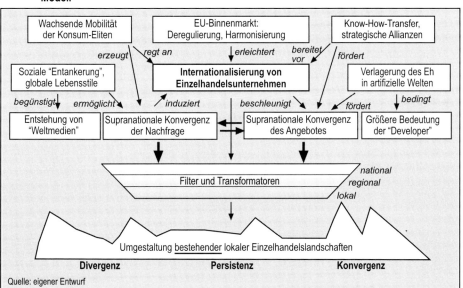

Zunächst zur unteren Hälfte der Abbildung und hier zum „Maschinenhaus", das die Filter und Transformatoren enthält. Filter nenne ich die Faktoren, die dafür sorgen, daß ein internationaler Einfluß nicht an einem Ort ankommt bzw. nur in abgeschwächter Form ankommt (Resultat: Persistenz), Transformatoren nenne ich die Faktoren, die einen Einfluß verändern, wodurch etwas Neues entsteht (Divergenz). Die Vorgänge in diesem Maschinenhaus sind schon kompliziert genug – hier paßte der überstrapazierte Begriff von der „black box" wirklich einmal – aber die Sache wird noch zusätzlich dadurch kompliziert, daß es nicht nur ein, sondern viele Maschinenhäuser gibt, nämlich eines auf jeder räumlichen Maßstabsebene (die Begriffe lokal, regional, national stehen nur exemplarisch).

Bisher habe ich grundsätzlich den Begriff der Lokalität betont, um einen möglichst hohen Kontrast zu STEWIG zu erzielen, der ja bei genauerem Hinschauen der Einzigartigkeit der Lokalität keinen Raum gab, sondern seine nomothetischen Erklärungen auf der Ebene des Kulturraumes ansiedelte (vgl. S. 37). Insgesamt möchte ich aber keiner neuen, naiven Idiographie das Wort reden, bei der nun einzigartige Lokalitäten im raumlosen All mit internationalen Einflüssen kollidieren, und es keine Wahrscheinlichkeiten mehr für den Ausgang dieser Kollisionen gibt. Nein, daß die *Galeries Lafayette* nach Berlin gekommen ist, hat sicher auch damit zu tun, daß es sich bei Berlin um eine deutsche Stadt und nicht um eine türkische handelt, und es wird insgesamt eine gewisse Tendenz bestehen, daß sich die Einzelhandelslandschaften deutscher Städte summa summarum weniger voneinander unterscheiden als sie sich von türkischen unterscheiden – eben weil Filter und Transformatoren auch auf höheren Maßstabsebenen wirken.

Dennoch sind Lokalitäten für mich aktive und einzigartige Einheiten, die zwar immer auch Spuren von Prozessen tragen, die auf übergeordneten Maßstabsebenen ablaufen, aber trotzdem erkenntnistheoretisch für nichts anderes als sich selbst stehen. Bei STEWIG und seinen Nachfolgern[46] werden Lokalitäten dagegen als mehr oder minder identische, verkleinerte Fotokopien einer übergeordneten Einheit (Kulturraum, Nation) begriffen, wobei „schlechte" Kopien – logisch unvermeidlich – den Status von „Ausnahmen" erhalten, während die guten, ja, eben als „Beispiele" dienen.

Unter dem Maschinenhaus ergibt sich eine weiter „Komplikation": Lokale Einzelhandelslandschaften reagieren vermutlich auf Internationalisierung nicht so wie Eisenspäne auf einen Magneten. Nennenswerte internationale Einflüsse gibt es seit etwa 30 Jahren, nationale seit etwa 100 Jahren. Die meisten europäischen Städte aber sind viel älter, und seit sie existieren, wird in ihnen Handel betrieben. Wer wollte da glauben, die sichtbare physische Objektwelt sei allein das Produkt dieser letzten 30 oder 100 Jahre?

Wenn man so fragt, würde es niemand glauben, aber man hat bei STEWIG, der ja immer nur als Exempel steht, gesehen, wie extrem ahistorisch die Argumentation war.

---

[46] Ein aktuelles Beispiel ist HOLZWARTH (1998). Schon der Titel verrät den Ansatz: „Einzelhandel in italienischen und deutschen Stadtzentren untersucht an den Beispielen Florenz und Nürnberg". Hier wird das Allgemeine im Besonderen gesucht. Dagegen ist nichts einzuwenden, insbesondere nicht, wenn es so explizit geschieht und so konsequent durchgehalten wird wie bei HOLZWARTH. Aber es ist eben ein ganz anderer Ansatz, der auch eine andere Methodik erzwingt.

Nur an einer einzigen Stelle spiegelte die physische Objektwelt (konkret: Einzelhandelsimmobilien an ihren jeweiligen Standorten) *nicht* exakt die aktuelle Marktlage wider, sondern – laut STEWIG – einen früheren Zustand. Es handelte sich bei den verbliebenen Geschäften um „Relikte" (vgl. S. 32). Mit den „Relikten" verhält es sich aber genau wie mit den oben angesprochenen lokalen Ausnahmen von einer nationalen oder kulturräumlichen Regel: Die ganze Welt besteht aus ihnen. Zumindest in den älteren Stadtgebieten europäischer Städte kann man davon ausgehen, daß Einzelhandel an einer bestimmten Stelle vor allem deswegen betrieben wird, weil er dort schon immer bzw. ziemlich lange betrieben wurde. Dies ist im übrigen der dritte Grund neben der Anmutung (symbolische Ökonomie) und der Exposition (Internationalisierung), warum es vorteilhafter zu sein scheint, städtische Einzelhandelskonfigurationen als Landschaften zu begreifen: Was an physischer Objektwelt wahrnehmbar ist, spiegelt nur zu einem kleinen Anteil aktuelles Geschehen wider; der Rest ist das Ergebnis vergangener Perioden der Sedimentation und Erosion. Das spricht nicht gegen eine Beschreibung und Interpretation der physischen Objektwelt, sondern eher für sie, denn gerade weil gebaute Umwelt so persistent ist, so wenig elastisch auf Veränderungen reagiert, wird ihr große Handlungsrelevanz zukommen. Die in Arbeiten der geographischen Handelsforschung üblichen geometrischen Betrachtungen von Standorten (Wo liegt was?) müßten dann allerdings genau „andersherum" interpretiert werden.

Im übrigen wird man später sehen, daß die unterschiedliche „Elastizität" der einzelhandelsrelevanten physischen Objektwelt in einzelnen Städten, die sich vor allem aus unterschiedlichen Grundbesitzverhältnissen, aber auch aus kulturellen Faktoren (Respekt vor der Vergangenheit hier, Modernisierungsfieber dort) ergibt, einer der ganz wichtigen Transformatoren bei der Formung lokaler Einzelhandelslandschaften ist. (Der Anfang des Kapitels mit dem *Bull Ring Centre* läßt bereits Näheres erahnen).

Trotz der vielen geraden Pfeile und eckigen Kästen, die der Abb. 9 das Aussehen eines Entwurfs für eine multiple Regressionsanalyse oder ein anderes statistisches Verfahren geben und trotz der Rede von Filtern, Transformatoren und Maschinenhäusern, die direkt einer positivistischen Denkschrift entlehnt scheinen, dürfte aufgrund der bisherigen Darstellung klar sein, daß zur Beantwortung der in dieser Arbeit vorliegenden Fragestellung nur ein – im weitesten Sinne – „verstehender" methodischer Ansatz in Frage kommt. Zum einen wegen der besonderen Bedeutung der Anmutung beim Studium lokaler Einzelhandelslandschaften (vgl. Abschnitt 3.1), zum anderen wegen der Komplexität der Interaktionen, die sich daraus ergibt, daß sehr viele, zum Teil unbekannte Einflußfaktoren auf unterschiedlichen Maßstabsebenen aufeinandertreffen, wo sie nicht mechanisch *auf*einander, sondern chemisch *mit*einander reagieren[47].

Das alles bedeutet allerdings nicht, daß alles irgendwie mit allem zusammenhängt, daß alles irgendwie internationaler wird und daß man keine Vermutungen haben könnte, was internationaler wird und wie sich das auf die Konvergenz, Persistenz oder Diver-

---

[47] Die nützlichen Metaphern von der mechanischen bzw. der chemischen Beziehung von Dingen sind MILL (1844) entlehnt.

genz von Einzelhandelslandschaften auswirken könnte. *Meine* wesentlichen Vermutungen und Vorüberlegungen sind im oberen Teil der Abb. 9 dargestellt. Ich möchte hier nicht weiter auf sie eingehen, weil sie entweder selbsterklärend sind oder an anderer Stelle der Arbeit bereits behandelt wurden oder noch werden. Nur in einem Fall (Verbreitung von Shopping-Centern) möchte ich etwas ausführlicher argumentieren, die „Mall", wie schon angemerkt (vgl. S. 59), ein solcher Popanz in der Debatte um die weltweite Homogenisierung des Einzelhandels ist. Zuvor jedoch zur besseren Übersicht noch einmal ein Überblick darüber, an welcher Stelle der Arbeit die übrigen konvergenzfördernden Faktoren behandelt werden:

Die Internationalisierung der Konsumenten, vor allem der „Konsum-Eliten" durch wachsenden Tourismus wurde bereits im Abschnitt 3.1 (S.- 68-71) angesprochen; sie kommt außerdem noch einmal ausführlich im Zusammenhang mit der Internationalisierung der Einzelhandelsunternehmen in Abschnitt 4.3 zur Sprache. Die soziale Entankerung, von der man annimmt, daß sie die Bildung „globaler Konsumenten-Stämme" erleichtert, kam ebenfalls im Abschnitt 3.1 (S. 62) zur Sprache und wird noch einmal im Abschnitt 4.3 aufgegriffen. Die zunehmende Vereinheitlichung der europäischen Rechtsbestimmungen und –systeme, die vor allem indirekt konvergenzfördernd wirkt, indem sie die Internationalisierung von Einzelhandelsunternehmen erleichtert, wird praktischerweise in jenem Zusammenhang, nämlich in Abschnitt 4.2 angesprochen.

Doch jetzt zu den Shopping-Centern: Ihre nahezu universelle Verbreitung ist nach Einschätzung vieler Autoren ein Internationalisierungsphänomen, das die Konvergenz europäischer Einzelhandelslandschaften enorm befördert. Im Blickpunkt stehen dabei nicht alle Arten von Shopping-Centern gleichermaßen, sondern es sind besonders die komplett überdachten Malls im Galerie-Stil, denen die Aufmerksamkeit gilt.

In Europa wurden die ersten dieser Malls, deren entferntes historisches Vorbild die *Galleria Vittorio Emanuele II* in Mailand (vgl. Foto 3) und andere Großstadt-Passagen des 19. Jahrhunderts sind (vgl. CHANEY 1990: 49-50), in den frühen 60er Jahren in Großbritannien gebaut[48]. Wo genau das erste Exemplar überhaupt stand, darüber streitet man sich. Das *Bull Ring Centre* in Birmingham (vgl. Foto 1) aus dem Jahre 1964 zählt auf jeden Fall zu den Kandidaten für den aus heutiger Sicht zweifelhaften Ehrenplatz (vgl. ADAMS 1995) – ein Umstand, der es nicht vor dem Abriß bewahren wird, obwohl es in seinem fast vollständig erhaltenen Urzustand ein eindrucksvolles Kulturdenkmal abgäbe.

Die skandinavischen Staaten, Belgien und die Niederlande sowie Frankreich und Deutschland erlebten ebenfalls noch in den 60er Jahren „ihre" ersten Mall-Eröffnungen (vgl. MERENNE-SCHOUMAKER 1991: 63). Genau wie in Großbritannien dauerte es auch in diesen Ländern nicht lange, bis die Testphase nahtlos in einen Boom überging, der

---

[48] MERENNE-SCHOUMAKER (1991: 65) sieht die Anfänge in den 50er Jahren und auch nicht nur in Großbritannien, sondern zeitgleich in Schweden. Eine solche Differenz kann eigentlich nur auf unterschiedlichen Definitionen von „Shopping-Center" basieren, die von den meisten Autoren nicht gegeben werden und darum auch nicht „abzugleichen" sind. Die oben gegebene Darstellung ist deshalb schwer zu verifizieren. Sie scheint aber der Mehrheitsmeinung in der Literatur zu entsprechen.

etwa bis in die Mitte der 70er Jahre anhielt und dann in kurzer Zeit abflaute. Das war zum einen das Resultat des ganz normalen „Boom and Slump"–Zyklus auf dem Immobilienmarkt (vgl. REYNOLDS 1993: 76), zum anderen schlug aber auch schon die zunehmend restriktiv gehandhabte Genehmigungspraxis lokaler und regionaler Körperschaften durch. Eine solche starke Bauaktivität wie in jenen Gründerjahren hat es, nach den interessanten Daten von REYNOLDS (1993: 76-77), im übrigen später nirgendwo wieder gegeben – außer in Ostdeutschland nach der deutschen Vereinigung und im neoliberalen England der späten 80er Jahre, in dem besondere, später noch zu diskutierende Umstände vorlagen.

In den Mittelmeerländern Spanien, Portugal (EU-Beitritt 1986), Griechenland (Beitritt 1981) und Italien dauerte es bis Mitte der 80er Jahre, bis die ersten erwähnenswerten Shopping-Center gebaut wurden. Wie bei so vielen Handelsinnovationen (vgl. S. 102) waren es die „modernsten" und wohlhabendsten Regionen des Mittelmeerraumes, die Ballungsräume um Barcelona[49] und Mailand, die hier den Anfang machten. Richtig „ins Laufen" kam die Sache aber auch in diesen und anderen Ballungsräumen der Mittelmeerländer erst Ende der 80er Jahre. Seitdem ist die Bauwelle ungebrochen[50] und man kann heute wirklich sagen, daß sich die geplanten Center über alle Staaten der EU verbreitet haben und ungeachtet aller Unterschiedlichkeit der politischen, ökonomischen und sozialen Rahmenbedingungen überall zu einem etablierten Bestandteil großstädtischer Infrastruktur geworden sind (vgl. REYNOLDS 1992).

Eine exakte Quantifizierung der Verbreitung geplanter Shopping-Center in den einzelnen Ländern ist kaum möglich, weil der Begriff des Shopping-Centers überall in Europa unterschiedlich definiert wird und weil die südeuropäischen Staaten erst spät mit der systematischen statistischen Erfassung dieses für sie relativ neuen Phänomens begonnen haben (vgl. REYNOLDS 1992, 1993). Die einzige seriöse und mir zugängliche Untersuchung, die leider schon etwas älter ist, zeigt, daß die Shopping-Center-Dichte in den europäischen Staaten im Jahr 1993 noch sehr unterschiedlich war (vgl. Abb. 10), wobei im wesentlichen ein Nord-Süd-Gefälle erkennbar wurde.

Bedenkt man allerdings, daß die Wachstumsraten, wie weiter oben schon angedeutet, zumindest in Italien und insbesondere Spanien in den letzten Jahren durchweg höher waren als in den nord- und westeuropäischen Staaten (vgl. CIG / OXIRM 1994, REYNOLDS 1992), so sind wir bei Betrachtung auf der nationalen Maßstabsebene tatsächlich auf dem Wege der Konvergenz. Bei regionaler Betrachtung sieht es jedoch anders aus: In Italien etwa liegen rund 74% der Verkaufsfläche, die in Shopping-Centern

---

[49] Barcelona scheint sich zu einer Art europäischer Hauptstadt der Shopping-Mall zu entwickeln (vgl. a. Tab. 5), was unter anderem mit dem großen Stadtumbau für die Olympischen Spiele 1992 zu tun haben dürfte. (Ein gutes Beispiel für das spezifische Resultat eines spezifischen Zusammentreffens von Globalem und Lokalem).

[50] Nach meinen eigenen Berechnungen aus Daten des italienischen Industrie- und Handelsministeriums (MICA) gab es in Italien allein zwischen 1995 und 1997 einen Zuwachs an Shopping-Center-Verkaufsfläche von über 38%!

zur Verfügung steht, im nördlichen Landesteil[51], obwohl dort nur 44% der italienischen Bevölkerung leben (eigene Berechnungen nach Daten des MICA; vgl. S. 81). Im Moment scheint sich diese Disparität auch nicht abzubauen; sie wird allerdings wohl seit drei, vier Jahren auch nicht mehr größer. (Das Phänomen, daß Internationalisierung bei nationaler Betrachtung Konvergenz hervorzurufen scheint, bei regionaler Betrachtung aber Divergenz, wird an einem anderen Beispiel noch genauer behandelt; vgl. S. 103).

Abb. 10: Verkaufsfläche in Shopping-Centern (ab 5000 m² vermietbarer Fläche) in den EU-Staaten (1993)

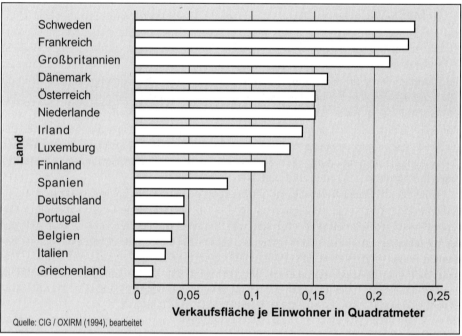

Quelle: CIG / OXIRM (1994), bearbeitet

Nun wird sich mancher Leser fragen, was der Befund der universellen Verbreitung geplanter Shopping-Center hier, in dieser Passage der Arbeit für eine Funktion hat, in der es doch eigentlich um Konzeptionelles, genauer, um die Identifikation möglicherweise konvergenzfördernder Trends im europäischen Einzelhandel gehen soll. Darauf gibt es zwei Antworten, eine sachlogische und eine pragmatische. Die sachlogische: Die universelle Verbreitung geplanter Shopping-Center stellt zwar für sich schon eine Konvergenzerscheinung dar und kann als solche der empirischen Betrachtung unterzogen werden, wie hier in sehr grober, vorläufiger Form geschehen, vor allem ist sie aber eine Entwicklung, die weitere Konvergenz befördern könnte – nämlich die Konvergenz des

---

[51] Umfaßt die Regionen Piemont, Aosta-Tal, Lombardei, Trentino-Südtirol, Venetien, Friaul-Julisch Venetien, Ligurien, Emilia-Romagna.

wachsenden Anteils städtischen Einzelhandels, der sich in ihnen, den geplanten Einkaufszentren, abspielt. Denn: So unterschiedlich Shopping-Center in einzelnen Städten, Ländern auch in allen Feinheiten sein mögen – sie haben eines gemeinsam: Sie sind artifizielle, planbare und geplante Welten, Stein gewordene „Unörtlichkeit". CHANEY sieht in dieser Eigenschaft sogar *das* Definitionskriterium für Shopping-Center schlechthin:

> *„A shopping centre is a new complex of buildings housing a variety of retail units and entertainment facilities within an enclosed space so that customers, once they have entered, have no experience of a physical environment that is other than completely culturally controlled" (1990: 49).*

Was CHANEY beschreibt, beginnt beim örtlichen Klima, das in den Malls durch ein maschinenerzeugtes, nach Erfahrungswerten „komponiertes" Standardklima ersetzt wird (vgl. GOSS 1993), wodurch nun auch am Polarkreis ganzjährige „Straßenmärkte" abgehalten werden können. Es setzt sich fort bei der Architektur, die hochgradig standardisiert ist (vgl. Foto 2) und lokale Traditionen allenfalls zitiert (vgl. GOSS 1993), wodurch Einzelhändler in die Lage versetzt werden, überall eine standardisierte, optimierte Aufteilung ihrer Verkaufsflächen vorzunehmen (was z. B. in italienischen Innenstädten fast unmöglich ist). Und es endet bei den Passantenströmen, die in gewachsenen Zentren unübersichtlich und variabel sind, in den Malls aber eindimensional und lenkbar (vgl. CRAWFORD 1992). Damit ist ein weiterer lokalspezifischer Parameter der Einzelhandelsentwicklung ausgeschaltet.

Dies alles heißt nicht, daß der Einzelhandel in Shopping-Centern überall in Europa gleich *ist*, sondern nur, daß er überall gleich sein *könnte*. Viel leichter als zu STEWIGs Zeiten, in denen Einzelhandel in Europa fast ausschließlich im kombinierten Wohn- und Geschäftshaus stattfand, das nach lokaler Architekturtradition gebaut und in das gewachsene Straßen- und Flursystem eingepaßt war. Da nun der Anteil des städtischen, insbesondere innerstädtischen Einzelhandels, der in diesen „unörtlichen" Orten stattfindet, überall wächst, weil in den „gewachsenen" Strukturen kaum noch Flächen zu mobilisieren sind, ist also, analytisch gesehen, die universelle Verbreitung geplanter Shopping-Center ein potentiell konvergenzfördernder Faktor und hier deshalb zu nennen.

Der zweite, pragmatische Grund dafür, daß die Shopping-Center hier etwas mehr Platz erhalten als die übrigen konvergenzfördernden Entwicklungen, ist, daß ihr Vordringen eng mit dem Bedeutungsgewinn einer Gruppe von Akteuren verbunden ist, die man in diesem Abschnitt über Shopping-Center gleich mit behandeln kann. Gemeint ist die Gruppe derer, die mit dem Umschlag des Produktionsfaktors Boden befaßt sind, vor allem Immobilienfinanzierer, -besitzer und -verwalter.

Wie zu sehen war, tauchten in STEWIGs impliziter Konzeption diese Akteure nicht auf (vgl. S. 42). Mehr noch – Bodenmärkte schienen in Bursa, Kiel und London/Ontario überhaupt nicht zu existieren. Weder im beschreibenden, noch im erklärenden Teil war von Grundbesitzverhältnissen, Bodenpreisen, Mieten und so weiter die Rede. Das war sicher schon in der damaligen Zeit ein Versäumnis, das STEWIG vor allem bei der Erklärung für die unterschiedliche Verbreitung von Shopping-Centern in den drei Städten (vgl. S. 31) in Schwierigkeiten bringt.

Aber das Versäumnis wog nicht so schwer, wie es heute wöge, denn der relative Bedeutungsgewinn des Einzelhandels in „geplanten[52]" Einzelhandelsimmobilien (s. o.), vor allem also in Shopping-Centern, hat eine Gruppe von Akteuren entstehen und zu immer größerer Bedeutung gelangen lassen, die „hauptberuflich" die Schaffung und Verwertung dieser Immobilien betreibt und die ganz andere Interessen verfolgt als – klar – die Konsumenten, aber auch als die Einzelhandelsunternehmen, mit denen man sie oft leichtfertig und unachtsam in eine Kategorie wirft (vgl. Abb. 5). Diese Gruppe von Akteuren wird in ihrer Bedeutung im allgemeinen unterschätzt, ihre Strategien zu wenig untersucht, so daß bei vielen Beschreibungen räumlicher Strukturen des Einzelhandels immer noch das Bild eines Spielbrettes entsteht, auf dem die Händler von den Konsumenten nach Belieben herumgeschoben werden (vgl. S. 42) oder, die modernere Variante, auf dem die Händler sich ohne Behinderung am „optimalen" Standort plazieren. Dabei ist es doch so: Einzelhandel kann es nur dort geben, wo es eine Einzelhandelsimmobilie gibt – und dort wo eine Einzelhandelsimmobilie steht, wird es in der Regel auch irgendeine Form von Einzelhandel geben. (Man nehme als vorläufiges Exempel das heruntergekommene *Bull Ring Centre*, in dem fast kein Laden leer steht; die Mieten liegen bei einem Fünftel des in anderen Shopping-Centern üblichen Zinses). Manchmal agieren Händler zwar noch selbst als Akteure des Bodenmarktes und errichten Einzelhandelsimmobilien bis hin zum Shopping-Center, wobei sie ihre eigenen Standortanforderungen besonders berücksichtigen können – aber die Regel ist das heute nicht mehr.

Wie man aus Gesprächen mit Standortplanern erfahren kann, denken viele große Filialisten überhaupt nicht daran, nach „optimalen" Standorten zu suchen, sondern beschränken sich darauf, aus den Woche für Woche eintreffenden Miet- und Kaufangeboten der Immobilienwirtschaft das für sie beste auszuwählen. (Und oft sind es nicht die guten Gewinnerwartungen, die zur Auswahl eines bestimmten Standortes führen, sondern nur die Absicht, konkurrierende Unternehmen aus der Gegend fernzuhalten). Der Bodenmarkt und dessen Akteure sind also wichtig und unterschätzt. Aber das ist eigentlich nur eine Bemerkung am Rande, die später, im empirischen Teil noch ausgeführt werden wird. Worauf es hier unter der Überschrift „Internationalisierung und Konvergenz" ankommt ist die Tatsache, daß die immer bedeutender werdende Gruppe der Immobilieninvestoren, -developer, -makler und -verwalter eine vergleichsweise stark internationalisierte und international denkende ist, was ihr Erscheinen auf der „Szene" zu einem potentiell konvergenzfördernden Trend macht.

Bei der Finanzierung, dem Bau und dem Betrieb von Shopping-Centern ist, wie bei anderen großen Gewerbeimmobilien, tatsächlich ein europäischer Binnenmarkt entstanden (vgl. REYNOLDS 1992). Immobilien- und Pensionsfonds, Versicherungsgesellschaften und Banken suchen europaweit nach der besten Verzinsung für ihr Kapital und investieren grenzüberschreitend auch in Shopping-Center. Erheblich begünstigt wird dies

---

[52] Ein unglücklicher Ausdruck, denn auch ein Wohnhaus, in das erst 50 Jahre nach dem Bau ein Laden einzieht, war natürlich einmal geplant. Im Englischen gibt es für das, was eigentlich gemeint ist, den äußerst hilfreichen aber unübersetzbaren Ausdruck „purpose-built".

durch die inzwischen real gegebene Freiheit des Kapitalverkehrs in der EU, die zwar seit den 50er Jahren auf dem Papier steht, aber erst seit Mitte der 80er Jahre funktioniert.

Spezialisierte Developer-Gesellschaften mit professionalisierter Marktforschung und weitreichenden internationalen Verbindungen suchen europaweit nach geeigneten Standorten für Shopping-Center und international tätige Handelshäuser schaffen sich eigene Center in ihren Expansionsländern, so zum Beispiel der französische Konzern *Auchan*, der seine SB-Warenhäuser in Italien fast ausschließlich in eigenen Shopping-Centern betreibt, die also gleich „mit" exportiert werden. In jedem europäischen Land stehen heute „ausländische" Shopping-Center. Die größte deutsche Mall, das *Centro* in Oberhausen, ist „eigentlich" eine britische, denn Finanzierung, Entwurf, Bau, Eigentum und Betrieb lagen bzw. liegen komplett bei britischen Gesellschaften. Umgekehrt haben die größeren „players" des europäischen Immobilienmarktes in der Regel immer auch „ausländische" Gebäude in ihrem Portfolio (vgl. exemplarisch Tab. 8).

Tab. 8: Das europäische Shopping-Center-Portfolio der *Hammerson*-Gruppe im Jahr 1998

Land	Name des Centers	Stadt	GLA[53] (m²)
Vereinigtes Königreich	Brent Cross	London	78000
	Bull Ring Centre	Birmingham	74700
	West Quay	Southhampton	70600
	The Oracle	Reading	65000
	Liberty Shopping Centre	Romford	36400
	Queensmere Shopping Centre	Slough	36000
	Fresney Place	Grimsby	33900
	Merseyway Centre	Stockport	31600
	Wolsey Place	Woking	31400
Frankreich	Italie 2	Paris	56000
	Place des Halles	Straßburg	36300
	Espace Saint Quentin	Saint Quentin-en-Yvelines	19100
	Les 3 Fontaines	Cergy Pontoise	18700
	Shopping Etrembières	Etrembières	8600
Deutschland	Märkisches Zentrum	Berlin	58500
	City Center	Essen	28700
	Saar-Galerie	Saarbrücken	20900
	Luisen-Center	Darmstadt	15500
	B5	Berlin	12000

Quelle: Hammerson plc (1999-a); bearbeitet und neu zusammengestellt

---

[53] GLA = gross lettable area: Vermietbare Fläche insgesamt. Umfaßt nicht-einzelhändlerische Nutzungen (Gastronomie, andere personenbezogene Dienstleistungen) und die „Begleitflächen" des Einzelhandels (Büro- und Lagerräume).

Es ist wahrscheinlich, daß die relativ große, rasch wachsende „Internationalität" der Akteure im Bereich der Einzelhandelsimmobilien konvergenzfördernd wirkt, und zwar auf drei verschiedenen Ebenen: Erstens dürfte die weiter oben beschriebene universelle Verbreitung der Idee des Shopping-Centers in Europa bereits zum Teil ein Resultat der Aktivitäten von international ausgerichteten „big players" der Branche sein, die mit ihrer Kapitalkraft und ihrem Know-How in der Lage waren, insbesondere die Chancen in Südeuropa zu erkennen und zu nutzen, nachdem in Mittel- und Nordeuropa eine gewisse Marktsättigung eingetreten war und die Planungsinstanzen bei der Erteilung von Genehmigungen eine durchweg restriktive Haltung eingenommen hatten (vgl. CIG / OXIRM 1994). (Es ist andererseits natürlich so, daß die universelle Verbreitung bzw. Akzeptanz der Idee des Shopping-Centers wiederum die Entstehung von internationalen „big players" befördert hat. Wie so oft hat es auch hier wenig Sinn, nach unidirektionalen Kausalbeziehungen zu suchen; man wird sich leichter tun und der schmutzigen Realität besser gerecht werden, wenn man solche Zusammenhänge als permanent reperkussiv begreift).

Zweitens: Konvergenz könnte von den Aktivitäten der „big players" auch deswegen befördert werden, weil man annehmen darf, daß sie nicht nur die Idee des Shopping-Centers überall verbreiten, sondern möglicherweise sogar überall die gleiche Idee des Shopping-Centers. Obwohl man sicherlich bei Shopping-Centern niemals nennenswerte „economies of scale" erzielen kann, wird bei den großen Developer-Konzernen doch die Tendenz bestehen, immer wieder mit den gleichen Architekten zusammenzuarbeiten, auf bewährte Raumaufteilungen zu setzen und Branchenmischungen zusammenzustellen, die bisher „immer funktioniert" haben.

Das heißt: Möglicherweise wird nach überall hin ein in architektonisch-funktionaler Hinsicht standardisiertes „Paket" verkauft, so daß im Ergebnis eine noch größere Homogenisierung eintritt als die, die sich unvermeidlich schon durch die prinzipielle Unörtlichkeit (vgl. S. 83) von Shopping-Centern ergibt. Um es noch einmal anders zu sagen: Der Gedanke scheint plausibel, daß Shopping-Center in Architektur, Raumaufteilung, Branchenmix usw. verschiedener sein würden und mehr auf die jeweilige Lokalität „eingingen", wenn sie von lokalen oder regionalen Unternehmen gebaut würden, wie das in der Frühphase des europäischen Shopping-Centers öfter als heute der Fall gewesen zu sein scheint. (Das erste, heutige *Bull Ring Centre* in Birmingham wurde Anfang der 60er von einem ortsansässigen Bauunternehmen ohne jede Erfahrung in dem Geschäft „entwickelt". Das neue, kommende *Bull Ring Centre*, wie berichtet, von einem Konsortium aus international aktiven „big players" – unter anderem eben der *Hammerson*-Gruppe, deren Portfolio in Tab. 8 zur Ansicht gegeben wurde).

Drittens, dies vielleicht der interessanteste Punkt, ist die Internationalisierung in der Immobilienwirtschaft ein potentiell konvergenzfördernder Faktor, weil sie die Internationalisierung der Einzelhandelsunternehmungen wahrscheinlich befördert. Es ist klar: Developer, die ja die Liste ihrer Wunschmieter lange vor Baubeginn abtelefonieren, um das Grundgerüst des angestrebten Geschäftsbesatzes rechtzeitig stehen zu haben, werden vermutlich zuerst auf die Unternehmen zurückgreifen, mit denen gute Erfahrungen vorliegen – sowohl, was deren „performance" als auch deren Geschäftsgebaren angeht. Und je internationaler der Developer bzw. sein Center-Management, desto größer ist die

Wahrscheinlichkeit, daß eben auch Erfahrungen mit ausländischen Einzelhandelsunternehmen vorliegen, die so auf die Liste kommen und entsprechende Angebote erhalten – zumal, so könnte man sich denken, einem internationalen Center-Management, obwohl es vor Ort ist, lokale Einzelhändler eventuell fremder bleiben als internationale Unternehmen, mit denen man auf anderer räumlicher Ebene eng vernetzt ist.

Aber die Sache geht noch weiter: Treffen internationale Developer und internationale Einzelhandelsunternehmen zusammen, so sind allerlei konvergenzfördernde Absprachen denkbar. Auf nationaler Ebene soll es solche Absprachen jedenfalls immer wieder geben. Sie haben in etwa folgenden Charakter: Dem Developer fehlen für ein neues, möglicherweise riskantes Projekt noch einige „household names" im Center. Also werden entsprechende Unternehmen um ihre Zusage gebeten. Sollten die Unternehmen diese Zusage nicht geben, so wird ihnen mit der baldigen Kündigung der Mietverträge an allen anderen Standorten gedroht. Was herauskommt, läßt sich denken. Umgekehrt geht es genauso: Das mächtige Handelsunternehmen, besonders das, dessen Filialen als „Anker" von Malls dienen können, droht mit der Aufgabe von Filialen in schwächeren Centern, wenn es bei neuen Centern nicht ausgewählt wird. Was früher hieß: „Gibst Du mir nicht Karlsruhe, dann verlasse ich Lübeck", heißt heute möglicherweise: „Gibst Du mir nicht Barcelona, bleibe ich nicht in Leeds!". Kein Wissenschaftler kann wissen, welche Bedeutung solche Absprachen in der Praxis wirklich haben, aber es gibt sie wohl, und wo es sie gibt, müssen sie nach aller Logik äußerst konvergenzfördernd wirken.

Daß die Internationalität der Developer die Internationalisierung der Einzelhandelsunternehmen befördert, läßt sich übrigens nicht nur damit begründen, daß diese Developer vermutlich gerne mit internationalen Einzelhandelsunternehmen kooperieren, sondern sicher auch so, daß Einzelhandelsunternehmen leichter eine Filiale im Ausland eröffnen, wenn sie es dort nicht mit einem unbekannten „local hero" zu tun haben, der vielleicht noch die obskuren, kulturell verwurzelten Geschäftsriten seiner Nation pflegt (vgl. z. B. Tab. 9), sondern mit einem „big player" der Branche, dessen Vertragswerke von pan-europäischen Kanzleien in London oder Mailand ausgearbeitet werden.

Tab. 9: Zahlungsgepflogenheiten im Handelsverkehr ausgewählter EU-Staaten

	Land (Gerichtsstand)	Durchschnittliche vereinbarte Zahlungsfrist	Durchschnittliche Überziehung	Durchschnittliche reale Zahlungsperiode
		Tage		
Schnellste Zahler	Finnland	19	10	29
	Schweden	25	7	32
	Dänemark	27	7	34
	Deutschland	23	11	34
Langsamste Zahler	Spanien	68	6	74
	Italien	65	22	87
	Portugal	50	41	91
	Griechenland	75	19	94

Quelle: Europäische Kommission (1997-b: 8), bearbeitet und gekürzt

Daß Shopping-Center in all ihrer „Unörtlichkeit" ohnehin schon einen Schutzraum gegen die Unwägbarkeiten des Lokalen (von der Kultur bis zum Wetter) darstellen und deshalb für ausländische Unternehmen potentiell interessanter sind als gewachsene Standorte, versteht sich von selbst. Durch die internationalen Developer wird der Schutzraum einfach nur noch ein wenig „keimärmer".

4 Internationalisierung im Einzelhandel

4.1 Begriffe – Datenlage – Basiswissen

Man weiß erstaunlich wenig über die Internationalisierung im Einzelhandel, obwohl sehr viel darüber geschrieben wird. Nur in einem ist man sich einig: Internationalisierung ist das richtige Wort; Globalisierung träfe die Sache nicht – jedenfalls dann nicht, wenn man mit Internationalisierung nur die Internationalisierung im engeren Sinne meint, also die Internationalisierung der Einzelhandelsunternehmen, die durch den

- Aufbau eigener Filialen in einem anderen Land (= Direktaufbau) oder
- durch die Beteiligung am Kapital von bestehenden ausländischen Unternehmen (= Akquisition / Fusion) oder
- durch Gründung von Tochterunternehmen im Ausland mit einem gleichberechtigten ausländischen Partner (= Joint-Venture) oder aber
- durch Vergabe von Konzessionen an ausländische Konzessionäre (= Franchising)

dazu führt, daß ein Unternehmen Umsätze außerhalb seines Stammlandes erwirtschaftet (vgl. GEORGE / DILLER 1993; ähnlich auch TÄGER 1999, STERNQUIST 1998).

Es gibt kein Komitee, das festlegt, ab wann man ein Unternehmen (oder eine ganze Branche) als „global" oder „in Globalisierung befindlich" bezeichnen darf, aber es ist anzunehmen, daß die folgende, relativ großzügige Arbeitsdefinition, die ich hier der Einfachheit halber ohne größere Begründungen in den Raum stellen möchte, von vielen Fachleuten akzeptiert werden könnte: Ein Unternehmen ist dann global, wenn es auf mindestens drei Kontinenten *operative*[54] Geschäfte betreibt und die operativen Geschäfte auf jedem dieser Kontinente für sich genommen substantielle Beiträge zum Umsatz und / oder zum Betriebsergebnis leisten. Betrachtet man die gegenwärtige Unter-

---

[54] Es ist vergleichsweise selten, aber es kommt auch im Einzelhandel vor, daß die Beteiligung eines Unternehmens am Kapital eines anderen, ausländischen Unternehmens den Charakter einer reinen Finanzinvestition hat. (Man kauft ein profitables Unternehmen, greift aber nicht in dessen Geschäfte ein). Eine solche Strategie verfolgt der belgische Lebensmittelkonzern *Delhaize-Le Lion*, der mehr als zwei Drittel seines Umsatzes in Übersee „erwirtschaftet", bei fast allen seiner Auslandsinvestitionen. Deshalb taucht er weiter unten auch nicht als „globales" Unternehmen auf. Es ist sinnvoll, diese Art der Internationalisierung aus der Betrachtung auszuklammern, denn sonst müßte man nach aller Logik auch die Beteiligungen von Banken, Versicherungen etc. an ausländischen Einzelhandelsunternehmen behandeln. Außerdem geht es in dieser Arbeit ja um den Zusammenhang von Internationalisierung und Konvergenz. Diese Frage stellt sich bei reinen Finanzinvestitionen nicht, weil ja an der Arbeitsweise des investitionsempfangenden Unternehmens nichts verändert wird. Ehrlicherweise muß man jedoch sagen, daß die Grenzen zwischen operativer Investition und Portfolio-Investition fließend sind, so daß eine eindeutige Zuordnung für Außenstehende nicht immer möglich ist.

nehmenslandschaft mit dieser Definition als grober Leitlinie, so wird man zu dem Ergebnis kommen, daß es derzeit vielleicht ein gutes Dutzend Handelshäuser gibt, die man mit einigem Recht als global bezeichnen könnte. Anders als man zunächst vielleicht glauben möchte, sind es nicht die bekannten, von der absoluten Höhe ihres Umsatzes her als „big player" zu bezeichnenden Unternehmen des Lebensmitteleinzelhandels, die in diese Kategorie der (schon) globalen Unternehmen fallen, sondern es sind die vergleichsweise „kleinen" Non-Food-Spezialisten wie *Benetton, Stefanel, Mango* (alle Bekleidung), *The Body Shop* (Körperpflege), *Tiffany* (Schmuck) und die zwei etwas größeren Spezialisten *Toys 'R Us* (ca. Platz 50 der Umsatz-Weltrangliste) und *Ikea* (um Platz 90). Es gibt nur eine Ausnahme unter den „big players" des Lebensmittelhandels: Die niederländische *Ahold* (ca. an 20. Stelle der Umsatz-Weltrangliste) hat ein – im Sinne der oben gegebene Definition – globales Netz an Lebensmittel-Verkaufsstellen aufgebaut, das siebzehn Länder auf vier Kontinenten umspannt. Allerdings entfallen auch bei *Ahold* noch etwa 90% des Umsatzes auf zwei Kontinente, Europa und Nordamerika (vgl. Koninklijke Ahold 1999).

Auch wenn man der Tatsache Rechnung trägt, daß das Wort Globalisierung ja eigentlich einen Prozeß bezeichnet und keinen Zustand, wenn man also mehr nach den Entwicklungszielen der Unternehmen als nach dem gegenwärtig Erreichten schaut, sieht es, was die „big players" angeht, kaum anders aus: GREIPL, der als Insider (Vorstandsmitglied der *Metro* AG) über großes Faktenwissen und Einsicht in die Strategien der Konkurrenz verfügt (aber natürlich auch bestimmte Interessen verfolgt[55]), analysiert in zwei einander ähnlichen Beiträgen (GREIPL 1999 sowie GREIPL / MÜLLER / GELBRICH 1999) die „globalen" Ambitionen der 20 umsatzstärksten Einzelhandelsunternehmen der Welt und stellt zunächst einmal fest, daß es eine wirklich „globale" Strategie nicht gibt. Wenn überhaupt, geht es um eine Triade-Strategie, also die Präsenz in den drei Kernräumen der Weltwirtschaft. Und auch im Hinblick auf diese Triade-Strategie „(...) fällt der Befund weitgehend negativ aus" (GREIPL / MÜLLER / GELBRICH 1999: 102). Neben *Ahold* scheint es überhaupt nur vier Unternehmen zu geben, die mit einer gewissen Konsequenz an einer Globalstrategie arbeiten (*Wal-Mart* und *Costco* aus den USA sowie *Auchan* und *Carrefour* aus Frankreich). Aber der Weg, den diese Unternehmen zurückzulegen haben, ist laut GREIPL noch weit, und er führt, was in der öffentlichen Diskussion oft übersehen wird, auch für diese „Riesen" natürlich über die Serpentinen der Marktwirtschaft; man muß also erst sehen, was von den Strategien übrig bleibt.

---

[55] Die Feststellung es gäbe keine Globalisierung im Handel, die ich teile, liegt GREIPL wohl unter anderem deswegen so am Herzen, weil damit auch ausgesagt wird, daß es keine globale *Konzentration* im Handel gibt. Bekanntermaßen schätzen es die großen Handelsunternehmen (wie die *Metro* AG) nicht, wenn nur der leiseste Verdacht auftaucht, sie könnten zu mächtig sein oder werden. Da die große Macht solcher Konzerne (vor allem über die Hersteller) auf nationaler Ebene kaum noch zu übersehen ist, sollen nun möglicherweise schon einmal prophylaktisch Bedenken ausgeräumt werden, daß sich diese Entwicklung auf supranationaler Ebene wiederholen könnte. Wenn man liest, die *Metro* AG habe nur einen Weltmarktanteil von 0,82% (!) (GREIPL / MÜLLER / GELBRICH 1999: 98), so ist erstens die Zahl hanebüchen (Wie berechnet man den Einzelhandelsumsatz von Uganda oder Nordkorea?) und zweitens die propagandistische Absicht nicht zu übersehen.

Da es ohne globale oder sich globalisierende Unternehmen (in nennenswerter Zahl) keine Globalisierung der Branche geben kann, darf man den Befund in der Tat so kurz halten wie ALEXANDER (1997: 93) es tut: „(...) for the moment, global retailing in the structural sense has not truly arrived". Und, das hinzugefügt, man kann keineswegs sicher sein, daß es überhaupt jemals so weit kommt.

Also – Internationalisierung statt Globalisierung. Der Begriff Internationalisierung hat sich in einer Art stillschweigender Übereinkunft über alle mit dem Thema befaßten Disziplinen und auch über alle Sprachräume hinweg durchgesetzt. Das ist zu begrüßen, weil damit die begriffliche Distanz zu wirklich globalen Branchen (Automobil, Textil, Maschinenbau etc.) gewahrt wird, in der die Verhältnisse in fast jeder Hinsicht anders liegen. Ein kleiner Nachteil des Begriffes ist vielleicht, daß er etwas zu allgemein ist, weil er ja nur angibt, daß Grenzen überschritten werden, aber dabei keine Aussage zum dominierenden räumlichen Trend bei der Grenzüberschreitung macht. Ein solcher Trend läßt sich jedoch in der Realität ziemlich deutlich erkennen: Die Internationalisierung verläuft sehr stark *innerhalb* der drei Kernweltwirtschaftsräume. Man spräche daher, wenn die Begriffe nicht so sperrig wären, am besten von drei Trends, nämlich von Europäisierung (vgl. SCHRÖDER 1997), Amerikanisierung und „Südostasiatisierung".

Zusammenfassen könnte man die drei Trends zum übergeordneten Trend der Makro-Regionalisierung (vgl. ALEXANDER 1997: 92-93), wobei zu bedenken ist, daß sich die europäische Variante dieser Makro-Regionalisierung in einem ganz wesentlichen Punkt von der amerikanischen und der asiatischen unterscheidet: Wie später im Detail zu sehen sein wird, hat die Europäisierung nicht den Charakter einer „Kolonialisierung". Es gibt keine „Hegemonialmacht", die alle anderen europäischen Staaten mit ihren Einzelhandelsunternehmen überziehen würde. Statt dessen zeigt sich ein buntes, wenn auch nicht völlig „chaotisches" Bild des Austausches und ein allgemeines „europäischer Werden" des Marktes. In Amerika und insbesondere Asien ist das anders: Hier exportieren fast ausschließlich die USA und Japan ihre Einzelhandelsunternehmen in andere Staaten ihres Weltwirtschaftsraumes. Bewegungen in die andere Richtung sind quantitativ zu vernachlässigen.

Bei aller Deutlichkeit des Trends zur Makro-Regionalisierung sollte man sich allerdings immer wieder vor Augen führen, daß es sich hier um eine Beobachtung auf der Aggregatebene handelt, die – eigentlich selbstverständlich – keinen Schluß auf das Verhalten jedes einzelnen Unternehmens zuläßt. Stellen wir also „Europäisierung" fest, so bedeutet das nur, daß vergleichsweise viele europäische Unternehmen gerade dabei sind, ihre Aktivitäten in das europäische Ausland auszudehnen (und verhältnismäßig viele von ihnen entscheiden, es auch bei der Ausdehnung im europäischen Raum zu belassen). Es bedeutet nicht, daß jedes Unternehmen es so hält. Nein, es gibt europäische Unternehmen, die (nur) in Asien expandieren (z. B. *Carrefour*). Es gibt US-amerikanische Unternehmen, die sich gerade über Europa hermachen (z. B. *Wal-Mart*), es gibt europäische Unternehmen, die sich gerade wieder aus anderen europäischen Staaten zurückziehen (z. B. *Tesco*) und – allem voran – es gibt Millionen von europäischen Einzelhandelsunternehmen, die gar nicht daran denken, ins Ausland zu gehen.

Das ständige Bewußtsein darüber, ob man gerade auf der Individualebene oder auf der Aggregatebene denkt und analysiert, ist bei der Behandlung des Thema Internatio-

nalisierung im Einzelhandel deswegen so besonders wichtig, weil das Aggregat so un-
überschaubar groß und divers ist: Es gibt in Europa weniger als zehn selbständige Au-
tomobilhersteller, aber fast 3,3 Mio. Einzelhandelsunternehmen! (Vgl. Europäische
Kommission 1997-a: 14). Und selbst, wenn man die Betrachtung auf die Unternehmen
reduziert, die tatsächlich international aktiv sind, bleiben – frei geschätzt – noch einige
hundert, vielleicht tausend übrig, deren Jahresumsätze zwischen wenigen Millionen auf
der einen Seite und einigen Dutzend Milliarden auf der anderen Seite liegen, die aus
Verkaufsstellen zwischen 25 m^2 und 25000 m^2 mit Produkten vom Weißbrot[56] auf der
einen, bis zum Taucheranzug auf der anderen Seite handeln. Es ist klar, daß bei einer
solch großen Zahl solch verschiedener individueller Handlungsträger die „Streuung" der
Verhaltensweisen sehr groß ist, Trends damit weniger ausgeprägt und Abweichungen
vom Trend stärker als in so überschaubaren Branchen wie eben der Automobilindustrie
sind (die freilich das Extrembeispiel auf der anderen Seite des Spektrums ist und sich –
so mein Eindruck – gerade wegen ihrer Überschaubarkeit so großer wissenschaftlicher
Beliebtheit erfreut).

Die Kleinteiligkeit und Vielfältigkeit der gesamten Branche Einzelhandel oder auch
nur ihres international aktiven Teils wöge nicht ganz so schwer, wenn es massenstatisti-
sche Daten zum Phänomen der Internationalisierung gäbe, die man in Ruhe zu Hause
studieren und statistischen Analysen unterziehen könnte. Solche Daten gibt es aber nur
in höchst fragmentarischer bzw. qualitativ zweifelhafter Form, was aus bestimmten
Gründen (vgl. S. 94) beinahe schlimmer ist, als wenn es solche Daten überhaupt nicht
gäbe. Für den einschlägig Forschenden hat diese Situation zunächst einmal die Konsequenz, daß er einen viel größeren Teil seiner Zeit als Kollegen mit anderen Schwer-
punkten darauf verwenden muß, quantitative Information „zu ergattern".

Die quantitativen Informationen, die man „ergattern" kann, liegen fast alle auf der
Individualebene, das heißt im Bereich der Internationalisierungstätigkeit von einzelnen
Unternehmen. Sie stammen aus zahlreichen verschiedenen Quellen wie den Wirt-
schaftsteilen europäischer Tageszeitungen, Pressemitteilungen der Unternehmen, „Bran-
chenreports" von Unternehmensberatungen in den diversen Ländern, „Annual Reports",
Prospekten und Expertengesprächen. Selbst Auslandsaufenthalte, ob beruflich oder privat, dienen der Vervollständigung und Aktualisierung des stets schnell veraltenden Wissens: Daß zum Beispiel der *MediaMarkt* unter dem Namen *MediaWorld* seine Aktivitäten nach Italien ausgedehnt hatte – vgl. Abb. 14 –, wurde mir trotz regelmäßiger Lektüre
des *Metro*-Jahresberichtes erst in dem Moment bewußt, als ich in Mailand in eine Straßenbahn stieg, deren Aufdruck für den Besuch der neuen Märkte in Mailands Suburbia
warb.

Ich beschreibe diese besondere Art der Forschung hier nicht in erster Linie deswegen, weil ich den Aufwand demonstrieren möchte, der damit verbunden ist, sondern

---

[56] Der Einzelhandel mit Backwaren erlebt derzeit nicht nur eine enorme Konzentration, sondern auch erste
Internationalisierungsaktivitäten: Die bayerische Großbäckerei *Müller* unterhält ein großes Filialnetz in
Österreich, die nordrhein-westfälische *Kamps* AG betreibt einige hundert Filialen in den Niederlanden.

weil ich glaube, daß die Forschungsergebnisse, die es zum Thema schon gibt, deutlich von dieser erzwungenen Methode der Informationsbeschaffung ge(kenn)zeichnet sind, was von den Insidern selten thematisiert und von den Outsidern oft wohl gar nicht bemerkt wird, wodurch sich – weitgehend unbemerkt – ein leicht verzerrtes Bild von der Internationalisierung im Einzelhandel verbreitet hat.

Es muß dem Publikum angesichts der Vielzahl und Verschiedenartigkeit individueller Handlungsträger bei fast völliger Abwesenheit von zusammenfassenden Statistiken klar sein, wie viel Imagination bzw. „Hochrechnung" in ausnahmslos allen Erzählungen von Internationalisierung im Einzelhandel enthalten ist. Meines Wissens gibt es zum Beispiel keine Aggregat-Daten, mit denen sich die oben erwähnten Trends der Amerikanisierung und „Südostasiatisierung" im Einzelhandel überzeugend beweisen ließen. Entsprechende Aussagen basieren allein auf dem „Gefühl" und den „Hochrechnungen" mehr oder minder erfahrener Forscher, die ihre Schätzungen sicher nach bestem Wissen anstellen, aber deren Zugang zu Information eben sehr selektiv ist.

Im Falle der Europäisierung ist die Datenlage ein wenig besser, aber im Grunde sind meine eigenen Darstellungen, die hier zur Europäisierung folgen, in vielen Fällen nur das Ergebnis der Interpretation eines endlosen Stromes von winzigen Informationspartikeln, die sich mit der Zeit zu – hoffentlich – richtigen „Eindrücken" von bestimmten Sachverhalten zusammengefügt haben. (Diese Arbeitsweise ist auch der Grund dafür, daß hier seltener als üblich Quellenangaben gemacht werden).

Schwerwiegender als die Tatsache, daß Informationen auf der Individualebene nur in relativ geringer Menge zur Verfügung stehen und der Zugang zu ihnen von vielen Zufällen abhängt, ist die Tatsache, daß eine extreme systematische Verzerrung bei ihrer Verfügbarkeit besteht. Denn welche Unternehmensdaten sind am leichtesten verfügbar? Es sind die der nach absoluten Umsatzgrößen bedeutendsten Unternehmen, die in allen einschlägigen Ranglisten auftauchen, für die sich die Wirtschaftsredakteure der Tagespresse interessieren, die regelmäßig Geschäftsberichte veröffentlichen und Abteilungen für „investor relations" unterhalten. Es sind die Unternehmen, deren Akquisitionsvorhaben auf internationaler Ebene mit entsprechender öffentlicher Aufmerksamkeit vor dem Europäischen Kartellamt verhandelt werden und auf die sich die Research-Abteilungen der Unternehmensberatungen und Banken stürzen. Für solche Unternehmen gibt es Daten, auch was ihre Internationalisierung angeht, und diese Daten werden von der Wissenschaft gerne aufgegriffen; Tabellen mit den größten Unternehmen der Welt oder Europas[57] und ihren Internationalisierungsaktivitäten sind ein Standard-Bestandteil vieler Arbeiten, die sich hauptsächlich oder am Rande mit Internationalisierung beschäftigen

---

[57] Wenn man sich länger mit derartigen Ranglisten beschäftigt, wird man erstaunt feststellen, daß zum gleichen Sachverhalt im gleichen Bezugsjahr niemals zwei Autoren die gleiche Liste mit den gleichen Umsatzangaben erstellen werden – selbst, wenn sie sich auf die gleichen Quellen berufen! Auch bei großen, sehr transparenten Aktiengesellschaften ist die Datenlage also keineswegs klar: Ist die Mehrwertsteuer im Umsatz enthalten? Wie zählen Umsätze von Tochterunternehmen, an denen nur eine Minderheitsbeteiligung gehalten wird? Wie gehen die Umsätze des konzerneigenen Großhandels in die Umsatzzahlen ein? Es ist also Vorsicht geboten bei der Interpretation solcher Übersichten.

(vgl. GREIPL 1999, GREIPL / MÜLLER / GELBRICH 1999: 98-99, STERNQUIST 1998: 44-59, PÜTZ 1998: 27, TÄGER 1999, TORDJMAN 1994, SCHRÖDER 1997: 512). Oft ist das aus der Not geboren, so auch hier, am Anfang des Kapitels, als die Tatsache, daß es keine Globalisierung im Handel gibt, anhand der Geschicke der 20 größten Einzelhandelsunternehmen der Welt „bewiesen" wurde, weil es für sie einigermaßen aktuelle und gut aufbereitete Daten gibt.

Aber, wie schon gesagt: Solche „Stichproben" sind hochgradig verzerrt und gegen alle Regeln der Kunst zusammengestellt. Die Verzerrung im Hinblick auf die Unternehmensgröße (in Umsatzkategorien) ist offenkundig: Wer die größten Unternehmen für die Stichprobe auswählt, wird nur sehr große Unternehmen in der Stichprobe haben. Diese Verzerrung geht aber mit einer weiteren, oft übersehenen Verzerrung einher: Sowohl in weltweiter als auch in europäischer Betrachtung sind die umsatzstärksten Unternehmen des Einzelhandels zu einem ganz überwiegenden Prozentsatz Unternehmen des Lebensmitteleinzelhandels oder Mischkonzerne, die um einen Lebensmittelkern herum gruppiert sind. (In Europa sind die beiden Listen für die größten zehn Unternehmen überhaupt und die größten zehn Unternehmen des Lebensmittelhandels trotz zahlreicher Fusionen, Übernahmen und „Umstrukturierungen" seit Jahren immer identisch; vgl. a. Tab. 10).

Nun ist aber die Lebensmittelbranche nur eine von vielen Branchen; und dazu noch eine mit zahlreichen Eigenarten, die alle starken Einfluß auf das Internationalisierungsverhalten haben. Zum Beispiel: hoher Konzentrationsgrad, hoher Flächenbedarf, überaus starke Bedeutung der Logistik, sehr niedrige Margen, Zusammenarbeit mit einem ebenfalls hoch konzentrierten, stark internationalisierten Teil der Konsumgüterindustrie, geringe Ansprüche an die Qualifikation der Beschäftigten usw. In vielerlei Hinsicht ist die Lebensmittelbranche eine extreme Branche und kann deshalb niemals repräsentativ sein. Aber dieser Eindruck wird eben wieder und wieder erweckt, wenn das Thema „Internationalisierung im Einzelhandel" ausschließlich anhand der „big players" des Einzelhandels abgehandelt wird. Das Resultat sind nicht nur offenkundige „Überschätzungen" der quantitativen Bedeutung der Internationalisierung – sie wären noch zu verschmerzen, weil man sie leicht bemerkt –, sondern auch Verzerrungen in den Beschreibungen der räumlichen Muster und räumlichen Wirkungen des Internationalisierungsprozesses. Welche das sind, wird man noch sehen.

Ich möchte hier aus der Not eine Tugend machen und die Extremität der Lebensmittelbranche dazu benutzen, um an ihr einen der beiden Pole eines von mir konzipierten „Internationalisierungskontinuums" zu illustrieren. Dieses Internationalisierungskontinuum reicht von der „osmotischen Internationalisierung" einerseits bis zur „diffusen Internationalisierung" auf der anderen Seite (vgl. Abb. 11). Die entscheidenden Merkmale der beiden Pole, die auch die Namensgebung induziert haben, sind folgende: Osmotische Internationalisierung erfolgt im wesentlichen, um ein bestehendes Modernitätsgefälle oder andere strukturelle Defizite zwischen den Einzelhandelsmärkten zweier Staaten auszunutzen, wobei durch die Internationalisierung unweigerlich ein Teil des Gefälles ausgeglichen wird. Die „Fließrichtung" der osmotischen Internationalisierung ist, wie der Name schon sagt, immer eindeutig zu erkennen: Vom Modernen zum Traditionellen, in der Regel auch vom Mächtigen zum weniger Mächtigen. (Diese Art der

Internationalisierung wäre auf einer Europa-Karte mit einigen wenigen, sehr dicken Pfeilen darzustellen).

Bei der diffusen Internationalisierung ist das nicht so: Weder ist die Internationalisierung durch ein Modernitätsgefälle induziert, noch gibt es bei aggregierter Betrachtung größere Trends in der Frage, welche Staaten Einzelhandelsunternehmen in welche anderen Staaten „entsenden". (Diese Europa-Karte zeigte ein Gewirr dünner Pfeile).

Andere Merkmale, die in der Regel zu den genannten Hauptmerkmalen hinzukommen, sind in Abb. 11 zusammengestellt. Ich spare mir die Erläuterung der einzelnen Punkte in Form einer „Trockenübung", sondern möchte statt dessen in den beiden folgenden Abschnitten anhand von Beispielen die beiden Pole der Internationalisierungstätigkeit „porträtieren", wodurch sich Punkte von selbst erschließen sollten.

Abb. 11: Das Kontinuum von osmotischer Internationalisierung zu diffuser Internationalisierung

osmotische Internationalisierung	diffuse Internationalisierung
„harter Kapitalismus"	„weicher Kapitalismus"
Zeichen, Symobole unwichtig	Zeichen, Symbole wichtig
Makro-Standort (Region, Ballungsraum) relevant	Mikro-Standort (Straße) relevant
„groß frißt klein"	„flexibel frißt starr"
Einfluß des Planungsrechtes groß	Einfluß des Planungsrechtes klein
Fusionen, Übernahmen	Franchising, Direktaufbau
Nord-Süd-Gefälle	diffuse Fließrichtung
Suche nach: Marktlücke / Modernitätsgefälle	Suche nach: supranationaler Zielgruppe
Konzentration durch Internationalisierung	Keine Konzentration durch Internationalisierung
Quelle: eigener Entwurf	

Es sei noch einmal betont: Es handelt sich hier nicht um eine Klassifizierung in zwei Arten von Internationalisierungstätigkeit, sondern um das Aufspannen eines Kontinuums, auf dem sich jedes einzelne Unternehmen irgendwo einordnen lassen sollte – mal näher an dem einen, mal näher an dem anderen Pol. Jedes Unternehmen – nicht jede Branche! Die Branche ist nämlich in vielen Fällen ein viel zu grobes Aggregat.

Der Lebensmittelbereich aber, weil in ihm die Konzentration so weit fortgeschritten ist, kann als vergleichsweise homogen angesehen werden und dient hier anschließend in Gänze als Beispiel für den Pol der „osmotischen" Internationalisierung. Bei der „diffusen" Internationalisierung werde ich auf verschiedene Branchen und auf sehr verschiedene Unternehmen innerhalb einer Branche zurückgreifen.

Bevor ich aber zu den Porträts der beiden Pole komme, noch ein paar Anmerkungen zur Frage, was eigentlich den faktischen Anlaß dafür gibt, daß in den letzten zehn Jahren so viel über die Internationalisierung geschrieben wurde, und daß sie für so wichtig gehalten wird.

Eines kann man klar sagen: Es liegt nicht daran, daß Internationalisierung ein gänzlich neues Phänomen ist. Schon für die zweite Hälfte des 19. Jahrhunderts gibt es Zeugnisse von Internationalisierungsbewegungen: Der italienische Herrenschneider Nino Cerrutti etwa eröffnete bereits 1881 eine Filiale in Paris. (Bei *Cerrutti* hat man sich der

Symbolhaftigkeit (!) des Datums vor kurzem wieder erinnert: Alle Auslandsunternehmungen des Unternehmens laufen seit einigen Jahren unter dem Label „Cerrutti 1881", während man in Italien bei „Cerrutti" pur geblieben ist).

Um die Jahrhundertwende hatte sich die Internationalisierung dann bereits über den Luxus-Markt hinaus verbreitet und wurde auch in anderen Marktsegmenten, Branchen und Betriebsformen zum Bestandteil von Unternehmensstrategien[58]. Frank Woolworth, der Erfinder des Einheitspreis-Kaufhauses, exportierte seine Idee und sein Unternehmen aus den USA zuerst nach Kanada (1897), dann nach Großbritannien (1907) und schließlich auch nach Deutschland (1927). Hermann Tietz, der in Deutschland als erster die Mitte des Jahrhunderts in Frankreich erfundene Betriebsform des Warenhauses adaptiert hatte, exportierte diese Form weiter, indem er um die Jahrhundertwende Filialen in vier belgischen Städten (Antwerpen, Brüssel, Lüttich, Mechelen) eröffnete. Der Brite Thomas Lipton baute, von 1890 an, ein Filialnetz für den Einzelhandel mit Kaffee, Tee und Wein auf, das um die Jahrhundertwende Großbritannien, die USA, Frankreich, Deutschland und Australien umspannte, und C&A überschritt, aus den Niederlanden kommend, 1911 die deutsche Grenze. Auch Franchising wurde bereits in dieser Zeit als Mittel zur Erschließung ausländischer Märkte eingesetzt, vor allem von Konsumgüterherstellern. Bekannte Beispiele sind die Nähmaschinenproduzenten *Singer* und *Pfaff*, die Porzellanfabrik *Rosenthal* oder die *Salamander*-Schuhwerke.

Doch diese frühen Manöver blieben – jedenfalls außerhalb des Luxus-Marktes – Ausnahmen. Zu einem wirklich bedeutsamen Trend, von dem merklicher Einfluß auf die Entwicklung nationaler und lokaler Einzelhandelsstrukturen ausging, wurde die Internationalisierung nach allgemeiner Ansicht erst Ende der 60er, Anfang der 70er Jahre (vgl. DAWSON 1993, ALEXANDER 1997). In dieser Zeit erschien auch die erste größere wissenschaftliche Darstellung des Phänomens (HOLLANDER 1970), die bereits viele Ursachen, Formen und Wirkungen der Internationalisierung genau so beschrieb, wie man sie auch heute noch beschreibt.

An dem Sachverhalt selbst hat sich also nicht viel geändert, und deshalb ist auch darin nicht der Grund für die schwellende Flut an Publikationen in den letzten Jahren zu sehen. Nein, es ist die steigende, manche würden sagen explosionsartig steigende Intensität des Internationalisierungprozesses in den 80er und 90er Jahren, die so viel Interesse hervorgerufen hat.

Was Europa angeht, so wird diese steigende Intensität von fast allen Internationalisierungsforschern aus einer einzigen statistischen Quelle „abgelesen", deren wichtigste Botschaft in Abb. 12 visualisiert ist. Es ist die Untersuchung „Cross Border Retailing in Europe", die von der Unternehmensberatung CIG [Corporate Intelligence Group] 1991 fertiggestellt und 1994 noch einmal aktualisiert wurde. Sie stellt den einzigen Versuch dar, alle Internationalisierungsbewegungen im Einzelhandel, unabhängig von der Unter-

---

[58] Alle nachfolgenden Beispiele, die ich nach dem Kriterium gewählt habe, daß man die jeweiligen Unternehmen heute noch kennt, entstammen LINGENFELDER 1996: 26-29 und ALEXANDER 1998: 78-81. Dort auch ausführlichere analytische Darstellungen der Geschichte der Internationalisierung im Einzelhandel.

nehmensgröße und der Branche, nachträglich zu registrieren und auszuwerten. Die Studie reicht bis an den Anfang des Jahrhunderts zurück, räumlich hat sie Europa zum Zentrum und zwar in der Weise, daß alle Bewegungen aufgezeichnet wurden, die von europäischen Unternehmen ausgingen oder europäische Staaten zum Ziel hatten.

Abb. 12: Markteintritte ausländischer Handelsunternehmen in die nationalen Märkte Europas seit 1960

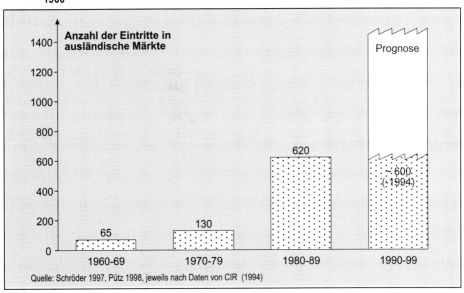

Quelle: Schröder 1997, Pütz 1998, jeweils nach Daten von CIR (1994)

Leider sind mit dieser Untersuchung ein paar Nachteile verbunden: Erstens ist sie, wie die Verfasser selbst einräumen, nicht vollständig. Insbesondere für das erste Drittel des Jahrhunderts fehlen viele Angaben, weil die betroffenen Unternehmen und ihre Firmenunterlagen nicht mehr existieren. Zweitens: Methodische Schwächen und „eigenwillige" Festlegungen sind so zahlreich, daß LINGENFELDER (1996: 43-44) zwei Seiten braucht, um sie aufzuzählen. Drittens: Die Studie ist wegen ihres Preises für Bibliotheken und Wissenschaftler quasi unzugänglich; viele, die darüber schreiben, haben sie nie lesen können. Viertens: Eine Unternehmensberatung, die zu einem guten Teil davon lebt, einzelhandelsbezogene Länderberichte u. ä. zu verkaufen, wird wahrscheinlich dazu neigen, die Bedeutung der Internationalisierung unter Zuhilfenahme kleiner methodischer Tricks und bedeutsam sich gebender Sprache zu übertreiben, um der Kundschaft zu suggerieren, sie müsse unbedingt internationaler denken und entsprechende Lektüre einkaufen, um nicht von der Konkurrenz abgehängt zu werden.

Also, mit der größten Skepsis und nur, weil es nichts Besseres gibt, die wichtigsten Ergebnisse: Von den rund 1500 Markteintritten ausländischer Unternehmen in die nationalen Märkte Europas, die man seit 1960 registriert hat, entfielen allein 600 auf die erste Hälfte der 90er Jahre. Die Gründe für diesen Boom liegen, dies jetzt meine Interpretation, im wesentlichen in zwei einschneidenden Veränderungen der politischen Rahmenbedingungen. Zum einen hat natürlich die Öffnung der Märkte Osteuropas seit

1989 innerhalb Europas eine ganz neue Zielregion für Expansionen ausländischer Einzelhandelsunternehmen entstehen lassen (die allerdings wegen der niedrigen Kaufkraft bis heute quantitativ nicht sehr bedeutend ist). Zum anderen ist seit der Vollendung des Europäischen Binnenmarktes am 1. Januar 1993 erstmals der wirklich „freie Verkehr von Waren, Personen, Dienstleistungen und Kapital" innerhalb der EU möglich geworden. Dies hat die Internationalisierung von Einzelhandelsaktivitäten innerhalb Europas eindeutig erleichtert und befördert (AKEHURST / ALEXANDER 1996). Der Binnenmarkteffekt scheint dabei schon mit einigen Jahren Vorlauf, nicht erst 1993, wirksam geworden zu sein. Seit der Einheitlichen Europäischen Akte von 1986 stand der endgültige Termin für die „Verwirklichung" des Binnenmarktes ja bereits fest. Offenbar wollten sich viele Unternehmen die besten Plätze sichern, bevor das Rennen offiziell eröffnet wird. Der Begriff „die besten Plätze" ist dabei in vielen Fällen wörtlich zu nehmen – für Unternehmen, die großflächigen Einzelhandel betreiben, war oft der Wettbewerb um Standorte die Motivation für das frühe Loslaufen (vgl. PELLEGRINI 1996: 22).

Betrachtet man die Herkunft der Unternehmen, die seit 1960 neu in die nationalen Märkte Europas eingetreten sind, so stellt man fest, daß sie in mehr als 75% der Fälle ihren Stammsitz in den heutigen EU-Staaten hatten (vgl. CIR 1994). In den Boom-Jahren zu Anfang der 90er Jahre lag dieser Anteil sogar bei rund 85% (vgl. KNEE 1994). Genau diese Zahlen sind es, die so etwas wie einen massenstatistischen Beweis für die These von der Europäisierung liefern, die am Anfang des Kapitels aufgestellt wurde (vgl. S. 91).

Internationalisierung gibt es, nach der Studie, in nahezu allen Branchen (vgl. KNEE 1994). Gemessen an der Zahl der Auslandsexpansionen dominiert eindeutig die Bekleidungsbranche, gemessen an der Menge des bewegten Kapitals, dies sollte man hinzufügen[59], ist es jedoch vermutlich – mit weitem Abstand – die Lebensmittelbranche.

4.2 Osmotische Internationalisierung: das Beispiel des europäischen Lebensmitteleinzelhandels

Grundlage der Europäisierung des Lebensmittelhandels sind die in den nördlichen EU-Staaten seit rund drei Jahrzehnten andauernden, vielfach beschriebenen (z. B. Europäische Kommission 1996) Konzentrationsprozesse im Einzelhandel, die zunächst auf nationaler Ebene wirkten und bei der erst Unternehmen mit jener „kritischen Masse" an Kapital und Know-How entstanden sind, die notwendig ist, um in größerem Stil in ausländische Märkte eintreten zu können (vgl. SALMON / TORJDMAN 1989). Durch die

---

[59] Der monetäre Umfang der verschiedenen Auslandsexpansionen wurde in der Studie nicht erfaßt, was ihr schlimmster methodischer Nachteil ist (vgl. LINGENFELDER 1996: 43).

Ausdehnung dieser Konzentrationsprozesse von der nationalen auf die supranationale Ebene haben sich in jüngerer Zeit im Handel, wie lange zuvor schon in der Industrie, „global players" oder, in den meisten Fällen treffender, „european players" herausgebildet: Kapitalkräftige Konzerne, die multinational operieren, einen beträchtlichen Teil ihres Umsatzes außerhalb des Stammlandes erwirtschaften und dabei in einzelnen Marktsegmenten dominante Positionen auf den verschiedenen nationalen Märkten besetzen. Die größten dieser „european players" – wie schon angedeutet, durchweg Firmen-Konglomerate mit einem Schwerpunkt im Lebensmittelhandel – erreichen dabei Umsätze, die denen der großen Industrieunternehmen nahekommen (vgl. Tab. 10).

Tab. 10: Die zehn Unternehmen mit den höchsten Umsätzen im europäischen Einzelhandel (1997)

	Land	Europa-Umsatz (1997) in Mrd. EURO (gerundet)			Umsatzanteil Stammland (%)	Schauplätze von Auslandsgeschäften (nach Umsatzhöhe geordnet)
		Gesamt	Food	Non-Food		
Metro	D	50,8	23,8	26,9	66,2	FRA, ITA, GBR, AUT, POL, NLD, BEL, ESP, HUN, PRT, GRC, CHE, HUN, DNK, ROM, LUX, CZE
Intermarché	F	30,9	25,2	5,7	69,2	DEU, PRT, BEL, ESP, ITA, POL
Rewe-Gruppe	D	29,3	23,7	5,6	80,9	AUT, ITA, POL, FRA, HUN, CZE, ESP, SVK
Promodès	F	28,2	21,8	6,4	56,2	ESP, ITA, PRT, GRC, BEL, PRT
Auchan	F	25,7	16,6	9,0	67,7	ITA, ESP, PRT, ESP, LUX, POL, BEL
Tesco	GB	24,8	20,9	3,9	93,7	IRL, CZE, SVK, HUN, POL
Aldi	D	24,6	21,2	3,4	71,4	AUT, BEL, GBR, BEL, NLD, FRA, DNK
Edeka	D	23,7	0	23,7	91,7	AUT, DNK, NLD, PL, CZE, FRA
Leclerc	F	21,4	11,4	10,0	99,0	ESP, PRT, POL
Carrefour	F	20,8	12,4	8,4	78,5	ESP, ITA, PRT, PL

Quelle: M + M Eurodata (1998) bearbeitet und z. T. neu berechnet

Den „european players" kommt bei der Vereinheitlichung der Strukturen des europäischen Lebensmitteleinzelhandels eine entscheidende Bedeutung zu, weil sie mit ihren Aktivitäten die internationale Diffusion von Handelskonzepten enorm beschleunigen. Solche Diffusionsprozesse haben zwar schon immer stattgefunden, aber sie vollzogen sich langsam und wenig zielgerichtet. Das US-amerikanische Konzept des Supermarktes mit Selbstbedienung hat beispielsweise Jahrzehnte gebraucht, bis es in ganz Europa verbreitet war. Heute, mit der Existenz der „european players", haben sich die Diffusionszeiten deutlich verkürzt. Aufgrund des konzentrierten Know-Hows, aufgrund weitreichender Verbindungen ins Ausland (z. B. über Lieferantenbeziehungen und strategische Allianzen) und aufgrund einer ausgiebig und professionell betriebenen Marktforschung, haben die „european players" die Möglichkeit, Marktlücken innerhalb kürzester Zeit aufzuspüren (vgl. SALMON / TORDJMAN 1989). Waren frühere Auslandsexpansionen oft vorsichtige Versuche mit geringem Kapitaleinsatz, die bei den ersten Anzeichen von Mißerfolg abgebrochen wurden, so können die multinationalen Konzerne von heute aufgrund ihrer Kapitalkraft in sehr großem Stil in fremde Märkte eintreten und auch die anfänglichen „Durststrecken" überstehen, die bei der Übertragung eines Handelskonzeptes in ein anderes Land häufig auftreten. Sie können den Markt sehr lange bearbeiten, um ihr Konzept zu etablieren (vgl. LEVITT 1983).

Der Einfluß der „european players" auf die Formung lokaler und nationaler Einzelhandelsstrukturen geht allerdings über die Marktanteile hinaus, die sie zu Lasten vorher etablierter lokaler oder nationaler Handelskonzepte gewinnen. In ihrer Wirkung oft noch stärker sind die Anpassungsreaktionen des einheimischen Handels, die durch erfolgreiche Markteintritte ausländischer Konkurrenten provoziert werden, und deren Kern meist eine mehr oder minder getreue Imitation des Handelskonzeptes des eintretenden Wettbewerbers ist. Zudem lösen erfolgreiche Auslandsexpansionen oft Nachahmungseffekte bei anderen ausländischen Unternehmen aus, die gleiche oder ähnliche Handelskonzepte verfolgen, und die sich ihren Anteil am neu erschlossenen Markt sichern wollen, bevor er aufgeteilt ist. Es entsteht eine Situation, die PELLEGRINI (1994) einmal als „big race" bezeichnet hat, und durch die die Verbreitung des neuen Handelskonzeptes im Expansionsland abermals verstärkt wird. Alle oben allgemein beschriebenen Wesensmerkmale der osmotischen Internationalisierung zeigen sich konkret im idealtypischen Beispiel der Expansion des Discounters *Aldi* nach Großbritannien im Jahre 1989.

Das Handelskonzept „harter Discounter", wie es in Deutschland *Aldi* oder *Lidl* verkörpern, war bis Ende der 80er Jahre in Großbritannien praktisch unbekannt. Es wurde nur von einem einzigen regionalen Unternehmen auf der Isle of Man verfolgt. Auch die sog. „weichen Discounter" (nach der Art von *Plus* oder *Penny*) waren weniger bedeutend als in anderen europäischen Ländern. Dominiert wurde der britische Lebensmitteleinzelhandel von einem Oligopol hochpreisiger Ketten, den „big five", die außergewöhnlich hohe Gewinnmargen erwirtschafteten, und die sich im wesentlichen auf die „superstores" (= Verbrauchermärkte) als Vertriebslinie stützten. *Aldi* erkannte als erstes ausländisches Unternehmen das offene Scheunentor und kündigte daraufhin den Aufbau von – vorerst – rund 100 Filialen in Mittel- und Nordengland an. Der Markteintritt im Jahre 1989 führte zu heftigen Anpassungsreaktionen des „alteingesessenen" Lebensmittelhandels: In allen Betriebsformen wurden die Preise erheblich gesenkt, alle britischen Ketten imitierten das *Aldi*-Format und/oder schufen verwandte, dem britischen Markt angepaßte Discountformate. Auch das beschriebene „big race" setzte ein, denn die ersten Erfolge *Aldi*s ermunterten andere europäische Discounter wie *Netto* (Dänemark), *Lidl* (Deutschland) und *Ed* (Frankreich) zur Nachahmung (vgl. WRIGLEY 1993, 1994, 1996, BURT / SPARKS 1994, LINGENFELDER 1996, SPARKS 1996). Resultat all dieser Prozesse ist, daß Discounter in Großbritannien innerhalb von fünf Jahren einen Marktanteil von rund 10% gewannen. Setzt sich diese Entwicklung ungebrochen fort, dann hätten sich in einigen Jahren die Marktverhältnisse im Lebensmitteleinzelhandel denen in anderen nord- und westeuropäischen EU-Staaten angeglichen und der gemeinsame Markt wäre tatsächlich ein wenig einheitlicher geworden.

Die oben präsentierte Fallstudie zur Osmose der Discounter nach Großbritannien darf nicht darüber hinwegtäuschen, daß die Internationalisierung der Lebensmittelunternehmen und parallel dazu die Diffusion von Handelskonzepten innerhalb der Europäischen Union seit einigen Jahren hauptsächlich in Nord-Süd-Richtung verläuft. Die Ur-

sachen hierfür werden klar, wenn man sich vor Augen führt, daß sich unter den 25 umsatzstärksten europäischen Unternehmen des Lebensmitteleinzelhandels kein einziges
aus Südeuropa findet (vgl. TÄGER 1999: 161-162). Auch unter den ersten 50, die knapp
zwei Drittel des gesamten europäischen Lebensmittelumsatzes kontrollieren, sind die
Mittelmeerländer nur mit drei Unternehmen vertreten. Die großen west- und nordeuro-
päischen Handelsunternehmen haben angesichts dieser Konkurrenzsituation leichtes
Spiel bei der Expansion nach Spanien, Italien, Portugal oder Griechenland und können
durch Akquisition von einheimischen Unternehmen oder massive Direktinvestitionen
schnell bedeutende Marktpositionen erlangen. Ein typisches Beispiel ist die Übernahme
der portugiesischen Gruppe *Pao de Açucàr* durch den französischen Konzern *Auchan* im
Sommer 1996. Durch dieses Manöver reihte sich *Auchan* unter die fünf größten Le-
bensmittelhandelsunternehmen in Portugal ein, unter denen sich vorher schon ein nie-
derländisches und ein französisches Unternehmen befanden. Ähnlich starke Positionen
haben ausländische Unternehmen auch im spanischen und griechischen Lebensmitteleinzelhandel (vgl. VERBEEK 1996, Europäische Kommission 1996).

Mit den Unternehmen kommen moderne Betriebsformen des Lebensmitteleinzelhandels wie Verbrauchermärkte, SB-Warenhäuser und Discounter nach Südeuropa, die
in den nördlichen EU-Staaten oft schon die Reifephase ihres Lebenszyklus erreicht haben (vgl. Abb. 13 sowie TORDJMAN 1994: 3-4), und deren Lebensdauer nun durch den
Export in ungesättigte Märkte verlängert werden soll.

Abb. 13: Lebenszyklen von Betriebsformen des Einzelhandels in der EU

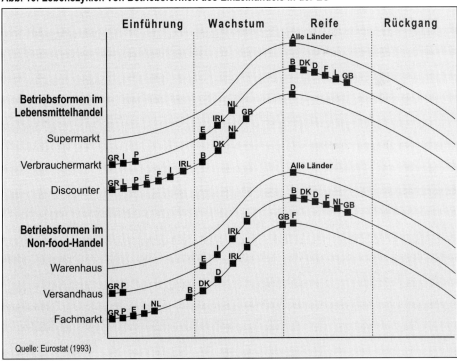

In den Staaten Südeuropas erleben diese Betriebsformen dann eine rasche, wenn auch regional selektive Verbreitung, die hauptsächlich zu Lasten der traditionellen, kleinteiligen Betriebsformen des Lebensmitteleinzelhandels geht. Der beschleunigende Einfluß der Internationalisierung auf die Modernisierung der südeuropäischen Einzelhandelsstrukturen kann aufgrund des komplizierten Gefüges von Wechselwirkungen nicht quantifiziert werden, aber er ist der Tendenz nach mehrfach beschrieben worden (vgl. BENNISON / BOUTSOUKI 1996, COLLA 1996, SALGUEIRO / CACHINHO 1996). Im Sinne des Abbaus eines Modernitätsgefälles zwischen südlichen und nördlichen EU-Staaten wirkt die wachsende Internationalisierung also zweifellos vereinheitlichend.

Dies gilt allerdings nur, wenn man es bei der Betrachtung nationaler Durchschnittswerte beläßt. Begibt man sich auf die regionale Maßstabsebene, so stellt man fest, daß sich die regionalen Disparitäten innerhalb der südeuropäischen Staaten eher noch verstärken. Hierfür ist auch die Internationalisierung verantwortlich, denn die Investitionen ausländischer Unternehmen konzentrieren sich derzeit noch sehr stark auf wenige Teilräume innerhalb der betreffenden Staaten (vgl. COLLA 1996, BENNISON / BOUTSOUKI 1996), die infolgedessen auch eine stärkere Modernisierung ihrer ohnehin schon moderneren Einzelhandelsstrukturen erleben.Ziel der ausländischen Kapitalströme sind vor allem jene Regionen, in denen eine vergleichsweise hohe Kaufkraft, eine moderne, ausdifferenzierte Gesellschaftsstruktur und eine aus logistischer Sicht günstige, hohe Bevölkerungsdichte zusammentreffen.

In Portugal und Griechenland werden diese Kriterien vor allem von den hauptstädtischen Ballungsgebieten erfüllt, in Spanien und Italien auch von Regionen wie Katalonien, der Lombardei und dem Piemont. Die unterschiedlichen Geschwindigkeiten, mit der die Modernisierung in Kernregionen einerseits und Peripherieregionen andererseits fortschreitet, sind in Italien, das über eine sehr umfangreiche und aktuelle Einzelhandelsstatistik verfügt, besonders gut dokumentiert. Nimmt man als Indikator die Verkaufsstellendichte des Lebensmitteleinzelhandels, so zeigt sich, daß die Lombardei und das Piemont innerhalb des kurzen Zeitraums 1991-1994 eine beträchtliche Ausdünnung ihres Verkaufsstellennetzes erlebten. Die Zahl der Lebensmittelgeschäfte je 10000 Einwohner sank in der Lombardei von 39 auf 30 und im Piemont sogar von 46 auf 33. In der vergleichbaren Region Kampanien (um Neapel) fiel der Wert hingegen nur unwesentlich, nämlich von 59 auf 56 (vgl. MICA 1995).

Auch ein anderer Indikator, nämlich die Pro-Kopf-Versorgung der Bevölkerung mit Verkaufsflächen in „ipermercati" zeigt die regional unterschiedlichen Modernisierungsgeschwindigkeiten an. Der „ipermercato" ist die italienische Variante des französischen „hypermarché", einer Betriebsform, die sich wiederum in etwa mit dem deutschen SB-Warenhaus vergleichen läßt, und deren zunehmende Verbreitung in Italien eng in Zusammenhang mit den verstärkten Investitionen französischer Unternehmen steht (vgl. PELLEGRINI / ZANDERIGHI 1993).

Obwohl den Bewohnern Norditaliens pro Kopf schon 1991 mehr als viermal soviel Verkaufsfläche in „ipermercati" zur Verfügung stand, wie den Bewohnern Süditaliens, kamen bis 1994 noch einmal knapp 5 m^2 pro Kopf hinzu, während es im Süden nur knapp 2 m^2 waren (vgl. Tab. 11).

Tab. 11: Verkaufsfläche (m² / je 1000 Einwohner) in „ipermercati" in Italien nach Landesteilen

Jahr	Verkaufsfläche je 1000 Einwohner, m²			
	Norditalien	Mittelitalien	Süditalien	Italien
1991	21,48	18,68	4,96	14,67
1992	22,12	19,01	5,21	15,10
1993	24,44	19,73	5,21	16,24
1994	26,36	19,77	6,55	17,58
Zuwachs 1991-94	4,88	1,09	1,59	2,91

Quelle: MICA (1995), ISTAT (1995-a); eigene Berechnungen

Daß von internationalen Unternehmen regionale Disparitäten (im Hinblick auf die Faktoren Bevölkerungsdichte, Kaufkraft, Grad der gesellschaftlichen Differenzierung) nachgezeichnet und damit weiter vertieft werden, zeigt sich bei anderen Produkten bzw. Betriebsformen, die man ebenfalls dem Pol der osmotischen Internationalisierung zurechnen kann, noch deutlicher als bei Lebensmitteln. *Ikea* betreibt in Italien kein einziges Möbelhaus südlich von Bologna, nicht einmal in Rom. Und *MediaWorld*, ein Joint-Venture der *Metro* AG mit einem italienischen Unternehmen, traut sich trotz der Beteiligung von Einheimischen auch nur bis Rom. Die großen Ballungsräume des Mezzogiorno (Neapel, Bari) bleiben ausgespart (vgl. Abb. 14). Wie in anderen Wirtschaftsbereichen zeigt sich also auch im Einzelhandel, daß Internationalisierung, je nach Maßstabsebene der Betrachtung, homogenisierend oder aber polarisierend wirken kann.

Deutet man diese Befunde einmal betriebswirtschaftlich, so kann man wohl sagen, daß die osmotische Internationalisierung ihre Ursache zwar immer in einem Konzentrationsgefälle (z. B. „niedrige Konzentration" von Discountern in England, allgemeine Rückständigkeit des Einzelhandels in Südeuropa) hat, daß dieses Gefälle zwischen zwei Märkten aber nicht zu groß sein darf, wenn Internationalisierung (erfolgreich) stattfinden soll. Der Grund dafür sind die „economies of scale" bei der Warenbeschaffung, die ein Unternehmen in der Regel durch die geographische Erweiterung des Marktgebietes ja gerade mehren und nicht mindern will (vgl. z. B. COSTA u. a. 1997, SALTO 1999, TÄGER 1999). Genau das geschähe aber, wenn man in regionale oder nationale Märkte vordränge, die kulturell und sozio-ökonomisch so verschieden vom Heimatmarkt wären und so viele Anpassungen im Sortiment (oder bei anderen Komponenten des Vertriebslinienkonzepts) erforderten, daß keine Aussicht auf zusätzliche „economies of scale" besteht. Allerdings geben sich die Unternehmen natürlich nicht kampflos geschlagen, sondern versuchen, sich ihre „economies of scale" durch aktives Wirken in Richtung Konvergenz der Nachfrage zu schaffen. LEVITT formuliert es sehr anschaulich:

> *„The global competitor will seek constantly to standardize his offerings everywhere. He will disgress from this standardization only after exhausting all possibilities to retain it (...). He will never assume that the customer is a king who knows his own wishes"* (1983: 94).

Das ist aber nur die eine Seite. Die andere ist: Kein Einzelhandelsunternehmen, schon gar keines, das mit so kultursensiblen Produkten wie Lebensmitteln handelt, geht ernsthaft davon aus, daß er sein im Heimatland erprobtes Konzept unverändert ins Ausland übertragen kann. Auch nimmt sicher niemand an, daß man das Konzept für einen Auslandsmarkt am grünen Tisch entwerfen und dann „durchziehen" kann. Learning by doing ist die Regel, was eigentlich keine Überraschung darstellen sollte, denn auch *innerhalb eines Landes* müssen sich Unternehmen immer wieder an lokale Nachfragepräferenzen anpassen. (Man kann gefahrlos jeden Geldbetrag darauf verwetten, daß man in Deutschland keine zwei Supermärkte *eines Konzerns* finden wird, die das gleiche Sortiment zu gleichen Preisen führen. Und trotz aller Marktforschungskunst ist es zumeist der gute alte Weg der Erfahrung, den man gehen muß, um sich erfolgreich anzupassen).

Abb. 14: Standorte von *MediaWorld* (*Metro* AG) und *Ikea* in Italien (Sommer 1999)

104

Dies ist im Grunde ein ganz normaler Vorgang, der im Ausland nicht anders abläuft als im Inland. Belege dafür finden sich in fast jedem Jahresbericht der großen Lebensmittel-Unternehmen, in denen die Aktionäre entweder darauf hingewiesen werden, daß die neue Auslandsoperation im Land xy sicher erst in zwei Jahren gute Erträge liefern werde. Selbst ein Unternehmen wie *Wal-Mart*, dem von den Medien, aber auch von vielen Insidern der Branche wahre Zauberkräfte nachgesagt werden, hat bei seinem Markteintritt in Deutschland vor drei Jahren wissen lassen, daß man nun den deutschen Markt erst einmal kennenlernen müsse und – wohl genau aus diesem Grund – vorläufig keine Umsatzzahlen veröffentlichen werde.

> *„(...) Arzneimittel, die in Deutschland bestenfalls in der Apotheke zu haben sind, verkauft der Mega-Discounter [in den USA] ebenso aus dem SB-Regal wie veritable Gewehre und Handfeuerwaffen. (...) Fraglich zudem, ob hierzulande singende Plastik-Weihnachtsbäume für 29 Dollar, selbstleuchtende Halloween-Puppen für knapp die Hälfte oder 50 Regalmeter Angelruten genügend Käufer finden würden"* (SCHLAUTMANN 1998: 10).

Anpassung des Unternehmens an die Lokalität ist generell eine Begleiterscheinung von Internationalisierung, genau wie der Versuch der Unternehmen, sich die Nachfrage in ihrem Expansionsland (bzw. ihrer Expansionslokalität) möglichst passend zu machen. Welche Waagschale sich mehr nach unten neigt, läßt sich selbst innerhalb einer so homogenen Branche wie der Lebensmittelbranche pauschal nicht sagen. Es ist bei jedem Unternehmen anders. *Wal-Mart* zum Beispiel wirkt nach allem, was man beobachten kann, in Deutschland vergleichsweise stark auf eine rasche Amerikanisierung des Sortiments hin (vgl. dazu a. Abb. 7). Andere Unternehmen haben, wie es heute so schön heißt, eine andere „Philosophie". Deshalb ist es auch auf der Aggregatebene so schwierig, eine generelle Aussage darüber zu treffen, inwieweit die osmotische Internationalisierung über den oberflächlichen Ausgleich eines Konzentrationsgefälles hinaus Lokalitäten wirklich homogenisiert.

Wichtig ist es, im Lebensmittelhandel immer die zentrale Rolle der Skaleneffekte im Auge zu behalten. Sie sind wegen der geringen Margen (deutlich unter 2% in Deutschland) der zentrale Schlüssel zum Unternehmenserfolg (vgl. u. a. CONRADI 1999, SALTO 1999). Daher rühren ja die vielen nationalen und transnationalen Übernahmen und Fusionen der letzten Jahre. Und die Skaleneffekte bestimmen auch, wie weiter oben schon gesagt, ob eine Expansion in eine ausländische Region stattfindet oder nicht. Scheinen die nötigen Anpassungsleistungen zu groß, sind die Gebiete unattraktiv. (Wenn sie es, wie Süditalien, wegen zu niedriger Kaufkraft und zu niedriger Bevölkerungsdichte nicht ohnehin schon sind).

Die zutreffende Beobachtung, daß Internationalisierung auch im Lebensmittelbereich immer wieder an (kulturelle) Grenzen stößt, sollte man daher nicht mit der falschen Begründung versehen, ausländische Investoren seien prinzipiell nicht in der Lage, lokale Konsumkulturen „zu lesen". Sie könnten es vielleicht schon, aber es lohnt sich einfach nicht, weil keine Skaleneffekte zu erzielen sind.

GEORGEs Dissertation liefert unfreiwillig eine gute Illustration für diesen Zusammenhang. Der Betriebswirt GEORGE (1997: 170) beschreibt mit anerkennendem Unterton, wie sich das große französische Lebensmittelhandelshaus *Promodès* (vgl. Tab. 10) mit seinen *Continent*-Selbstbedienungswarenhäusern[60] sukzessive an den deutschen Markt anpaßte, „(...) bis schließlich eine neue Betriebstypendefinition erfolgte". Was GEORGE noch nicht wissen konnte: Wenige Monate nachdem er diese Sätze geschrieben hatte, verschwand *Promodès* Hals über Kopf wieder aus Deutschland und die Analysten von M + M Eurodata (1997) schrieben: „Für Promodès geht damit eine lange Leidensgeschichte zu Ende". Das Unternehmen hatte zwar bewiesen, daß es die Anpassung sogar bis zur Entwicklung eines für Deutschland maßgeschneiderten Betriebstyps beherrschte – nur dieser Betriebstyp hatte nichts mehr mit den ansonsten von *Promodès* betriebenen Formaten zu tun; die Skaleneffekte waren nicht mehr der Rede wert. Das heißt nicht zwangsläufig, daß *Promodès* in Deutschland kein Geld verdient hätte – auch das wäre eine weitverbreitete Fehlinterpretation –, nein, es heißt nur, daß mit dem eingesetzten Kapital anderenorts bessere Renditen zu erwarten waren.

Mit symbolischer Ökonomie, von der in Kapitel 3 so ausführlich die Rede war, hat das alles wenig zu tun – und genau das wollte ich zeigen. In der Lebensmittelbranche und in anderen Branchen, die dem Pol der osmotischen Internationalisierung nahe stehen, haben wir es im wesentlichen mit gutem alten Kapitalismus zu tun. Es geht um Marktanteile, Skaleneffekte, schiere Größe – und Standorte. Internationalisierung stellt hier die Fortführung der schon lange auf nationaler Ebene ablaufenden Konzentrationsprozesse dar, und die Großen fressen tatsächlich fast immer die Kleinen – allein zwischen 1992 und 1997 erhöhte sich der Marktanteil der europäischen TOP 10 des Lebensmittelhandels von rund 27% auf rund 36% (vgl. M + M Eurodata 1998). Bei Lebensmitteln gibt es den gemeinsamen europäischen Markt bereits, keine Frage.

Daß das und warum das aber wohl kaum zu völliger Konvergenz führt, wurde hier zumindest in Ansätzen gezeigt.

4.3 Diffuse Internationalisierung: angewandte symbolische Ökonomie

Den internationalsten aller möglichen Einzelhandelsstandorte wird demnächst die bekannte Feinuhrmacherei *Wempe* aus Hamburg beziehen: Sie eröffnet eine Filiale auf der neuen MS Europa und schwimmt mit dieser Filiale fortan über die Weltmeere (vgl. THIEDE 1999). Eine vorzügliche Geschäftslage mit einem hohen Aufkommen wohlhabender Passanten, die keine Möglichkeit zum Preis- und Warenvergleich haben und die möglicherweise auf der langen Fahrt ein wenig Langeweile und innere Leere verspüren,

---

[60] Es handelte sich um die ehemaligen *Plaza*-Märkte der *Coop*, die *Promodès* gekauft und dann auf das *Continent*-Format umgestellt hatte – zu Anfang in ziemlich naher Anlehnung an das französische Vorbild.

denen vielleicht nur mit dem Kauf einer Preziose beizukommen ist. Auch ein Blick auf die übrigen von *Wempe* geplanten Neueröffnungen ist interessant: Frankfurt I (Goethestraße), Frankfurt II (Flughafen), Madrid und Kampen/Sylt (vgl. THIEDE 1999).

Allein diese Liste der geplanten Standorte macht deutlich, wie verschieden diese Art der Internationalisierung von der ist, die ich als osmotische Internationalisierung charakterisiert habe. *Wempe* braucht keine Karte der Bevölkerungsdichte in den europäischen Staaten, um seine Standortentscheidungen zu fällen, denn es kann seine Filialen mit der Post beschicken und muß nicht darauf achten, ob sich der Bau eines Zentrallagers lohnt und ob LKW-Touren ausgelastet sind. Logistik spielt mit anderen Worten überhaupt keine Rolle.

Ebenfalls keine Rolle spielt das Planungsrecht. Auch die größte *Wempe*-Filiale ist noch klein genug, um in allen europäischen Staaten, auch in denen mit sehr scharfem Planungsrecht, problemlos durchzugehen. Die Firma *Wempe* muß deshalb kein Baurecht kaufen, indem sie andere Unternehmen erwirbt, die schon Standorte haben. (Die Standorte, das alte Baurecht, sind in der Lebensmittelbranche der Grund dafür, warum auch völlig marode Unternehmen in der Regel Käufer finden).

„Economies of scale" spielen ebenfalls keine Rolle. Die Margen bei teuren Uhren betragen einige hundert Prozent. Da bringt es nicht viel, wenn man beim Einkauf durch Abnahme größerer Mengen fünf Prozent einspart – wenn die Uhrenhersteller überhaupt größerer Mengen liefern können und wollen. Bei teurem, komplett handgefertigtem Schmuck kann es, leicht einsehbar, überhaupt keine „economies of scale" geben. *Wempe* muß deshalb auch nicht möglichst viele Filialen in möglichst kurzer Zeit eröffnen und versuchen, in all diesen Filialen möglichst die gleichen Produkte zu verkaufen. Wichtig ist nur, daß möglichst viel von irgend etwas verkauft wird – und das möglichst zum vollen Preis, was im gehobenen Uhren- und Schmucksektor mittlerweile eher die Ausnahme als die Regel zu sein scheint. Ein Interviewpartner, der Geschäftsführer einer großen Uhrenhandlung in der Münchner Innenstadt, berichtete, das Feilschen sei das größte Problem der Branche und deshalb seien Touristen überall eine so begehrte Kundschaft, weil sie als einzige in der Regel „ohne Zicken" den vollen Preis bezahlten.

Und in der Tat – Tourismus scheint bei der Standortwahl von *Wempe* eine wichtige Rolle zu spielen, sonst würde man keine Filialen auf einem Schiff und auf einem Flughafen eröffnen. Und auch die Filiale in Kampen auf Sylt wird man sich zum Teil nur mit dem Faktor Tourismus erklären können. Da der Tourismus weltweit rasch wächst (vgl. Abschnitt 3.2) wird diese Art tourismusbasierter Standortwahl, wie sie *Wempe* vorführt, auf nationaler wie internationaler Ebene an Bedeutung gewinnen. BOSSHARDT (1997: 259-261) spricht von der „Airportisierung" des Konsums und führt aus:

> „*Immer mehr Menschen leben im Transit (...). Sie eilen von einem Transitraum in den nächsten: von ihrer Wohnung in den Flughafen, von hier in die Lobby einer Hotelkette, von dort auf die Autobahnraststätte (...). Freizeit, Arbeit und Konsum sammeln sich immer stärker an solchen Transiträumen. (...). Die Zukunft des Konsum (...) spielt sich sehr wesentlich an diesen und um diese Transitstationen ab*".

Die „Aiportisierung" ist ein wichtiger, vor allem aus planerischer Sicht interessanter Teilaspekt bei der Analyse des Zusammenhanges von Tourismus und Internationalisierung, aber er ist – quantitativ – nicht besonders bedeutend. Von der Aufenthaltsdauer her sind die Innenstädte der großen europäischen Städte die wesentlich bedeutenderen „Transiträume" (Städtetourismus, Geschäftsreisen). Gerade hier wird man also wegen des wachsenden Umfanges des Tourismus auch mit wachsender Internationalisierungstätigkeit rechnen müssen. Allerdings ist dies wieder einmal ein Faktor, der nur auf den ersten Blick konvergenzfördernd wirkt. Auf den zweiten Blick kann man hier auch Gründe für Divergenz sehen, denn die Städte sind ja in sehr unterschiedlichem Umfang (vgl. Abb. 15) und in sehr unterschiedlicher Weise vom Tourismus betroffen.

Abb. 15: Gästeübernachtungen in Birmingham (1996/97), Mailand und München (1995)

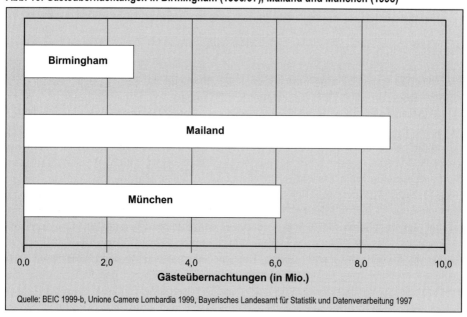

Quelle: BEIC 1999-b, Unione Camere Lombardia 1999, Bayerisches Landesamt für Statistik und Datenverarbeitung 1997

Hier können sich neue Polarisierungen ergeben, die möglicherweise die qualitativen Unterschiede zwischen Einzelhandelslandschaften einzelner Städte noch vergrößern. Folgt man nämlich meiner Argumentation aus dem Abschnitt 3.1, nach der der Einzelhandel ein zunehmend wichtiger Bestandteil postindustrieller urbaner Infrastruktur ist und somit auch über die Attraktivität einer Stadt für Touristen entscheidet, so könnte die Gleichung lauten: Guter Einzelhandel = viele Touristen = hohe Investitionen ausländischer Unternehmen = besserer Einzelhandel. Es versteht sich von selbst, daß Städte, die viele Touristen empfangen, auch ohne den Umweg über die mutmaßlich höheren Investitionen ausländischer Unternehmen bessere Voraussetzungen für die Fortentwicklung ihres Einzelhandels haben, denn Tourismus bedeutet ja wegen der zunehmenden Vermischung des Reisens mit dem Einkauf (vgl. S. 69) mehr denn je Kaufkraftzufluß.

Zum tieferen Verständnis der tourismusbasierten Unternehmensinternationalisierung ist es sinnvoll, eine analytische Unterteilung in zwei Arten vorzunehmen: Zum einen gibt es die Internationalisierung, die den Touristen als solchen, unabhängig von der Nationalität, im Blick hat, dann gibt es die, bei der das international expandierende Unternehmen seinen Landsleuten ins Ausland folgt, und seine Angebote auch hauptsächlich auf diese Zielgruppe zuschneidet. Ein schönes Beispiel hierfür findet man in der Firmengeschichte von *WH Smith*, einem der größten Buchhandlungs-Filialisten in Großbritannien. Dem Geschäftsführer von *WH Smith* war um die Jahrhundertwende aufgefallen, wie stark die Reiselust der englischen Oberschicht durch die Beschleunigung und die Komfortverbesserungen bei der Eisenbahn zunahm. Paris war eines der beliebtesten Reiseziele, und so beschloß man 1903 dort eine Filiale, die erste im Ausland, aufzubauen. WILSON beschreibt, wie diese Filiale funktionierte:

> *„For these [English] classes Smith's provided the usual services. Their homesickness was abated by prompt an regular supplies of The Times or The Morning Post, plenty of books to buy (...), familiar stationery on which to write home and, perhaps above all, a tea-room where real English tea and buns could be drunk and eaten" (1986: 429).*

Das beste, für jedes Lehrbuch geeignete zeitgenössische Beispiel für diese Art der Intenationalisierung ist die Münchener Filiale des japanischen Warenhauskonzerns *Mitsukoshi*, die nur wenige Schritte vom Hofbräuhaus gelegen ist. Angeboten werden dort, in einem kleinen Geschäft, das keine Ähnlichkeit mit *Mitsukoshi*s heimatlichen Betriebsformaten hat, Lederhosen, Tiroler-Hüte (den Unterschied bemerkt in Japan niemand), Bierkrüge und allerlei mehr Memorabilia. Das Verkaufspersonal ist japanisch – das sorgt hier für das Heimatgefühl, das *WH Smith* durch seine englischen Zeitungen und seine „buns" erzeugt hatte. Beinahe überflüssig zu erwähnen, daß Mitsukoshi fast ausschließlich japanischen Kunden hat, obwohl das Haus im Herzen von München steht.

In einer solch reinen Form wird man das Internationalisierungsprinzip „auf den Fersen der reisenden Landsleute" selten finden. Dennoch sollte man den Mechanismus als solchen nicht unterschätzen, denn er wird häufig als einer von mehreren Parametern bei der internationalen Standortwahl mit bedacht. Eine Münchener Maklerin, mit der ich ein Interview über die Internationalisierung der Münchener Innenstadt führte, erklärte mir, daß italienische Unternehmen sich, nach eigener Auskunft, unter anderem besonders deswegen für München als Standort interessieren, weil die Zahl der italienischen Touristen so hoch sei. (Italiener führen die Münchener Übernachtungsstatistik an). Alleine würde dieser Faktor nicht tragen, er kann aber ein zusätzliches Argument für einen bestimmten Standort sein.

Meistens ist bei der tourismusbasierten Internationalisierung ein wenig von beidem enthalten. Orientierung auf die eigenen Landsleute und Orientierung auf den Touristen als solchen (vgl. auch die Ausführungen zur *Galeries Lafayette* auf S. 74). Oft geht das erste mit wachsender Internationalisierung in das zweite über, denn es ist klar: Je mehr Standorte ein Unternehmen weltweit hat, desto größer ist die Chance, daß es irgendwann von Touristen aus aller Herren Länder und nicht nur von den eigenen Landsleuten „erkannt" wird. Es ist eine Entwicklung, die irgendwann zum Selbstläufer werden kann, und in deren Verlauf die Konsumenten – das ist wichtig – möglicherweise aufhören, das betreffende Unternehmen noch als Unternehmen aus einem bestimmten Land zu betrachten, sondern es aus tiefstem Herzen als das empfinden, was es auch tatsächlich ist – ein globales oder zumindest internationales Unternehmen. Und gerade dieses Empfinden auf Seiten der Konsumenten kann dann zum bedeutenden Erfolgsfaktor für das Unternehmen werden (vgl. z. B. LEVITT 1983, LESLIE 1995).

Bei der osmotischen Internationalisierung spielt die Tatsache, ob man als globales Unternehmen empfunden wird, in der Regel keine so große Rolle. Es schadet nicht, aber es nützt auch nicht viel. Kaum ein Deutscher wird seine Lebensmittel deshalb bei *Wal-Mart* kaufen, weil es sich um ein internationales Unternehmen handelt. Auch ein Italiener wird sich kaum für *Plus* entscheiden, weil es *Plus* auch in vielen anderen Ländern Europas gibt.

Auch dies, die Tatsache, daß Internationalität / Globalität in einem Fall (diffuse Internationalisierung) oft zum Wert *an sich* wird, in dem anderen Fall (osmotische Internationalisierung) aber in der Regel nicht, ist ein wichtiger Unterschied zwischen den Polen meines Internationalisierungskontinuums. (Daß auch Lebensmittel-Unternehmen sich heute regelmäßig damit brüsten, international zu sein, sollte man in erster Linie als Geste an die geschätzten Aktionäre interpretieren).

Im allgemeinen wird die tourismusbasierte Internationalisierung fast ausschließlich mit dem Luxus-Segment des Marktes in Verbindung gebracht (und damit automatisch auch ein wenig zum Randphänomen gemacht). In der ersten großen Monographie zum Phänomen der Internationalisierung im Einzelhandel hieß es: „The dealer in expensive merchandise is one who may expect to meet his customers in the principal tourist capitals of the world" (HOLLANDER 1970: 16). Auch im wohl besten aktuellen Lehrbuch zum Thema wird (nur) dieser Zusammenhang hergestellt:

> „*Berlin, Geneva, London, Milan, New York, Paris and Rome are major cities which are associated with the growth in (...) luxury retail operations. The list itself is indicative of the cosmopolitan nature of this theme within international retailing. Retailers who open a store in Milan or Rome are not necessarily targeting the average Italian consumer*" (*ALEXANDER 1997: 79-80*).

Lange Zeit war die ausschließliche Gleichsetzung von tourismusbasierter Internationalisierung mit Luxus wohl auch berechtigt. Inzwischen aber wird ein Marktsegment immer wichtiger, in dem die Konsumenten, wie im Luxus-Markt, überdurchschnittlich mobil und kosmopolitisch veranlagt sind und in dem es, ebenso wie im Luxus-Markt, global bekannte und begehrte Produkte gibt – es ist das der „jungen Leute".

Erkennbar wurde das gezielte „Abgreifen" junger Touristen an deren Versammlungsorten in den Metropolen der Welt zunächst in der Gastronomie. Das *Hard Rock Cafe* aus den Vereinigten Staaten von Amerika eröffnete bereits Anfang der 70er Jahre eine Filiale in London. Und zwar in der Nähe des Covent Gardens, der zum Standard-Programm jedes Rucksacktouristen gehört. Der ursprüngliche Gedanke war wohl auch hier, jungen *amerikanischen* Reisenden in der Fremde etwas Vertrautes, nämlich Hamburger und amerikanische Rock-Musik zu bieten. Aber diese Produkte waren wohl bereits damals „global" und jugendlich genug, um Touristen aus aller Welt und einheimischen Jugendlichen zu gefallen, so daß das *Hard Rock Cafe* in immer kürzeren Zeitabständen neue Filialen eröffnete. Bis Mitte der 80er-Jahre noch mit deutlichem Schwerpunkt auf den „hot spots" des Jugendtourismus, später dann vollkommen losgelöst davon (z. B. Kuala Lumpur, Taipei) und – offenbar – nur noch auf die einheimische Bevölkerung zählend. Inzwischen gibt es über 100 *Hard Rock Cafes* in 33 Ländern.

Interessant ist, wie sich um das *Hard Rock Cafe* tatsächlich so etwas wie eine globale Gemeinde, ein globaler Stamm gebildet hat, dessen Mitglieder sich überall an ihren auf Reisen getragenen gelb-weißen T-Shirts der verschiedenen Hard Rock Cafes auf der Welt erkennen. Die Globalität des *Hard Rock Cafes* ist zu einem Wert an sich geworden, an dem andere Werte aufgehängt werden. Das *Hard Rock Cafe* steht zum Beispiel für Völkerverständigung, Mobilität und den Zusammenhalt der Jugend weltweit in einer (oder gegen eine) Welt der Erwachsenen. Wie man hört, gibt es zahlreiche Spezialisten, die nicht ruhen, bevor sie nicht alle *Hard Rock Cafes* der Welt besucht, und dies anhand ihrer Trophäen, den aus den einzelnen Lokalen mitgebrachten T-Shirts, bewiesen haben.

Ähnliche Entwicklungen, wenn auch noch nicht ganz so ausgeprägt, gibt es auch im Einzelhandel. Zunächst einmal ist hier – wenig überraschend – an den gesamten Bereich des Handels mit CDs, Videos und Software zu denken. Alles von Haus aus globale (und im Rucksack transportable) Produkte, die sich gut zum Umschlag an ausgesuchten Touristen-Hochburgen eignen. Betrachtet man zum Beispiel die Standortwahl der *Virgin Megastores* sowohl auf der Meso-Ebene (Städte) als auch auf der Mikro-Ebene (Straßen), so wird man einen engen Zusammenhang mit dem Jugendtourismus vermuten müssen. Genommen wird nur das allerbeste: London (Oxford Street), Paris (Champs-Elysee), Mailand (Piazza Duomo), New York (Times Square) und so weiter.

Eine ganz ähnliche Standortwahl betreibt *Nike* mit seinen *Nike* Towns (vgl. Abb. 6) und auch *Benetton* mit seinen konzerneigenen, nicht per Franchise-Vereinbarung bewirtschafteten „flagship stores" (vgl. S. 11).

Insgesamt gibt es erstaunlich viele Parallelen zwischen der tourismusbasierten Internationalisierung im Luxus-Markt und der im Jugend-Markt. Die aus geographischer Sicht interessanteste ist, daß die Unternehmen in beiden Sektoren extrem auf gute Mikro-Standorte, das heißt auf die richtigen Straßen in den richtigen Städten, angewiesen sind. Die Standortwahl auf der Makro-Ebene, die für die Unternehmen des osmotischen Zweiges der Internationalisierung so wichtig ist (in welchem Land, welcher Region stimmen Kaufkraft und Bevölkerungsdichte) spielen hier, bei der diffusen Internationalisierung kein große Rolle.

Für die Wahl des Mikro-Standortes gibt es sowohl im Luxus- als auch im Jugendmarkt zunächst einmal handfeste Kriterien: Luxusanbieter werden dort tätig, wo es möglichst viele reiche Touristen gibt, Anbieter für jugendliche Produkte dort, wo es möglichst viele junge Touristen gibt. Das ist aber längst noch nicht ausreichend, denn wir leben ja in einer symbolischen Ökonomie und der Standort muß vor allem nach symbolischen Kriterien ausgewählt werden. Im Luxus-Segment brauchen Stadt und Straße das richtige *Prestige*, im Jugend-Segment brauchen sie Jugendlichkeit und „action", wenn sie den Ruhm des Händlers mehren sollen. In beiden Arten von tourismusbasierter Internationalisierung schadet es auch nicht, wenn schon der Straßenname eine gewisse Globalität ausstrahlt oder verbürgt.

Das alles bedeutet zwangsläufig, daß man bei dieser Art der Internationalisierung niemals mit einer flächendeckenden Erschließung einzelner Länder wird rechnen können, sondern immer nur mit einer höchst selektiv-punktuellen. Das bedeutet auch, daß solche Unternehmen niemals bedeutende Marktanteile in ihren Expansionsländern werden erreichen wollen und können. Die konvergenzfördernde Wirkung solcher Internationalisierungsbewegungen kann also gar nicht besonders groß sein. Hier frißt auch kein Großer einen Kleinen, denn viele Unternehmen, die an diesem Pol der Internationalisierung tätig werden, sind keineswegs groß.

Ferner ist es so, daß die extreme Bedeutung des richtigen Mikro-Standortes natürlich die Internationalisierung sehr viel schwieriger und auch weniger planbar macht als etwa im Lebensmitteleinzelhandel. Oft kommt in einem bestimmten Land nur eine bestimmte Stadt in Frage und hier wiederum nur eine Straße. Kann dort keine Immobilie, die den technischen und symbolischen Erfordernissen genügt, zum vernünftigen Preis beschafft werden, so unterbleibt oft das ganze Internationalisierungsvorhaben in dem betreffenden Land. BELL (1997) schildert diesen Fall für *HMV*, eine britische Schallplattenhandlung, die nach Frankreich expandieren wollten, aber keinen Standort auf den Champs-Elysees (also in der Nähe zum Konkurrenten *Virgin*) fand und deshalb ganz auf eine Expansion nach Frankreich verzichtete.

Wie eng der Spielraum für die diffusen Internationalisierer tatsächlich ist, zeigt auch LAWRIEs Auswertung der Standorte ausländischer Designer-Outlets in London. Dort heißt es im Fazit:

"Almost half of the foreign [designer] stores (...) are located in Mayfair. Of these, 73 percent are on Bond Street. Forty-five percent of all foreign stores are located in Knightsbridge and of these, 67 percent are on Sloane Street. Between them, Bond Street and Sloane Street contain 66 per cent of all foreign designer stores in the capital [London], up from a figure of 59 percent in 1992" (LAWRIE 1996: 10-11).

Zwei Drittel aller ausländischen Designer-Outlets verteilen sich auf nur zwei Straßen einer Stadt mit 12 Millionen Einwohnern. Dies zeigt, wie die Dinge liegen und spricht nicht unbedingt dafür, daß bald jede europäische Einkaufsstraße so aussehen wird wie die Grazer Herrengasse.

5 Die Einzelhandelslandschaften von Birmingham, Mailand und München

Er: „So much has changed since we were last in London, Marjorie"!
Sie: „And some things never change!"

5.1 Untersuchungsräume, Untersuchungsmethoden

Während der Arbeit an diesem Forschungsprojekt bekam ich im In- und Ausland oft Sätze wie diese zu hören: „Das geht nicht, Mailand ist nicht Italien!", „Birmingham ist doch nicht typisch!", „Mailand ist überhaupt eine Ausnahme in Europa!". Über München wurde derlei nie gesagt, obwohl gerade die Stadt München in Angelegenheiten des privaten Konsums so auffällig von anderen Großstädten des Landes absticht (vgl. SCHRÖDER 1998), daß sie unbedingt als atypisch zu charakterisieren wäre, wenn man denn einen Sinn darin sähe, solche Attribute zu verteilen. Ich sehe ihn für meine Fragestellung nicht, und mir ist auch generell nicht klar, warum Städte „typisch" für ihr Land oder gar den Kontinent (s. o.) sein müssen, damit man sie untersuchen darf (vgl. a. S. 78). Zur Erinnerung noch einmal die Fragestellung dieser Arbeit: Wodurch unterscheiden sich die Einzelhandelslandschaften von Birmingham, Mailand und München, und wie sind die Unterschiede zu erklären? Hinter dieser Frage steckt zwar auch ein „übergeordnetes" Erkenntnisinteresse, aber nicht in der Art, daß hier „eigentlich" der Einzelhandel in Großbritannien, Italien und Deutschland gemeint ist. Nein, übergeordnet ist die Frage, wie sich heute, 30 Jahre nach STEWIG und unter deutlich veränderten Rahmenbedingungen (Internationalisierung, symbolische Ökonomie), lokale Einzelhandelslandschaften formen. Geht man noch eine Ebene hinauf und fragt nach dem Erkenntnisinteresse in Hinblick auf die *gesamte* Geographie, also nicht nur die geographische Handelsforschung, so könnte man sagen, daß es um die Frage Interaktion von Lokalitäten mit anderen Maßstabsebenen, vor allem eben der internationalen, geht.

Für alle drei Ebenen der Fragestellung ist es nicht nur unnötig, daß die Städte als „Beispiele" dienen können, sondern es dürfte sogar schädlich sein, denn wenn man all seine Aufmerksamkeit darauf verwendet, das national-typische in einer Lokalität zu erblicken, so wird man wenig vom Wechselspiel mit anderen Maßstabsebenen bemerken.

Selbstverständlich könnten meine Untersuchungsergebnisse *nachträglich* einmal von anderen zu Beispielen gemacht werden – für Einzelhandel in Italien oder für die Formung lokaler Einzelhandelslandschaft in Zeiten der Internationalisierung oder für die Interaktion von Lokalitäten mit anderen Maßstabsebenen. Für mich aber waren es *wäh-*

rend der Untersuchung immer nur drei Städte mit bestimmten Merkmalen, von denen eines die unterschiedliche „Staatsangehörigkeit" war.

Der zweite „typische" Vorwurf gegen meine Auswahl der Untersuchungsräume lautet: Die Städte sind nicht „vergleichbar". Dieser Vorwurf ist verräterisch, denn er zeigt, wie sehr die Geographie von manchen noch als quasi-experimentelle Wissenschaft betrachtet wird. Lokalitäten werden hier wie Labors angesehen, in denen möglichst viele Parameter konstant gehalten werden müssen, damit man einen Faktor oder einige wenige Faktoren isolieren und vergleichen kann. Sind die Städte (Labors) in zu vielen Dingen voneinander verschieden, so kann das Experiment nicht durchgeführt werden, und es heißt, die Städte seien nicht „vergleichbar". Ein solches Raum- und Wissenschaftsverständnis ist natürlich legitim, aber es kann wohl kaum das einzig erlaubte sein.

Ich sehe die Geographie nicht als experimentelle Wissenschaft. Für mich sind Lokalitäten keine (leider unsauberen) „Schauplätze" von irgendwelchen Prozessen, sondern sie selbst sind die Untersuchungsgegenstände. Vor diesem Hintergrund ist im Prinzip alles „vergleichbar", und eine große Unterschiedlichkeit der Untersuchungsgegenstände kann sogar bereichernd sein, weil man gleichzeitig sehr viele Einflußfaktoren und Geschehnisse studieren kann.

Weder das Bestreben, „typische" Städte zu finden, noch das, „vergleichbare" Städte zu finden, engten also die Auswahl der Untersuchungsräume ein. Ebenso mußte nicht auf einen „Anwendungsbezug" geachtet werden – die Untersuchung sollte und konnte als „reine" akademische Grundlagenforschung durchgeführt werden. Und schließlich gab es auch keine Einschränkungen durch frühere Forschungsarbeiten zu dem Thema, auf die man hätte Bezug nehmen können oder müssen. Wie mehrfach angedeutet, war die Literaturlage zu Beginn meiner Untersuchung[61] so, daß man praktisch bei Null beginnen mußte (oder durfte).

Trotz dieser großen Freiheiten hätte die Auswahl allerdings nicht per Zufallsgenerator durchgeführt werden können. Es waren einige Dinge zu bedenken. KLEIN schreibt in den Vorbemerkungen zu seiner vergleichenden Studie des Betriebsformenwandels in Darmstadt, Oldenburg und Regensburg: „Nur allzu oft wird die Auswahl der Beobachtungsräume in der Geographie nicht genug thematisiert und vom Pragmatismus dominiert" (1995: 13). Dem kann man vollauf zustimmen. Um nicht selbst dieser berechtigten Kritik anheimzufallen, möchte ich zusätzlich zu den bisher gegebenen Begründungen, die sich vor allem aus meinem Raum- und Wissenschaftsverständnis ergeben, noch weitere Faktoren nennen, die für die Auswahl eine Rolle gespielt haben. (Und auch einige Faktoren, die für die Auswahl *keine* Rolle gespielt haben).

Die Auswahl Münchens war, wie sich denken läßt, in der Tat von dem mitbestimmt, was KLEIN vermutlich mit Pragmatismus meint (keine Reisekosten, gute Kontakte zu den Akteuren des Systems, Vorkenntnisse). Möglich war die Auswahl Münchens aber letztlich nur, weil die Stadt den wenigen grundsätzlichen Anforderungen, die es gab,

---

[61] Durch HOLZWARTHs Vergleich von Florenz und Nürnberg (1998) hat sich die Situation inzwischen ein wenig verändert. Aber jene Untersuchung wurde erst abgeschlossen, als dieses Projekt bereits lief.

auch entsprach. Wäre das nicht so gewesen, hätte man sie bei allen praktischen Vorteilen ausschließen müssen. Die Anforderungen waren:

- Die Städte sollten große Städte sein, mindestens (Regional-)Metropolen, weil bei ihnen die Wahrscheinlichkeit, daß sie schon längere Zeit internationalen Einflüssen ausgesetzt sind, relativ hoch ist – höher jedenfalls als bei Kleinstädten.

- Es sollte sich um Städte aus Ländern handeln, die schon lange der EU bzw. den verschiedenen Vorläuferorganisationen angehören, weil auch dies die Wahrscheinlichkeit erhöht, daß schon lange Zeit internationale Einflüsse auftreten. (Durch diese Überlegung schieden z. B. Osteuropa und die skandinavischen Staaten aus).

- Alle Städte / Stadtregionen sollten in etwa die gleiche Einwohnerzahl haben, weil mich dieser Faktor und sein Einfluß auf den Einzelhandel *nicht* interessierte.

- Da im Zuge der „Kulturalisierung" der Ökonomie (vgl. Abschnitt 3.1) kulturelle Faktoren immer größeren Einfluß auf den Einzelhandel zu gewinnen scheinen, war mir an möglichst viel kultureller Variation gelegen. (In diesem Punkt handelt es sich gewissermaßen um eine planmäßige Zerstörung der „Vergleichbarkeit").

Um diesen letzten Punkt operationalisieren zu können, mußte ich notgedrungen einmal von der Linie abweichen, Lokalitäten *nicht* als verkleinerte Fotokopien ihrer Länder zu sehen. Verzeichnisse der lokalen Kultur europäischer Großstädte sind nicht zu haben, so daß ich hier auf die nationale Ebene wechseln mußte. (In der Annahme, daß die „in-group-variation" größer sein würde als die „between-group-variation"). HOFSTEDES bekannte Klassifikation nationaler (Wirtschafts-)Kulturen lieferte das nötige Material:

Tab. 12: Punktwerte Großbritanniens, Italiens und Deutschlands für die vier Dimensionen nationaler Kultur (nach HOFSTEDE)

Kulturdimension	Land			Minimum / Maximum in Westeuropa	
	GBR	ITA	DEU	Max. erreichter Punktwert	Min. erreichter Punktwert
Machtdistanz	35	50	35	65 (BEL)	11 (AUT)
Individualismus	89	76	67	89 (GBR)	35 (GRC)
Maskulinität	66	70	66	79 (AUT)	5 (SWE)
Unsicherheitsvermeidung	35	75	65	112 (GRC)	23 (DNK)

Quelle: HOFSTEDE (1980 und 1997), diverse Seiten; eigene Zusammenstellung

Man sieht, daß zwischen den Staaten, aus denen am Ende Städte ausgewählt wurden, deutliche Unterschiede bestehen. Man hätte zwar europäische Länder finden können, zwischen denen die Unterschiede in der Summe noch größer sind (Schweden, Griechenland, Belgien wäre eine ideale Kombination), aber solche Kombinationen verboten sich aus dem einem oder anderen der sonst genannten Gründe.

Am Schluß war die Auswahl gar nicht mehr so groß, wie man vielleicht meinen möchte. Allerdings hätte es statt Birmingham, Mailand, München auch Manchester, Turin, Hamburg heißen können. Auch Barcelona wäre zum Beispiel in Frage gekommen. Die Feinauswahl der beiden ausländischen Städte – München war aus pragmatischen Gründen schnell „gesetzt" – erfolgte mehr aus Intuition als aus rationaler Abwägung. Allerdings erfolgte sie ohne Vorkenntnisse. Birmingham und Mailand wurden ohne vorherige „Bereisung" ausgewählt. Deswegen können folgende Faktoren bei der Auswahl definitiv keine Rolle gespielt haben:

- Verfügbarkeit von Daten (vgl. dazu KLEIN 1995: 14)
- Möglichkeit, preiswert zu übernachten
- Kontakte zu lokalen Universitäten / Kollegen
- Vorahnung von „günstigen" Forschungsergebnissen

Als Untersuchungsräume im weiteren Sinne des Wortes wurden die gesamten Verdichtungsräume um die drei Städte betrachtet. Zur Abgrenzung dienten vorhandene, nach funktionalen Kriterien vorgenommene Abgrenzungen in den jeweiligen Ländern:

- Für Birmingham: West Midlands Metropolitan County (= Birmingham und sechs weitere „Metropolitan Districts"). Seit der Planungsreform von 1996 sind die Metropolitan Counties wieder die maßgeblichen Planungsinstanzen in den großen britischen Verdichtungsräumen (vgl. TEWDWR-JONES 1996). Die Abgrenzung berücksichtigt daher „automatisch" planerisch-funktionale Gesichtspunkte.
- Für Mailand: Provinz Mailand (Provinz-Nr. 15). Die Provinz besteht aus Mailand und 187 (!) weiteren Gemeinden. (Italien hatte nie eine Gemeindereform). Die Provinz ist im Grunde keine Planungsebene, sondern eine Verwaltungsebene. Allerdings wurde die Provinz Mailand bei der italienischen Gebietsreform 1992 exakt so verkleinert, daß sie nun nur noch das metropolitane Gebiet umfaßt (vgl. Centro Studio P.I.M 1995). Die ländlichen Gebiete im Süden Mailands wurden abgeschnitten und in die neugeschaffene Provinz Lodi (Nr. 98) integriert. Auf sehr italienische Weise wurde so ein Mittel zur Erzwingung eines Mindestmaßes an dringend benötigter interkommunaler Zusammenarbeit im Ballungsraum gefunden.
- Für München: Verdichtungsraum München (Stadt München und 73 Gemeinden aus acht Landkreisen). Der Verdichtungsraum wird von der Landesplanung nach funktionalen Kriterien abgegrenzt.

Die folgende Tabelle zeigt einige grundlegende Daten zu Fläche und Bevölkerung der Stadtregionen, wobei jeweils nach Kernstadt und dem Rest des Verdichtungsraumes (hier als Umland bezeichnet) unterschieden wird:

Tab. 13: Stadtregionen Birmingham, Mailand und München – Fläche und Bevölkerung (Stand: 1995, 1996 oder 1997)

	Fläche (km²)	Einwohner (Mio.)	Einw. / km²	Haushalte (Tsd.)	Personen pro Haushalt	Kinderquote (16+) in %	Altenquote (65+) in %
Birmingham	265	1,01	3844	405	2,49	22,0	14,6
Umland	635	1,63	2558	649	2,51	19,9	15,9
W.M.M.C.	899	2,64	2940	1053	2,48	20,7	15,4
Mailand	182	1,30	7164	584	2,23	10,8	19,1
Umland	1800	2,42	1347	826	2,93	14,1	10,8
Provinz 15	1982	3,72	1881	1410	2,64	13,0	13,7
München	310	1,23	3988	675	1,83	12,3	15,5
Umland	1789	0,75	418	318	2,34	14,4	13,5
VR München	2099	1,98	945	993	2,00	13,0	14,7

Quelle: ONS (1998), BEIC (1999-a), Europäische Kommission (o. J.), Camera Di Commercio Di Milano (1997), Bayerisches Landesamt für Statistik und Datenverarbeitung (1997), eigene Berechnungen und Interpolationen

Schon die Daten zur Bevölkerungsdichte zeigen grundlegende Unterschiede zwischen den Stadtregionen an: Der West Midlands Metropolitan County ist in weiten Teilen das typische Beispiel einer Konurbation. Nur die Stadt Coventry (294 Tsd. Einwohner) ist durch einen fast siedlungsfreien Grüngürtel vom Rest des Siedlungskörpers getrennt; alle übrigen Metropolitan Districts (Birmingham, Dudley, Sandwell, Solihull, Walsall, Wolverhampton) gehen nahtlos ineinander über.

Foto 4: Häusermeer bis zum Horizont – typisches Siedlungsbild im Umland von Birmingham

Die Stadtgrenzen von Birmingham sind noch „willkürlicher" gezogen als die Stadtgrenzen anderer Großstädte, und haben sich in den letzten Jahrzehnten, anders als in Mailand und München, noch substantiell verändert. Der Begriff „Umland" ist bei dieser Siedlungssituation sicher problematisch, denn hier sind die verschiedensten Siedlungsformen (Industriestädte, Bergarbeitersiedlungen, alte Dörfer, junge Suburbanisierungsgebiete) zusammengeschmolzen; ein Dichteabfall gegenüber der Kernstadt ist kaum festzustellen. (Die Statistik verschleiert das wegen des Grüngürtels um Coventry etwas). Als wichtiges eigenständiges Zentrum auch im Hinblick auf den Einzelhandel ist Wolverhampton (242 Tsd. Einwohner) am nordöstlichen Rand der Konurbation zu nennen.

Wie der Vergleich mit Mailand und München zeigt, ist die Bevölkerungsdichte in der Kernstadt Birmingham relativ niedrig. Das liegt zum einen an den ausgedehnten, heute zumeist brach liegenden Industrieflächen im Stadtgebiet, zum anderen an der Dominanz eingeschossiger Wohnbebauung, die man aus allen britischen Städten kennt. Mehrgeschossiger Wohnungsbau ist die Ausnahme. Er ist räumlich konzentriert und immer mit „public housing" gleichzusetzen. Die Häuser gehören in der Regel der Kommune Birmingham selbst. Im Umland gibt es keinen mehrgeschossigen Wohnungsbau. (Umso eindrucksvoller ist die Bevölkerungsdichte, die dort trotzdem erreicht wird).

Ganz anders die Situation in Mailand. Hier ist eingeschossige Wohnbebauung im Umland die Ausnahme. Das Bild wird – besonders im Norden Mailands – von typischen „Schlafstädten" geprägt, die sich zum Teil um alte Dorfkerne gruppieren, zum Teil um Autobahnabfahrten. Die größten dieser Schlafstädte erreichen von der Einwohnerzahl fast Großstadtmaß (Cinisello Balsamo: 76 Tsd., Sesto San Giovanni 83 Tsd.), verfügen aber höchstens über die Infrastruktur von Kleinstädten. Die Anmutung dieser Siedlungen ist für den Gast, zumal für den deutschen, furchterregend. ZIMPEL spricht schon Anfang der 70er Jahre von einem „erschreckenden Verdichtungs- und Verstädterungsprozeß" (1972: 125).

Generell besteht innerhalb des Ballungsraumes ein starkes Süd-Nord-Gefälle in der Umweltqualität und in der Wohlfahrt der Bewohner. Aber auch den vergleichsweise idyllischen Süden, in dem zwischen den Siedlungen noch Landwirtschaft betrieben wird, darf man sich nicht mit properen Einfamilienhaussiedlungen vorstellen. Auch hier findet man fast ausschließlich „Wohnkomplexe hoher Stockwerksentwicklung" (ZIMPEL 1972: 125). Ein Interviewpartner sagte mir: „Einfamilienhäuser sind etwas für Ausländer – ein Mailänder würde da nie einziehen". (In Birmingham hingegen sagte mir eine Interviewpartnerin: „Living in *flats* is simply not acceptable!").

Die Kernstadt Mailands läßt nur als „steinernes Meer" beschreiben, die Bevölkerungsdichte ist eine der höchsten in Europa überhaupt. Alte, vier- oder fünfgeschossige Bebauung, die hier und dort nur durch großzügige Ring- und Ausfallstraßen durchbrochen wird, dominiert in weiten Teilen des Stadtgebietes. Sie gibt der Stadt ein homogenes Antlitz. Einzelne „Viertel" sind kaum auszumachen, die Orientierung fällt dem Fremden schwer.

Foto 5: Traditionelle Nutzung der Erdgeschosse im inneren Stadtgebiet Mailands

Ein sehr großer Teil der alten Häuser ist auch heute noch im Erdgeschoß mit der traditionellen Nutzung belegt: Einzelhandel, Gastronomie, konsumnahe Dienstleistungen. Es ist schwer, einen Block zu finden, der *nicht* so genutzt wird. Der Begriff „Zentrum" ergibt im Zusammenhang mit den inneren Gebieten Mailands wenig Sinn, denn Einzelhandel ist nahezu flächendeckend vorhanden. Das Foto 5 zeigt eine typische Szenerie, bei der sich vor allem ein Blick auf die Betriebsgrößen lohnt.

Anders als der West Midlands Metropolitan County, in dem nur Busse und die „normale" Eisenbahn verkehren, ist der Ballungsraum Mailand von allen gebräuchlichen öffentlichen Verkehrsmitteln erschlossen. U-Bahnen verbinden die großen „Schlafstädte" mit dem Mailänder Stadtzentrum und ein ungewöhnlich dichtes Straßenbahnnetz sorgt für sehr gute Erschließung auf dem Gebiet der Gemeinde Mailand. Der Nahverkehr ist hoch subventioniert und daher praktisch für jeden erschwinglich.

Die Siedlungssituation im Ballungsraum München ist wiederum ganz verschieden von der in Birmingham und Mailand. Man braucht, um den Unterschied zu erkennen, nur den sehr niedrigen Dichtewert im Umland zu betrachten (vgl. Tab. 13). Es dürfte allgemein bekannt sein, wie er zustande kommt.

Schon die überaus flüchtige Analyse der Siedlungsstruktur zeigt also deutliche Unterschiede zwischen den drei Ballungsräumen, hinter denen sich natürlich sehr verschiedene Stadtentwicklungsprozesse und sehr unterschiedliche kulturelle, ökonomische und planerische Rahmenbedingungen verbergen. Sie zu behandeln, erfordere allein das Papier von drei Dissertationen; es muß an dieser Stelle also an die geographische Imaginationskraft des Lesers appelliert werden, der ich im folgenden durch eine kurze Betrachtung der demographischen Verhältnisse und der Bevölkerungsverteilung noch eine etwas festere Grundlage geben möchte.

Was die durchschnittlichen Haushaltsgrößen angeht (vgl. Tab. 13), so ist auffällig, daß im West Midlands Metropolitan County praktisch kein Anstieg dieses Wertes von der Kernstadt zum Umland festzustellen ist, wie man es nach der gängigen Theorie erwarten würde und wie es etwa in München deutlich zu erkennen ist. Daraus darf man jedoch nicht schließen, daß in Birmingham keine „Familiensuburbanisierung" stattfinden würde. Sie ist sogar recht ausgeprägt. Nein, es liegt an der anderen Seite der Waagschale, an den inneren Gebieten der Kernstadt, in denen vergleichsweise große und sehr junge Haushalte anzutreffen sind. Es sind dies vor allem die Haushalte der nicht-weißen Bevölkerung Birminghams. Der Anteil dieser Gruppen karibischer, afrikanischer und asiatischer Herkunft lag 1991 (letzter Zensus) in der Kernstadt bei rund 22%, im gesamten Ballungsraum bei 15% (vgl. SLATER 1996: 141). Inzwischen dürfte er sich schon wieder merklich erhöht haben. Die Wohnviertel mit den höchsten Konzentrationen nicht-weißer Bevölkerung grenzen nicht direkt an die Innenstadt an – dort hat das „slum clearing" der 50er und 60er Jahre keine geeigneten Gebäude zurückgelassen –, sondern finden sich entlang der „Middle Ring Road" (vgl. SLATER 1996: 142-147), die im Abstand von 3-5 km vom CBD verläuft. Die Bebauung dort stammt zumeist aus dem späten 19. Jahrhundert. Im übrigen sind die Haushalte in den inneren Gebieten Birminghams auch deswegen so groß, weil überhaupt keine Gentrification stattfindet.

Die gibt es auch in Mailand kaum – allerdings aus ganz anderen Gründen. Ein Interviewpartner, der in den Vereinigten Staaten studiert hatte und mit dem ich deshalb Englisch sprach, sagte: „What? Gentrification? – they never left the city!". Eine einleuchtende Erklärung. Wo die Gentry nie die Stadt verlassen hat, kann sie auch nicht zurückkehren. Und nicht nur die Gentry ist beharrlich in der Stadt geblieben, sondern beinahe jeder, der konnte. (Notgedrungen vergröbere ich hier bei allen Beschreibungen, um das Wichtigste auf wenig Raum zusammenstellen zu können). Das Resultat ist eine im Vergleich der drei Städte sehr alte Kernstadtbevölkerung. Die Kinderquote ist nicht einmal halb so hoch wie in Birmingham und noch merklich niedriger als im als kinderarm bekannten München. In Mailand ist ein großer Teil der Bevölkerung mit der Bebauung gealtert. Wie Birmingham hat auch Mailand in diesem Jahrhundert erheblich Zuwanderung erlebt. Vor allem natürlich aus dem Mezzogiorno, später dann aus dem Maghreb und in den letzten Jahren aus Albanien, Rumänien und den Nachfolgestaaten Jugoslawiens. Hier konzentrieren sich die legalen Zuwanderer allerdings nicht wie in Birmingham auf die inneren Stadtgürtel, sondern sie müssen sich gewissermaßen „außen anstellen". Das klassische Zuwanderungsmodell der Chicagoer Schule ist hier auf den Kopf gestellt. Dieses „außen anstellen" der legalen Zuwanderer sorgt dafür, daß die Haushalte im Umland relativ groß und jung sind, obwohl bei der alteingesessenen Bevölkerung, wie schon angedeutet, die „Familiensuburbanisierung" keine so große Rolle spielt. Viele der Eigenschaften Mailands, die hier beschrieben wurden, sind zu einem guten Teil mit der äußerst rigiden Mieterschutzgesetzgebung erklärlich, die von der Kommune – ganz im Gegensatz zum neo-liberalen Zeitgeist – Anfang der 90er Jahre noch einmal verschärft wurde.

Angaben über Bevölkerungsverteilung und Demographie Münchens, die über die Daten in der Tabelle hinausgingen, können hier aus Platzgründen nicht gemacht werden. Die wesentlichen Unterschiede zu den beiden anderen Städten dürften dem deutschen Leser bekannt sein.

Soweit also das Kurzporträt der drei Agglomerationsräume in ihrer Gesamtheit aus Kernstädten und „Umländern", die ich als meine Untersuchungsräume im weiteren Sinne betrachtet und behandelt habe. Diese Untersuchungsräume im weiteren Sinne wurden, soweit es bei diesen Größenordnungen und der zur Verfügung stehenden Zeit möglich war, komplett bereist. Markante Einzelhandelsstandorte (Malls, Fachmarktagglomerationen, SB-Warenhäuser, die „neuen Ortsmitten" der Schlafstädte, alte Stadtteilzentren) wurden in Augenschein genommen (zum Teil unter Führung und Erläuterung einheimischer Experten). Bei allen Interviews, die ich führte, war in der Regel der gesamte Ballungsraum Gegenstand des Gesprächs und meiner Fragen. Auch Sekundärstatistiken wurden, wo vorhanden, für die gesamten Ballungsräume gesammelt und ausgewertet. Es ging im großen und ganzen darum, einen Eindruck von der Lage zu gewinnen. Eine systematische bzw. flächendeckende Deskription oder gar Analyse wurde für die Gesamtheit der Ballungsräume aber nicht angestrebt, tiefergehende empirische Arbeiten nicht durchgeführt. Dies alles blieb den Untersuchungsgebieten im engeren Sinne, den „Innenstädten" der drei Metropolen vorbehalten. Die genauen Abgrenzungen dieser Gebiete sind den Karten 1-3 zu entnehmen.

Man kann die Beschränkung der tiefergehenden Analyse auf Teilräume eines Siedlungsgebietes (wie hier die auf die „Innenstädte") mit sehr guten Argumenten kritisieren (wie etwa KLEIN 1995: 13). Sicher wäre es wünschenswert, „(...) wenn als Beobachtungsraum ein zusammenhängender Wettbewerbsraum (...)" (KLEIN 1995: 13) gewählt werden würde. Allein – dies war aus praktischen Gründen nicht möglich. Drei Ballungsräume mit zusammen rund acht Millionen Einwohnern, ungefähr 70000 Einzelhandelsbetrieben und drei Sprachen sind für einen einzigen Doktoranden mit seinen Ressourcen zu viel. Nicht einmal eine einigermaßen seriöse quantitative Beschreibung der Einzelhandelsstrukturen (hier mit Bedacht: „Struktur") wäre angesichts der äußerst komplizierten Datenlage zu machen gewesen – und mit einer solchen Beschreibung wäre aus den Gründen, die ich im Kapitel 3 dargelegt habe, noch nicht viel gewonnen.

Ein Geograph, der beruflich mit der Einzelhandelsplanung für eine deutsche Großstadt beschäftigt ist, stellte mir, als er von meinem Forschungsprojekt hörte, als erstes folgende Frage: „Und – wie viele Baumärkte hat Mailand?" Als ich es ihm nicht (genau) sagen konnte, war sein Interesse schnell erlahmt. Nicht einmal die zweite, von mir antizipierte Frage, wie Mailand denn den Bau weiterer Baumärkte *verhindere*, wurde noch gestellt. Nun, ein Geograph, der als *Planer* arbeitet, interessiert sich natürlich mit Recht für die rasche Vermehrung der Baumärkte (bzw. SB-Warenhäuser, Fabrikverkaufszentren usw.) und deren siedlungsstrukturelle, verkehrliche und ökologische Auswirkungen. Sein Berufsalltag zwingt ihn dazu, dieses Thema als das wichtigste anzusehen. Bei einem Geographen, der als *Geograph* arbeitet, als forschender Geograph, ist das nicht so. Warum soll der angebliche Antagonismus zwischen traditionellen Einzelhandelsstandorten und sog. „neuen" (z. T. schon 30 Jahre alten) Entwicklungen in „nicht-integrierten" Lagen wissenschaftlich bedeutsamer sein, als irgendeine andere Frage? Es gibt keinen Grund. Im Gegenteil – über den besagten Antagonismus ist schon so viel geforscht bzw. geäußert worden, daß man ein zeitweiliges Moratorium und eine Umlenkung der Ressourcen durchaus verkraften könnte. Jedenfalls, wenn man die Geographie als eigenständige Wissenschaft und nicht nur als Planungsdienstleistung begreift.

Wer hier vor allem Angaben über die „Bedrohung der Innenstädte" durch den Zuwachs „großflächigen Einzelhandels" in „nicht-integrierten" Standorten sucht, wird kaum fündig werden. Hier geht es um die Formung innerstädtischer Einzelhandelslandschaften in Zeiten der Internationalisierung, und nach meiner Auffassung sind die Entwicklungen an der „Peripherie" nur ein Einflußfaktor von vielen. Und zwar einer, von dem man heute weniger denn je annehmen darf, daß er kulturunabhängig überall gleich wirkt, eben weil so viele nicht-monetäre Faktoren (Freizeitwert, Identität durch Konsum etc.) bei der Wahl des Einkaufsortes involviert sind. Hinzu kommt noch, daß die verschärfte „time-space-compression" Zweifel an der üblichen Annahme rechtfertigt, daß die Dinge, die sich euklidisch-räumlich nahe sind (z. B. Einzelhandelsstandorte in Innenstadt und Peripherie *einer* Stadtregion) mehr miteinander zu tun haben als Dinge, die (in euklidischer Betrachtung) weit voneinander entfernt sind, aber über andere topologische Zusammenhänge (z. B. Netzwerke) miteinander verbunden sind (vgl. THRIFT / OLDS 1996). LATOUR gibt Beispiele:

> *„I can be one meter away from someone in the next telephone booth, and be nevertheless more closely connected to my mother 6000 miles way (...); a gas pipe may lie in the ground close to a television glass fiber and nearby a sewage pipe, and each of them will nevertheless continuously ignore the parallel worlds lying around them"* (1993: 3).

Die Konkurrenzstandorte für *Gianni Versace*s Boutiquen in der Via Montenapoleone in Mailand sind nicht die „ipermercati" an der Peripherie Mailands, sondern die Boutiquen an der New Yorker Fifth Avenue und der Londoner Bond Street.

Dies alles zeigt, daß die erzwungene Reduzierung auf den Teilraum Innenstadt wissenschaftlich vielleicht gar nicht so problematisch ist, wie es zunächst erscheint. Sie kann sogar ihre guten Seiten haben.

In Abschnitt 3.2 habe ich explizit, in vielen anderen Passagen implizit begründet, warum für die vorliegende Fragestellung nur ein, im weiteren Sinne, *verstehender* Ansatz in Frage kommt. (Der Begriff „hermeneutisch" wäre eindeutig zu hoch gegriffen). Für mich sind diese wissenschaftstheoretisch-methodischen Festlegungen zwar wichtig, aber keine Glaubensfrage, sondern eine Frage der jeweiligen Erfordernisse. Auch setzte ich „verstehende" Forschung nicht ausschließlich mit „qualitativen" Methoden gleich: Wenn man wissen will, wie viele Geschäfte es in einer Innenstadt gibt, wird man sie zählen. Warum denn auch nicht? Wenn man wissen will, warum es so viele sind (und nicht an die generelle Sinnhaftigkeit multivariater statistischer Verfahren glaubt), wird man qualitative Methoden anwenden.

Insgesamt zeigte sich, daß zur Beantwortung der hier behandelten Fragestellung ein Mix folgender Methoden am besten geeignet war:

- Kartierung
- Nicht-standardisierte Interviews / Leitfadeninterviews
- Beobachtung (teilnehmend, nicht-teilnehmend)
- Quellen- / Dokumentanalyse

Über diese „offiziellen" Methoden hinaus wurden selbstverständlich noch andere, gänzlich offene und methodisch ungeregelte Arten der Recherche angewandt. (Ebenso hatte es ja STEWIG gehalten, aber dann verschwiegen; vgl. S. 20). Lektüre der lokalen Presse, spontane „Befragungen" von Verkäuferinnen, Exkursionen mit einheimischen „guides" und so weiter. Man kann diese Methoden des „sich Umtuns" als unwissenschaftlich abqualifizieren, aber ohne sie geht es bei Fragestellungen wie dieser nicht. Darüber hinaus werden diese Methoden ohnehin akzeptabel, wenn man den großen aber schwierigen Schritt tut, sich wirklich voll und ganz vom positivistischen Ideal der *Reproduzierbarkeit* von Ergebnissen zu verabschieden, und an ihre Stelle die *Plausibilität* setzt. Der Unterschied zum Journalismus liegt dann nur noch im methodischen „Bewußtsein" der Wissenschaft und in der theoretischen Einbindung von „Recherche-Ergebnissen".

Die empirischen Arbeiten in Birmingham wurden während dreier je zweiwöchiger Forschungsaufenthalte, die in die Zeit zwischen April 1996 und Oktober 1998 fielen, durchgeführt. Die Forschungszeit in Mailand betrug insgesamt etwa sieben Wochen, verteilt auf fünf Aufenthalte zwischen März 1996 und Februar 1998. Die Forschungen in München wurden über einen längeren Zeitraum „nebenbei" durchgeführt. Der Schwerpunkt der Aktivität lag zwischen August 1997 und Dezember 1998. Die Kartierungen wurden zwischendurch mehrmals aktualisiert, so daß sie in allen Fällen die Situation des Jahres 1998 beschreiben.

5.2 Ergebnisse in Zahlen

Müßte ich die wichtigsten Unterschiede zwischen den Innenstädten von Birmingham, Mailand und München mit nur einer einzigen Zahl pro Stadt illustrieren – ich würde diese wählen:

- Anzahl der Antiquitäten- / Kunstgeschäfte in Birmingham: 8
- Anzahl der Antiquitäten- / Kunstgeschäfte in München: 114
- Anzahl der Antiquitäten- / Kunstgeschäfte in Mailand: 177

Faktor 22 – das gäbe einen schönen Titel für eine Kurzfassung dieses Innenstadtvergleiches. Jede seriöse wissenschaftliche Zeitschrift würde ihn als zu reißerisch ansehen, aber manchmal produziert die Wirklichkeit tatsächlich Sensationelles und vermag es, uns über alle Maßen zu verblüffen.

Es sind ja nicht die Zahlen auf dem Papier, die am meisten beeindrucken, sondern ihre gegenständliche und atmosphärische Grundlage: Wohl jeder wird sich ausmalen können, welchen Unterschied es in der Anmutung macht, ob eine Innenstadt einige wenige verstreute und überdies auch noch mittelmäßige Antiquitätengeschäfte aufweist (wie Birmingham) oder ob es ganze Straßen gibt, in denen die Schaufenster einen Blick auf Hellebarden, Spinette und Mahagoni-Sekretäre, zeitgenössische Schrottskulpturen und riesige neo-expressionistische Gemälde erlauben (wie in Mailand). Andersherum läßt sich wohl auch leicht denken, wie unterschiedlich die ökonomischen, kulturellen, historischen und *ästhetischen* Voraussetzungen der drei Innenstädte sein müssen, damit solche Unterschiede in der Häufigkeit von Antiquitäten- und Kunstgeschäften entstehen können.

Man könnte die Geschichte der drei Innenstädte hier beginnen und wäre mitten in der Entwirrung der unterschiedlichen Erklärungsstränge und wäre auch direkt bei den beiden theoretischen Hintergrundmotiven dieser Studie, der symbolischen Ökonomie (bei Antiquitäten offenkundig) und der Internationalisierung (die in diesem Segment des Einzelhandels eben überhaupt nicht stattfindet). Sicherlich ist es aber komfortabler, vom Allgemeinen zum Speziellen voranzuschreiten und zunächst mit Hilfe einiger statistischer Maßzahlen zu zeigen, welche Dimensionen der Innenstadteinzelhandel in den drei Städten überhaupt hat. Grundlage der Zahlen in der nachfolgenden Tabelle (und auch aller späteren Auswertungen) ist der gesamte stationäre Einzelhandel mit Ausnahme der Betriebe in Bahn- oder U-Bahnhöfen.

Tab. 14: **Basis-Daten zum Innenstadteinzelhandel in Birmingham (BHX), Mailand (MIL) und München (MUC) – Stand: 1998**

	Abgrenzung „Innenstadt"	Eh-Betriebe	Verkaufsfläche (m²)	Fläche pro Betrieb (m²)
BHX	„City Centre" (innerhalb der Inner Ring Road)	478	167000	350
MIL	„Alte Altstadt" (innerhalb „chercia dei navigli")	1978	219000	111
MUC	„Altstadt" + Achse Hauptbahnhof-Karlsplatz	1206	317000	300

Quelle: eigener Entwurf

Der auffälligste Befund ist wohl der, daß der Einzelhandelsbestand in der Innenstadt von Birmingham im Vergleich zu den Beständen in Mailand und München nicht anders als winzig zu nennen ist; sowohl was die Zahl der Betriebe als auch den Umfang der Verkaufsflächen angeht. Um es noch illustrativer zu sagen: Die Innenstadt von Birmingham weist etwa so viele Betriebe auf wie die deutschen Mittelstädte Rosenheim, Passau, Landshut oder Kempten, von denen keine nur ein Zehntel der Einwohnerschaft Birminghams erreicht. Bei den Flächen stellt sich der Rückstand Birminghams nicht ganz so groß dar; die einzelnen Betriebe sind im Durchschnitt sehr groß, so daß Birmingham hier auf 53% bzw. 76% der Werte Münchens und Mailands kommt.

Wie die Karten 1-3 im Anhang unter Beachtung der unterschiedlichen Maßstäbe verraten, ist nicht nur der Einzelhandelsbestand in Birmingham „winzig", sondern auch die Innenstadt selbst. Dies wirft die Frage nach der Abgrenzung der drei Innenstädte auf. Hierzu ist im Falle Birminghams wenig zu sagen, denn es gibt wohl kaum eine Stadt, bei der das „Ende" einer Innenstadt deutlicher sichtbar wäre. Seit 1971 ist das Stadtzentrum komplett von der vierspurigen „Inner Ring Road" umgeben (vgl. Karte 1), die man bis vor drei Jahren an keiner einzigen Stelle zu ebener Erde überqueren konnte. Der Weg führte entweder durch Über- oder, meist, durch Unterführungen.

Foto 6: Typische Fußgängerunterführung in der Innenstadt von Birmingham

Die Beleuchtung und der hygienische Zustand dieser Unterführungen war und ist nicht besser (cher noch ein wenig schlechter) als anderorts, so daß die meisten Passanten vermieden, sie öfter als nötig zu benutzen. Und das hieß, man benutzte sie zweimal – einmal um die Innenstadt zu betreten, einmal um sie zu verlassen. Die Inner Ring Road, über die es später noch einiges mehr zu berichten gibt, zeichnet also nicht nur die Konturen der (kleinen) Innenstadt der 50er Jahre nach (vgl. STEDMAN 1958), sondern zementiert bzw. betoniert sie durch ihre Unpassierbarkeit bis heute. In Birmingham selbst spricht man deshalb von der Inner Ring Road als „concrete collar". („Collar" ist im Deutschen wahlweise mit „Kragen" oder „Halsband" zu übersetzen).

Jenseits dieser deutlichen Barriere findet man keinen stationären Einzelhandel mehr – außer im *Bull Ring Centre*, das über die Ringstraße gebaut ist und deshalb mit zum Untersuchungsgebiet gezählt wurde; sonst könnte man die Grenze des Untersuchungsraumes noch einige hundert Meter, manchenorts sogar zwei Kilometer weiter nach außen verlagern und hätte doch keine größere Zahl an Betrieben und Verkaufsflächen.

Das ist natürlich in den „alten" Städten München und – mehr noch – Mailand anders. München hat zwar auch eine innere Ringstraße, aber sie ist längst nicht so gigantisch und unpassierbar wie die in Birmingham und hat es nicht vermocht, die jenseits von ihr gelegenen traditionellen Einzelhandelsagglomerationen zum Absterben zu bringen. In alle Himmelsrichtungen gibt es in Gestalt der alten Zufahrtsstraßen zum Stadtzentrum (z. B. Lindwurmstraße, Dachauer Straße, Zweibrückenstraße, Bayerstraße) durchgehende Einzelhandelsbänder, die irgendwann in Stadtteilzentren münden bzw. auch selbst als Stadtteilzentren angesehen werden können. Orientierte man sich also hier bei der Abgrenzung strikt an dem Kriterium der durchgehenden Nutzung der Erdgeschosse durch den Einzelhandel (bzw. konsumnaher Dienstleistungen), so könnte man die Münchner Innenstadt gar nicht abgrenzen.

Genau die gleiche Situation, nur in verschärfter Form, findet man in Mailand vor. Hier sind es nicht nur die großen, überwiegend schon aus römischer Zeit datierenden Radialstraßen (z. B. Corso Italia, Corso Monforte, Corso Magenta, Corso di Porta Ticinese), an denen entlang der Innenstadteinzelhandel in andere Zentren „kriecht". Nein, an manchen Stellen setzt sich die Innenstadt nahezu flächendeckend fort und verschmilzt mit anderen „Zentren", die ebenfalls nicht eindeutig abgrenzbar sind und weder einen „radialen" noch einen „arteriellen" (BERRY) Charakter haben. (Wie schon auf S. 119 ausgeführt ergibt der Begriff Zentrum im inneren Stadtgebiet Mailands wenig Sinn). Das Abgrenzungsproblem ist außerdem deswegen so gravierend, weil sich der Charakter des Einzelhandels vom Zentrum zur Peripherie nicht so stark und eindeutig ändert wie in München. Es besteht eine viel größere Kontinuität, was Betriebsformen, Betriebsgrößen, Filialisierungsgrade, Branchen etc. angeht. Dies hat unter anderem damit zu tun, daß die innere Ringstraße, die es auch in Mailand gibt, nur an einigen, etwas großzügiger ausgebauten Stellen eine Barrierewirkung entfaltet. Unter- oder Überführungen sind an keiner Stelle notwendig, und an anderen Stellen ist die Straße so schmal, so wenig ausgebaut, daß Fußgänger sie leicht ohne Ampel überqueren können. (In Mailand wird Lichtzeichenanlagen im allgemeinen eine etwas größere Aufmerksamkeit zuteil als in anderen Großstädten Italiens).

Aber auch in Mailand hat der innere Ring eine Barrierewirkung – für den Autoverkehr. Hier beginnt die „Zona A" (zona a traffico limitato), jene Zone, die tagsüber für den gewöhnlichen Autoverkehr gesperrt ist, und in die (theoretisch) nur Besitzer einer Ausnahmegenehmigung einfahren dürfen. (Zu den Details und Tücken dieses für Italien „typischen" Modells der flächenhaften Verkehrsberuhigung vgl. MEINI / HOLZWARTH / MONHEIM 1998: 64-66).

In München hat der Altstadtring für den Autoverkehr keine solche Barrierewirkung, denn man darf einfahren, insbesondere um die Parkhäuser zu erreichen. Aber auch in München markiert der Ring jene Grenze, von der an der Autoverkehr mit verschiedenen Mitteln stark eingeschränkt wird (Fußgängerzonen, Einbahnstraßen, zahlreiche Zebrastreifen, hohe Parkgebühren etc.).

Für die schwierigen Abgrenzungen der Untersuchungsgebiete in Mailand und München erwies sich die Verkehrssituation als das beste Kriterium. Es ist klar, leicht handhabbar und läßt sich theoretisch sinnvoll begründen. Zufällig paßt dieses Kriterium auch noch für Birmingham, wo die Abgrenzung aber ohnehin außer Zweifel stand. Für alle drei Städte gilt also folgende Definition: Innenstädte im kommerziellen Sinne (und damit Untersuchungsgebiete) sind die Teile der inneren Stadtgebiete, in denen dem Fußgängerverkehr (und dem öffentlichen Verkehr) – mit welchen Mitteln auch immer – eindeutiger Vorrang vor dem motorisierten Individualverkehr eingeräumt wird.

Diese Definition hatte zur Folge, daß die Abgrenzungen in München und Mailand sehr „knapp" ausgefallen sind. In München umfaßt sie zwar die gesamte Altstadt, aber längst nicht den gesamten Bereich, der im Zentrenkonzept der Stadt München als Innenstadt (bzw. Gliederungsbereich 1) definiert ist. (Es fehlen z. B. die Areale westlich des Hauptbahnhofes, das Gärtnerplatzviertel und der Übergangsbereich zur Maxvorstadt um die Dachauer Straße). In Mailand umfaßt das abgegrenzte Gebiet sogar nur etwas mehr als die Hälfte des gesamten Stadtbezirks 1 („centro storico"), nämlich den Teil, der von den Einheimischen auch als „alte Altstadt" bezeichnet wird. Mailand hatte zwei Befestigungsgürtel – einen inneren Kanalgürtel („chercia dei navigli"), der nach dem ersten Weltkrieg zugeschüttet und mit der inneren Ringstraße überbaut wurde und einen äußeren, die Spanische Mauer, die schon 1859 abgerissen und ebenfalls zum Fundament einer Ringstraße gemacht worden war. Zwischen den beiden ehemaligen Befestigungen und heutigen Ringstraßen liegt die „neue Altstadt", in der es bedeutende Einzelhandelsbestände gibt, die aber eben nicht berücksichtigt wurden.

Kurz und gut: Man kann sicher ausschließen, daß die „Winzigkeit" des innerstädtischen Einzelhandelsbestandes von Birmingham im Vergleich zu Mailand und München von einer zu knappen Abgrenzung im Falle Birminghams oder eine zu großzügige Abgrenzung in den beiden anderen Fällen herrührt. Eher ist das Gegenteil der Fall. In Birmingham hätte es keinen Spielraum für die Betrachtung eines größeren Raumes gegeben, in Mailand und München wurden die knappsten aller denkbaren Abgrenzungen gewählt, so daß der Unterschied zu Birmingham eher unter- als überzeichnet ist.

Keinen sehr großen Einfluß auf die präsentierten Gesamtzahlen haben im übrigen die Leerstandsverhältnisse. In Birmingham wurden 49 Leerstände mit einer Fläche von rund 4000 m^2 gezählt, in Mailand 51 Leerstände (4300 m^2) und in München 88 Leerstände (9500 m^2). Birmingham hat zwar nach Betrieben und Flächen gerechnet die höchsten Leerstandsquoten, aber das ist, wenn man die absoluten Zahlen betrachtet, nicht der Grund für den Rückstand. Ansonsten verraten die Leerstandsquoten nicht viel, weil man nie weiß, warum ein Ladenlokal leer steht. Leerstände können vom Niedergang eines Lokals oder einer Einkaufsstraße künden; meistens zeigen sie aber das Gegenteil an – nämliche rege Verschönerungs- und Erweiterungsaktivitäten. Man weiß es nicht. In dieser Arbeit werden deshalb die Leerstände nicht wieder erwähnt.

In der Frage der Gesamtausstattung mit Einzelhandelsbetrieben und –flächen ist es möglich, zusätzlich zum Status quo auch noch die Situation in den frühen 80er Jahren zu betrachten. Dies basiert auf der glücklichen Fügung, daß alle beteiligten Kommunen selbst sporadisch oder kontinuierlich Daten über den Einzelhandel in ihren Städten erheben. Mit Hilfe verschiedener Umrechnungen und Anpassungen, deren komplizierte Details hier nicht erläutert werden können, lassen sich aus jenen Daten folgende vergleichbaren Zahlen destillieren:

Tab. 15: Entwicklung der Einzelhandelsbestände in den Innenstädten von Birmingham, Mailand und München von den frühen 80er Jahren bis 1998

	Bezugsjahr	Zahl der Betriebe	Verkaufsfläche (m²)	Verkaufsfläche pro Betrieb (m²)
		Veränderung in %		
BHX	1984	+23	-27	-168
MIL	1982	-0,2	+6,8	+6
MUC	1982	-0,1	+7	+9

Quelle: Birmingham City Council (1996), Landeshauptstadt München (1998), Comune di Milano (1995, 1996) sowie weitere unveröffentlichte Daten der drei Kommunen; eigene Erhebungen und Berechnungen

Auch hier sticht Birmingham heraus. Während die Entwicklungen in Mailand und München erstaunlich ähnlich und außerdem noch lehrbuchmäßig verliefen, widerspricht das Geschehen in Birmingham allen Erwartungen, denn es hat eindeutig eine Re-Miniaturisierung des innerstädtischen Einzelhandels stattgefunden, die sich schlecht mit unserer Wahrnehmung von der unaufhaltsamen Maßstabsvergrößerung im Einzelhandel verträgt. Und die Re-Miniaturisierung war ganz real; sie ist kein statistisches Artefakt. Große Einzelhandelsbetriebe wurden geschlossen, an ihre Stelle (Flurstück) traten kleinere. (Details folgen später).

Bei aller Auffälligkeit Birminghams sollte man aber nicht die Unterschiede zwischen München und Mailand übersehen. Sie sind im Grunde ebenso eindrucksvoll, nur vielleicht nicht ganz so überraschend. Mailand: knapp 2000 Betriebe und 220000 m² Verkaufsfläche, München rund 1200 Betriebe und knapp 320000 m². Dies leitet über zu der Frage der Zusammensetzung des bisher nur global betrachteten Einzelhandelsbestandes. Hier gibt es verschiedene Dimensionen zu untersuchen. Ich beginne mit den Betriebsgrößen, durch die sich Mailand so sehr von den anderen beiden Städten unterscheidet. (Von dieser Stelle an wird der Begriff Verkaufsfläche mit „VKF" abgekürzt).

Tab. 16: Lage- und Streuungsparameter zur Betriebsgrößenstruktur in den Innenstädten von Birmingham, Mailand und München

	µ – VKF(m²)	Median – VKF (m²)	Variationskoeffizient – VKF (%)
BHX	350	100	385
MIL	111	50	476
MUC	300	65	509

Quelle: eigene Berechnungen

Die arithmetischen Mittel sprechen für sich und entsprechen im Falle Mailands unseren (hauptsächlich aus Urlaubsbeobachtungen gespeisten) Erwartungen. Der „italienische Einzelhandel" ist kleinteiliger, viele würden sagen, *derzeit noch* kleinteiliger als der deutsche. Allerdings ist es mit „dem italienischen Einzelhandel" – wie mit allem Typischen – so eine Sache: HOLZWARTH (1998: 130) gibt für die Florentiner Innenstadt eine mittlere VKF von 70 m^2 an – ein Wert, der immerhin nicht einmal zwei Drittel des Wertes von Mailand erreicht.

Daß Birmingham trotz erheblichen Rückgangs der durchschnittlichen VKF pro Betrieb in den letzten 15 Jahren immer noch den höchsten Mittelwert aufweist, ist überraschend und fordert zu einer etwas eingehenderen Inspektion heraus. Dazu betrachtet man am besten die Streuungen der Verteilungen. Wie der Vergleich von Median und arithmetischem Mittel zeigt, sind alle drei Verteilungen linksschief, wenn auch in unterschiedlichem Maße. Man wird also damit rechnen müssen, daß die statistische Streuung in allen drei Fällen vor allem auf die oberen Extreme, das heißt die Großbetriebe des Einzelhandels, zurückzuführen ist. Im Falle Münchens, dessen Verteilung besonders schief ist (arithmetisches Mittel fünfmal größer als Median) und das insgesamt auch die höchste Streuung aufweist, wird man eine besonders starke Konzentration der Flächen auf einige wenige Großbetriebe erwarten dürfen. Und genau so ist es:

Tab. 17: Statistische Parameter für die oberen 5% der nach Verkaufsflächen geordneten Betriebe

	n	Schwellenwert (95%-Perzentil)	μ – VKF(m^2)	Σ – VKF (m^2)	Anteil an der gesamten VKF der Innenstädte (%)
BHX	23	941	4203	99670	57,9
MIL	101	301	901	91032	41,6
MUC	62	800	3877	240359	66,3

Quelle: eigene Berechnungen

Auf die oberen 5% der Betriebe entfallen in München zwei Drittel der VKF. Damit hat München eindeutig die am stärksten von Großbetrieben dominierte Einzelhandelslandschaft. Die Kleinteiligkeit der Mailänder Struktur wird ganz offenkundig nur zum Teil dadurch verursacht, daß *alle* Geschäfte eine Nummer kleiner sind als ihre Gegenstücke in Birmingham oder München. Der Hauptgrund ist der, daß die Mailänder „Großbetriebe" um ein Vielfaches kleiner sind als die „Großbetriebe" in den anderen Städten. In diesem Zusammenhang ist interessant, anzumerken, daß beinahe alle italienischen Statistiken die Grenze für „großflächigen Einzelhandel" (grande distribuzione) unabhängig von Branche und Betriebsform bei 400 m^2 VKF ansetzen. Für die Gegebenheiten in der Mailänder Innenstadt ist das auch vollkommen sachgerecht. Betriebe über 400 m^2 erscheinen in diesem Standortumfeld in der Tat sehr groß, und sie sind ziemlich selten (weniger als 4% der Fälle). In Birmingham hingegen gewänne man mit einer derartigen Klassifikation nicht viel, denn hier liegt das arithmetische Mittel ja schon bei 350 m^2.

Die Unterschiede zwischen Birmingham und München sind nicht so leicht zu entdecken, aber es gibt sie. Man kommt ihnen am besten auf die Spur, wenn man die Sache etwas lebenspraktischer und weniger statistisch angeht. Die drei nachfolgenden Tabellen listen die zehn flächengrößten Betriebe jeder Innenstadt auf.

Tab. 18: Die zehn flächengrößten Betriebe in der Innenstadt von Birmingham

	Straße (Haupteingang)	Branchenbezeichnung (kulturübergreifend)	VKF (m²)
Rackhams	Corporation St	Warenhaus mit Textilschwerpunkt	22000
Marks & Spencer	High St	Warenhaus mit Textilschwerpunkt	11200
Boots I	High St	Warenhaus ohne Textilschwerpunkt	8000
W. H. Smith	High St	Medien (Bücher, Tonträger, Video, Software)	7300
Wades	Bull Ring Centre	Möbel, Einrichtung, Betten	6500
Bhs	New St	Warenhaus mit Textilschwerpunkt	5900
C&A	Corporation St	Bekleidung	5100
Argos Superstore	Priory Queensway	Warenhaus ohne Textilschwerpunkt	3800
Boots II	New St	Warenhaus ohne Textilschwerpunkt	3800
Toys 'R Us	Dale End	Spielwaren, Modellbau	3600
Σ			77200

Tab. 19: Die zehn flächengrößten Betriebe in der Innenstadt von Mailand

	Straße (Haupteingang)	Branchenbezeichnung (kulturübergreifend)	VKF (m²)
La Rinascente	Duomo del PZ	Warenhaus mit Textilschwerpunkt	21800
Standa I	Torino V	Warenhaus mit Textilschwerpunkt	4700
Standa II	Cairoli LG	Warenhaus mit Textilschwerpunkt	2900
Messagerie Musicali	Vittorio Emanuele II CS	Medien (Bücher, Tonträger, Video, Software)	2200
UPIM I	San Babila PZ	Warenhaus mit Textilschwerpunkt	1700
UPIM II	Spadari V	Warenhaus mit Textilschwerpunkt	1700
Cisalfa	Vittorio Emanuele II CS	Sport, Camping Outdoor	1600
Ricordi Mediastore	Vittorio Emanuele II GL	Medien (Bücher, Tonträger, Video, Software)	1500
De Padova	Venezia CS	Möbel, Einrichtung, Betten	1400
Habitat	Marconi Guglielmo V	Möbel, Einrichtung, Betten	1400
Σ			40900

Tab. 20: Die zehn flächengrößten Betriebe in der Innenstadt von München

	Straße (Haupteingang)	Branchenbezeichnung (kulturübergreifend)	VKF (m²)
Hertie	Bahnhofplatz	Warenhaus mit Textilschwerpunkt	32800
Karstadt I	Neuhauser Straße	Warenhaus mit Textilschwerpunkt	19300
Galeria Kaufhof I	Kaufingerstraße	Warenhaus mit Textilschwerpunkt	18000
Galeria Kaufhof II	Bayerstraße	Warenhaus mit Textilschwerpunkt	17900
Karstadt II	Neuhauser Straße	Warenhaus mit Textilschwerpunkt	12300
Beck	Marienplatz	Warenhaus mit Textilschwerpunkt	11200
Konen	Sendlinger Straße	Bekleidung	10200
C&A	Kaufingerstraße	Bekleidung	10000
Böhmler	Tal	Möbel, Einrichtung, Betten	6300
Hirmer	Kaufingerstraße	Bekleidung	6200
Σ			144200

Man kann erkennen, daß die schon festgestellte Dominanz der Großbetriebe in München im Kern eine Dominanz der *sehr* großen Betriebe ist. Die größten zehn stellen alleine schon rund 45% der gesamten Innenstadtverkaufsfläche! Acht Betriebe haben mehr als 10000 m². (Daran sollte man sich gelegentlich erinnern, wenn man „großflächigen Einzelhandel" implizit oder explizit ausschließlich mit peripheren Lagen in Verbindung bringt). Solche – in absoluten Maßstäben – *sehr* großen Betriebe wie München gibt es in Birmingham nicht. Daß Birminghams arithmetisches Mittel der VKF insgesamt dennoch höher liegt als Münchens, hat seinen Grund darin, daß den sehr großen Betrieben in München ein mächtiger Block von *sehr* kleinen Betrieben gegenübersteht.

Man hält es von der Alltagswahrnehmung her kaum für möglich, aber das zusätzliche Augenpaar, das die Statistik spendet, ist unbestechlich: Ein Viertel aller Betriebe in der Münchener Innenstadt hat weniger als 32 m² VKF! In dieser Hinsicht ist München den Verhältnissen in Mailand (1. Quartil bei 30 m²) viel näher als denen in Birmingam (1. Quartil bei 50 m²). Zur Erinnerung: Es geht hier um die gesamte Innenstadt, nicht etwa um die Fußgängerzone oder andere Teilbereiche.

Zusammenfassend kann man die drei Innenstädte in Hinblick auf die Betriebsgrößenstruktur unter Zugrundelegung einer absoluten Meßskala so charakterisieren:

- Birmingham: Gekennzeichnet durch eine starke Mitte, sowohl sehr kleine als auch sehr große Betriebe weniger bedeutend als in München. Dadurch insgesamt die geringste Streuung der Betriebsgrößen.
- Mailand: Kleinteiligste Struktur aller Städte, kaum Großbetriebe nach absoluten Maßstäben vorhanden. Nach relativen Maßstäben aber schon – deshalb größere Streuung als in Birmingham.
- München: Größte Streuung (Vielfalt!) der Betriebsgrößen aller Innenstädte wegen großer Zahl von sehr kleinen Betrieben bei gleichzeitiger starker Konzentration der Flächen auf die sehr großen Betriebe.

Im übrigen verweise ich auf die Karten 1-3 im Anhang, die einen schnellen Überblick über Zahl und Lage der größeren Einzelhandelsbetriebe (> 1500 m²) in den drei Städten erlauben.

Die zweite Dimension der inneren Gliederung der drei innerstädtischen Einzelhandelsbestände ist die der Branche bzw. Betriebsform. Dabei geht es um eine schwierige Sache, denn hier spielt die Frage, ob man die Beschreibungen in lokalspezifischen oder in universellen Kategorien vornimmt, eine entscheidende Rolle. (Was eigentlich schon das erste Untersuchungsergebnis darstellt). Um dem Leser einen einigermaßen verträglichen Einstieg in das Thema zu ermöglichen, beginne ich mit den universellen Kategorien. Kategorien, die so fein wie möglich und so allgemein wie nötig gehalten sind, damit alle Geschäfte aus allen Städten sich „irgendwie" einsortieren lassen.

Dargestellt ist in Tab. 21 eine betriebsbezogene Branchengliederung, bei der jeder Betrieb mit seiner gesamten Verkaufsfläche der Branche zugeordnet wurde, aus der sein Leitsortiment stammt, wenn ein solches Leitsortiment überhaupt zu identifizieren war. Dies ist bekanntermaßen schon ohne interkulturelle Komplikationen eine problematische Vorgehensweise, weil immer wieder Flächen unterschlagen bzw. falsch zugeordnet werden. Die gesamte Verkaufsfläche von Buchhandlungen wird den Büchern zugeschlagen, obwohl möglicherweise auf einem Drittel der Fläche Software verkauft wird. Die größten Probleme entstehen (in Deutschland) bei den großen Warenhäusern. Man gruppiert sie bei der betriebsbezogenen Branchengliederung unter „Warenhaus" oder „Mischsortiment" ein und „unterschlägt" damit große Flächen im Bereich der Bekleidungs-, der Lebensmittel-, der Parfümerie- und der Elektronikbranche. Für sich genommen sind diese jeweiligen Abteilungen oft die größten „Fachgeschäfte" ihres Sortiments. Beim interkulturellen Vergleich wird das alles noch viel komplizierter, weil ganz andere Sortimentskombinationen üblich sind und hinter der kartierten „Leitbranche" oder eben hinter der „Mischbranche" ganz unterschiedliche Sortimente versteckt sind. Mehr als mir dieses Problems bewußt zu werden, konnte ich jedoch nicht tun, denn die Kartierung von knapp 3700 Betrieben ist ohnedies schon relativ zeitaufwendig – eine Aufteilung der Flächen innerhalb der einzelne Betriebe war nicht zu leisten.

Tab. 21: **Die Branchenstruktur des Innenstadteinzelhandels in Birmingham, Mailand und München**

Branche (kulturübergreifend)	BHX		MIL		MUC	
	Anteil an Betrieben (%)	Anteil VKF	Anteil an Betrieben (%)	Anteil VKF	Anteil an Betrieben (%)	Anteil VKF
Mischsortimente	3,1	36,6	0,9	15,5	1,1	33,9
Bekleidung	36,4	24,2	29,7	32,1	27,9	28,7
Schuhe, Lederwaren	7,7	3,0	9,6	6,6	6,8	4,6
Sport, Camping, Outdoor	6,5	3,6	1,4	3,2	1,2	4,7
Uhren, Schmuck, Optik	6,9	1,3	12,2	5,4	11,8	2,2
Gesundheit - Schönheit	2,3	1,4	5,5	2,7	5,7	1,7
Wohnen, Einrichtung, Hausrat	4,6	9,9	8,4	12,3	7,6	10,9
Kunst, Antiquitäten, Philatelie	1,9	0,4	10,6	6,0	11,9	3,2
Technik - Elektronik	7,9	2,3	2,9	1,7	4,0	1,2
Medien, Papier, Geschenke	10,7	12,2	6,4	7,8	5,6	3,5
Freizeit, persönlicher Bedarf	2,5	3,0	1,5	1,4	2,8	1,6
Lebensmittel	5,0	0,9	5,6	3,0	10,4	2,7
Sonstiger Einzelhandel	4,4	1,2	5,3	2,4	3,3	1,1

Quelle: eigene Erhebungen und Berechnungen

Die quantitative Diskussion von Branchen und Betriebsformen soll sich auf die ersten beiden Zeilen der Tabelle beschränken. Das hat folgende Gründe: Mit der Diskussion von Misch- und Bekleidungssortimenten hat man in allen drei Städten deutlich mehr als die Hälfte der Verkaufsflächen behandelt. Das reicht zur Schaffung eines quantitativen Fundamentes – zumal sich viele Eigenarten der drei Innenstädte auch bei Betrachtung anderer Branchen immer wieder gleich darstellen würden und man bald ermüdete. Außerdem zeigt sich schnell, daß man mit rein quantitativer Betrachtung tatsächlich den „wahren", den relevanten Unterschieden zwischen den Städten nicht sehr nahe kommt. Die Gründe dafür hatte ich in allgemeiner Form in Kapitel 3 besprochen.

Also, die Mischsortimente, die man schnell mit der Betriebsform des Warenhauses assoziiert, und die Bekleidungssortimente, sie haben aus deutscher Perspektive „Leitcharakter". In interkultureller Betrachtung sieht das alles ein wenig anders aus. Zunächst einmal verbergen sich hinter der Sammelbezeichnung „Mischsortimente" keineswegs nur Betriebe, die wir in Deutschland als Warenhäuser (im Stile *Karstadts*) bezeichnen würden, sondern – je nach Stadt – sehr unterschiedliche Dinge. In Birmingham sind es: drei Warenhäuser mit Textilschwerpunkt (so nenne ich die „klassischen" Warenhäuser im folgenden), drei Warenhäuser ohne Textilschwerpunkt, sechs Posten- und Partien-märkte sowie drei Versandhaus-Niederlassungen.

In Mailand sind es: fünf Warenhäuser mit Textilschwerpunkt und zwölf (!) Exem-plare einer Betriebsform, die es in Deutschland (fast) nicht gibt. Ich nenne sie hier „drugstore", die Inhaber bezeichnen sie meist als „drogheria", aber es sind eben keine Drogerien, wie wir sie in Deutschland kennen bzw. kannten. Das Sortiment besteht klas-sischerweise aus Drogerie-Artikeln, einigen frischen Lebensmitteln (Wurst, Käse), Wein und Spirituosen, manchmal sind Schreibwaren dabei, manchmal Spielwaren und – mir unerklärlich – oft auch Waffen. (Foto 7 zeigt einen besonders traditionsreichen Mailän-der „drugstore").

Foto 7: Drogheria *Galli*, Via Mercato 1, Mailand

In München setzt sich die Gruppe der Betriebe mit Mischsortimenten wie folgt zu-sammen: sechs Warenhäuser mit Textilschwerpunkt, fünf Warenhäuser ohne Textil-schwerpunkt sowie zwei Posten- und Partienmärkte.

Das alles ist schon kompliziert genug, aber eigentlich fangen die Schwierigkeiten auf dieser Ebene der Branchen- bzw. Betriebsformengliederung erst an. Denn auch hinter den Sammelbezeichnungen „Warenhaus mit Textilschwerpunkt" und „Warenhaus ohne Textilschwerpunkt" stehen noch sehr unterschiedliche Betriebskonzepte. Beim Blick zurück auf Tab. 19 sieht man zum Beispiel, daß ich in Mailand auch Betriebe als „Warenhaus mit Textilschwerpunkt" charakterisiert habe, die nicht einmal 2000 m^2 VKF zur Verfügung haben. In Deutschland würden diese Betriebe allein wegen ihrer geringen Fläche nicht mehr als Warenhaus „durchgehen" – in Italien jedoch schon. Hier sind die beiden Definitionen:

- *Warenhaus, Deutschland*: Einzelhandelsgeschäft mit Waren aus zahlreichen Bereichen, darunter auch Nahrungsmittel, hauptsächlich jedoch Bekleidung, Sportartikel, Textilien; herkömmliche Bedienung; Verkaufsfläche mindestens 3000 m^2 (Quelle: Statistisches Bundesamt).
- *Grande Magazzino, Italien*: Einzelhandelsgeschäft mit dem Schwerpunkt auf Nicht-Lebensmitteln, mit mindestens fünf verschiedenen Abteilungen (und evtl. einer zusätzlichen Lebensmittelabteilung) und einer Verkaufsfläche von mindestens 400 m^2 (Quelle: Ministero dell'Industria dell Commercio e dell'Artigigianato).

Beide Definitionen orientieren sich sachgerecht an ihren jeweiligen nationalen Handelsrealitäten, die wir hier auch in den beiden Lokalitäten München und Mailand wiederfinden: Der Median der VKF bei den Warenhäusern mit Textilschwerpunkt liegt in Mailand bei 2850 m^2, in München bei 17900 m^2 – ein Verhältnis von 1 zu 6.

Ich habe hier den Median als Lageparameter gewählt, weil es galt, etwas aus der Statistik herauszurechnen, was es eigentlich nicht geben dürfte: Das Warenhaus von *La Rinascente* am Mailänder Domplatz mit seinen 21000 m^2 VKF. Ein Ausreißer, ein Extremfall, ein Unikum, das die gesamten statistischen Maßzahlen „verzerrt", aber das ich dennoch weiter oben bei der Analyse der globalen Größenstruktur nicht herausgerechnet habe, weil es nun einmal dort am Domplatz steht, und weil es gute Gründe dafür gibt, daß es dort steht. Aber es ist wahr: Das *Rinascente Duomo* ist mit weitem Abstand das größte Warenhaus in Italien. Es ist mehr als doppelt so groß als das nächste auf der Liste und steuerte im Jahr 1996 knapp 10% (!) zum Gesamtumsatz des *Rinascente*-Konzerns bei, der damals immerhin schon über 900 Verkaufsstellen (Warenhäuser, Fachmärkte, Supermärkte, SB-Warenhäuser) in Italien betrieb (vgl. STERNQUIST 1998: 327-328). „Eigentlich" sind die Warenhäuser in italienischen Innenstädten keine Leitbetriebe – in Florenz z. B. hat das größte Warenhaus nur 3750 m^2 VKF (vgl. HOLZWARTH 1998: 131) – aber in Mailand ist *ein* Warenhaus, eben das *Rinascente Duomo,* ganz sicher einer. Nicht nur wegen der gigantischen Umsatz- und Kundenzahlen, sondern auch in seiner Funktion als „landmark" der Mailänder Einzelhandelslandschaft (vgl. S. 151).

In Birmingham bewegen sich die beiden Warenhäuser mit Textilschwerpunkt zwar von der Größe her in deutschen Dimensionen, aber es gibt eben nur zwei, die zusammen gerade einmal so viel VKF haben wie das größte Münchener Exemplar, *Hertie* am Bahnhofplatz. Man kann daher wohl sagen, daß Birmingham einzelne bedeutende Betriebe der Betriebsform Warenhaus mit Textilschwerpunkt beherbergt, daß diese Betriebsform als solche – ebenso wie in Mailand – aber keine so dominante Stellung im Innenstadteinzelhandel hat wie in München. Das allerdings war nicht immer so: Bis Mitte der 80er Jahre hatte Birmingham noch *sechs* große Warenhäuser mit Textilschwerpunkt. Drei von ihnen mit zusammen rund 60000 m^2 VKF wurden seitdem nicht nur geschlossen, sondern gleich ganz abgerissen (das letzte 1992) und durch Shopping-Center bzw. Bürohäuser mit Einzelhandelspassagen ersetzt (vgl. a. Birmingham City Council 1996: 69, Birmingham City Council o. J.: 13-15). Genau diese Entwicklung ist auch der Grund für die weiter oben (vgl. Tab. 15) beschriebene „merkwürdige" Entwicklung, daß sich die Verkaufsfläche im City Centre von Birmingham binnen 15 Jahren um mehr als ein Viertel verringert hat, während die Zahl der Betriebe in ähnlichen Größenordnungen angestiegen ist.

Das Warenhaus mit Textilschwerpunkt ist eine extrem kulturgebundene Betriebsform des Einzelhandels, was sich allein schon darin widerspiegelt, wie unterschiedlich man sie in den verschiedenen Ländern definiert. Ich hatte die Definitionen aus Italien und Deutschland vorgestellt, man könnte weitere hinzufügen und würde doch kaum zwei gleiche finden. Der „Weltverband" der Warenhäuser, die *International Association of Department Stores* stellt fest, daß man wegen der Kulturgebundenheit des Warenhauses keine allgemeingültige Definition aufstellen kann und sollte:

> *„A loose definition of the format is the most useful (...).The definition should be sensitive to local differences in shopping styles, economic development and tradition so as not to exclude countries which may not adhere to a stricter definition"* *(International Association of Department Stores 1999).*

Trotz der Definitionsprobleme, mit denen sich Wissenschaftler und Unternehmensberater herumschlagen, haben die Konsumenten in den verschiedenen Ländern keine Schwierigkeiten, „ihre" Warenhäuser zu erkennen (vgl. OXIRM / CIG 1995: 21). Nach meiner Interpretation liegt das daran, daß hier in Wirklichkeit Namen und nicht Konzepte erkannt werden. Die großen Kaufhaus-Ketten sind in allen europäischen Ländern nationale Institutionen: *La Rinascente* in Italien, *Galeries Lafeyette* in Frankreich, *Marks & Spencer* in England, *Hertie* in Deutschland. Alle diese nationalen Institutionen sind über 100 Jahre alt und hatten sehr lange Zeit, sich ins kollektive Bewußtsein der Bevölkerung einzugraben. (Ich hatte im Prolog zu dieser Arbeit am Beispiel der *Galeries Lafayette* gezeigt, was passieren kann, wenn man als französisches Unternehmen in Deutschland dieses kollektive Bewußtsein nicht auf seiner Seite hat). Aus dem Gesagten ergibt sich bereits die Begründung dafür, daß Warenhäuser als absolut untauglich für die Internationalisierung gelten. Erwin Conradi, der langjährige Vorstandschef der *Metro AG*, bringt die Sache in einem Interview sehr schön auf den Punkt:

> *„Ein Warenhaus ist nicht ins Ausland transferierbar, weil diese Handelsform sehr viel mehr in den Köpfen der Menschen stattfindet als es etwa bei einem Fachmarktkonzept wie Praktiker der Fall ist. Das Warenhaus ist kein international multiplizierbares System in diesem Sinne"* *(Manager-Magazin 1997: 72).*

Es gibt zwar Internationalisierung in diesem Bereich, aber sie findet – im Stile osmotischer Internationalisierung – fast ausschließlich zwischen Gesellschaften mit sehr unterschiedlichem Entwicklungsstand statt und läuft in der Regel über Franchising oder Joint-Venture, damit lokale Partner mit im Boot sind, die die kulturelle Adaption besorgen oder auch nur ihren bekannten Namen zur Verfügung stellen. Exportiert werden bei solchen Manövern eigentlich mehr technologisches Know-How, günstige Beschaffungskonditionen u. ä. Oder aber die Kapitalbeteiligung hat reinen Portfolio-Charakter (vgl. S. 89). Das „System" Warenhaus, wie Conradi es nennt, ist wohl tatsächlich nicht internationalisierbar, weil es eben kein System ist, sondern ein kulturelles Konstrukt. (Vgl. dazu auch die interessante Fallstudie von BENNISON / BOUTSOUKI 1999 über den Aufbau eines „britischen" Warenhauses in Griechenland).

In den drei hier untersuchten Städten kann, wenig überraschend, keine Internationalisierung im Bereich der Warenhäuser festgestellt werden. Damit ist auch keine Konvergenz auf der einzelbetrieblichen Ebene zu erwarten. Und auch auf der Aggregatebene (Stellung dieser Betriebsform im Gefüge des städtischen Einzelhandels) sieht es angesichts der Zahlen, die ich präsentiert habe, eher nach Persistenz, ja sogar Divergenz aus: In Mailand bleiben die Warenhäuser, mit Ausnahme des *Rinascente Duomo*, flächenmäßig unbedeutend, wie sie es immer schon waren. Aber es werden keine Häuser geschlossen, die einzelnen Betriebe erweitern ihre Flächen mäßig, soweit ihre Standorte es zulassen. Ähnliches spielt sich auch in München ab, wenn auch in ganz anderen Größenordnungen. Alle Betriebe bleiben, bauen um, erweitern und dominieren flächenmäßig weiterhin sehr stark den Innenstadteinzelhandel. (Über die Dominanz im Bereich der Umsätze wissen wir, das alte Leiden, fast gar nichts). In Birmingham dagegen wurde diese Betriebsform weitgehend aus dem Markt genommen, wodurch sich der Innenstadteinzelhandel wohl sehr verändert hat. Das betrifft nicht nur die abstrakten Parameter der Größen- und Branchenstruktur, sondern auch die Anmutung. Es fehlen die „landmarks", es fehlt Tradition und Abwechslung in der Gebäudestruktur, was alles zum Gefühl beiträgt, hier sei eine Innenstadt „mallifiziert" worden (was ja tatsächlich durch die Substitution von Warenhäusern durch Shopping-Center in Teilen geschehen ist).

Die Abweichung der Entwicklung in Birmingham im Vergleich zu München und Mailand ist deswegen interessant, weil die Warenhäuser in allen drei Städten (und Ländern) einen entscheidenden Einflußfaktor teilen: Sie alle haben in den 70er und 80er Jahren unter der partiellen Auflösung von Klasse und Schicht zugunsten kleinerer, eher kulturell definierter Gruppen (Lebensstil-Gruppen, Milieus etc.) gelitten, deren ausdifferenzierten Wünschen die klassischen Warenhäuser mit ihrem „Middle-of-the-Road"-Angebot nicht mehr gerecht wurden (vgl. KLEIN 1997). Alle Warenhäuser in Europa hat das Umsatzanteile gekostet, die an andere Betriebsformen gegangen sind. Und alle Warenhaus-Konzerne haben auf diese Entwicklung reagiert. Wie man gesehen hat, waren aber die Reaktionen je nach Land und Stadt verschieden. Das Ergebnis ist Divergenz.

Nun aber zu der Frage, wie sich die Lage bei der zweiten Gruppe von Großbetrieben mit Mischsortimenten, den Warenhäusern ohne Textilschwerpunkt, darstellt. Hier stößt man in einen Bereich vor, in dem sich ausnahmsweise Birmingham und München einmal ähnlich sind, während Mailand abweicht. Mailand hat nämlich kein einziges solches Warenhaus, und muß hier deshalb nicht weiter behandelt werden.

Tab. 22: Die Warenhäuser ohne Textilschwerpunkt in Birmingham und München

	Straße	VKF (m²)		Straße	VKF (m²)
Boots	High St	8000	Kaufhalle	Neuhauser Str.	3200
Boots	New St	3800	Woolworth	Kaufingerstr.	2500
Woolworths	Pallasades S.C.	2100	Drogerie Müller	Tal	2300
			Drogerie Müller	Elisenhof-EKZ	1900
			Woolworth	Stachus-EKZ	1000
Σ		13900	Σ		10900

Quelle: eigene Erhebungen

Das britische Unternehmen *Boots* betreibt „eigentlich" Drogeriemärkte, genauso wie das bayerische Unternehmen *Müller*. Wo aber die Ladenlokale groß genug sind, werden von beiden Unternehmen die Sortimente aufgestockt, so daß an den allergrößten Standorten Betriebsformen entstehen, die zwar noch einen deutlichen Drogerie-Kern haben, die man aber nicht mehr ernsthaft als Drogeriemärkte bezeichnen kann. Als Ergänzungssortimente dienen bei beiden Unternehmen Schreibwaren, Spielwaren, Geschenkartikel und Heimtextilien. Bei *Müller* kommt oft noch eine deutlich abgesetzte CD-Abteilung hinzu, bei *Boots* die in England absolut unvermeidliche Abteilung für „chilled food" (Sandwiches und Salate). Teilselbstbedienung (bei den Parfümerie-Artikeln), der Vertrieb von eigenen Handelsmarken und eine diskontierende Preisgestaltung sind weitere gemeinsame Merkmale von *Boots* und *Müller*.

Hier sind in zwei Ländern relativ unabhängig voneinander ähnliche moderne Betriebsformen entstanden. Relativ unabhängig voneinander deswegen, weil keine Unternehmensinternationalisierung im Spiel ist. Internationale Diffusion von Know-How bzw. Ideenklau mag schon beteiligt gewesen sein. Das weiß man nicht. In jedem Fall ist hier eine gewisse Konvergenz erkennbar. Allerdings, es gibt einen wichtigen Unterschied: Die *Boots*-Märkte in Birmingham befinden sich in den allerbesten Lagen der Innenstadt (Fußgängerbereich, hohe Passantenfrequenzen), während die *Müller*-Märkte an der äußersten Peripherie liegen (vgl. a. Karte 1 und 3). Das läßt nicht nur Rückschlüsse auf unterschiedliche betriebswirtschaftliche Kalkulationen und unterschiedliche Kundenstrukturen zu, sondern beweist, daß die Bedeutung der besprochenen Betriebsform in Birmingham sehr viel größer ist als in München.

Man kann diese drogeriebasierten Warenhäuser vielleicht als Enkel der uralten Betriebsform des Kleinpreis-Kaufhauses sehen, die es in beiden Städten immer noch gibt und die heute noch genauso wie zu Anfang des Jahrhunderts mit dem Namen *Woolworths* bzw. *Woolworth* assoziiert ist. (Den Deutschen, deren Schwierigkeiten bei der Aussprache des Namens ohnehin groß genug sind, hat man das „s" am Ende erlassen). Kleinpreis-Kaufhäuser stellen in Birmingham und München die zweite Gruppe von Warenhäusern ohne Textilschwerpunkt dar – eben vor allem in Gestalt des Erfinder-Unternehmens *Woolworths*.

Nun darf man sich allerdings nicht täuschen, denn wo das Gleiche an der Tür steht, muß nicht das Gleiche hinter der Tür warten. Britische *Woolworths*-Filialen haben zumeist ein akkurates Fischgrät-Parkett und kommen ohne Wühltische aus. Die Gänge sind breit und ohne Obstruktion und man verzichtet auf die in Deutschland übliche Beleuchtung aus der Frühzeit der Neontechnik, die den mit Schlag- und Brandlöchern zerklüfteten PVC-Belag noch wesentlich unangenehmer erscheinen läßt, als er bei Tageslicht erschiene. Auch ist das britische Sortiment anders: Bekleidung fehlt, dafür gibt es auch hier „chilled food" und zudem noch „richtige" Bücher. Mit anderen Worten: *Woolworths* und *Woolworth* haben nur noch sehr wenig miteinander gemein. Hier hat eindeutig eine Divergenz der Entwicklung stattgefunden, die in diesem Fall sogar das Resultat einer De-Internationalisierung ist.

Der weltweite Niedergang der Einheitspreis- bzw. Kleinpreis-Kaufhäuser, der eigentlich schon nach dem zweiten Weltkrieg begonnen hat, ließ das große *Woolworth*-Imperium langsam in seine Bestandteile zerfallen. In Großbritannien gehört *Woolworths* seit längerem zu *Kingfisher*, dem größten britischen Non-Food-Einzelhandelskonzern, in Deutschland hat vor einigen Jahren ein „management-buy-out" stattgefunden, so daß auch hier *Woolworth* nicht mehr amerikanisch, sondern deutsch ist. Das wäre weniger interessant, wenn nicht diese De-Internationalisierung zu so unterschiedlichen Schicksalen der Outlets geführt hätte: In England ging die Reise von *Woolworths* eindeutig in höhere Marktsegmente und mehr in Richtung Spezialisierung, in Deutschland ist im wesentlichen alles beim alten geblieben, auch wenn man mehrmals im Jahr von neuen Konzepten liest. Das gilt im übrigen auch für die *Kaufhalle*, das letzte neben *Woolworth* verbliebene Kleinpreis-Kaufhaus in Deutschland. (Noch in den 70er Jahren hatten alle vier großen deutschen Warenhauskonzerne eine Niedrigpreisschiene. Aber wer erinnert sich heute noch an *Kepa* oder *Bilka*?).

Auch hier liegt also, wie bei den Warenhäusern, der Fall vor, daß eine globale Krise in unterschiedlichen nationalen Wirtschafträumen zu unterschiedlichen Bewältigungsstrategien führt, deren Umsetzung anscheinend nur über eine Re-Nationalisierung möglich war. Der amerikanische Mutterkonzern *Woolworth* fühlte sich anscheinend außerstande, neben den Problemen zuhause auch noch die in Übersee zu lösen.

Doch vergessen wir bei all dem Mailand nicht – dort gibt es weder das alte Kleinpreis-Kaufhaus noch das neue drogeriebasierte Warenhaus. Mehr noch – es gibt nicht einmal den Vorläufer, den Drogeriemarkt. Diese Betriebsform ist in Mailand unbekannt. Dafür „hält" sich die weiter oben erwähnte, anscheinend archaische Betriebsform des „drugstores". Man sieht hier – nicht zum letzten Mal –, daß Betriebsformenwandel anscheinend nicht überall nach dem gleichen Modernisierungsschema abläuft.

Nachdem ich nun die große Gruppe der Betriebe mit Mischsortimenten in ihre Bestandteile zerlegt habe, ist es an der Zeit, sie wieder zusammenzufügen. Zur Erinnerung noch einmal diese Zahlen:

	BHX		MIL		MUC	
	Anteil an Betrieben (%)	Anteil VKF	Anteil an Betrieben (%)	Anteil VKF	Anteil an Betrieben (%)	Anteil VKF
Mischsortimente	3,1	36,6	0,9	15,5	1,1	33,9

Es ist eigentlich ein klarer Fall: Der Einzelhandel in der Innenstadt von Mailand ist eindeutig der mit dem höchsten Grad an Spezialisierung, denn „unspezialisierte" Betriebe mit Mischsortimenten haben nur einen Flächenanteil am gesamten Einzelhandel von 15,5%. Das ist deutlich weniger als die Hälfte der Werte von Birmingham und München. Rechnete man das *Rinascente Duomo* heraus, weil es nicht „typisch" ist, so läge der Flächenanteil der „unspezialisierten Sortimente" bei deutlich unter 10%.

Die Unterschiede von Birmingham und München liegen eher „hinter" den Zahlen, im qualitativen Bereich. Die Bedeutung des Warenhauses mit Textilschwerpunkt ist in Birmingham geringer, diskontierende, textilfreie bzw. textilarme Betriebskonzepte haben relativ gesehen eine höhere Bedeutung. Dabei ist nicht nur an die porträtierten *Boots*-Märkte in 1a-Lagen zu denken, sondern vor allem auch an die Posten- und Partienmärkte, die in gewisser Weise das durch die Umstrukturierung von *Woolworths* und durch das Absterben der übrigen Kleinpreis-Kaufhäuser freigewordene Marktsegment besetzen. Die große quantitative Bedeutung dieser Betriebsform in Birmingham mag man aus der folgenden Auflistung entnehmen. Interessant sind in dieser Tabelle auch die Standorte und die Namen der Betriebe – sie weisen bereits ein wenig auf die atmosphärischen Fragen hin, denen ich mich später noch zuwenden möchte.

Tab. 23: Die Posten- und Partienmärkte in der Innenstadt von Birmingham

	Straße	VKF (m²)	Filialbetrieb
City Discount	Bull Ring Centre	1650	nein
Moochers	Bull Ring Centre	600	nein
Poundland	Pallasades Shopping Centre	550	ja
Poundspender	Rotunda Subway	320	nein
Recession Buster	Bull Ring Centre	240	nein
D & H Discount	Bull Ring Centre	240	nein

Quelle: eigene Erhebungen

Hinzuweisen ist noch darauf, daß die bisherigen Befunde im Hinblick auf die globale Größenstruktur einerseits und die unterschiedliche und unterschiedlich starke Spezialisierung des Angebotes andererseits natürlich miteinander korrespondieren. Die Kleinteiligkeit der Mailänder Struktur geht mit einer sehr starken Spezialisierung einher. Die Kausalität ist dabei *scheinbar* klar: Erst kommt die Spezialisierung (die sich aus dem Verhalten der Konsumenten oder der Anbieter ergibt), dann kommen die kleinen Ladenlokale (vgl. dazu meine Anmerkungen zur Rolle der Bodenmärkte in der geographischen Handelsforschung auf S. 79 und S. 84). Ich möchte hier jedoch einmal die Frage in den Raum stellen, ob es nicht auch genau andersherum sein könnte. Kann die physische Objektwelt, die ja zum großen Teil aus Im-mobilien (!) besteht, nicht die Macht haben, bestimmte Handelsstrukturen zu erzwingen, die wir Sozial- oder Kulturwissenschaftler dann menschlichem Verhalten zuschreiben, da wir alle „Naturdeterminismen" ablehnen und gerne den Menschen in den Mittelpunkt stellen wollen – wenn auch meist nur halbherzig in der verkrüppelten Gestalt des „homo oeconomicus"?

Die Bekleidung – ist sie kulturübergreifend die Innenstadt-Leitbranche oder ist sie es nicht?

Tab. 24: VKF für Bekleidung in den Innenstädten von Birmingham, Mailand und München

	BHX		MIL		MUC	
	VKF (m²)	Anteil an In- nenstadt-VKF (%)	VKF (m²)	Anteil an In- nenstadt-VKF (%)	VKF (m²)	Anteil an In- nenstadt-VKF (%)
In spezialisierte Betrieben	40500	24	70500	32	104000	29
in Warenhäusern	20000	17	21500	10	56000	18
Σ	68500	41	92000	42	160000	47

Quelle: eigene Erhebungen

Zur Beantwortung dieser Frage ist es sinnvoll, neben den eigentlichen Bekleidungsgeschäften (vgl. Tab. 21) auch die Verkaufsflächen für Bekleidung in den Warenhäusern mit Textilschwerpunkt anzuschauen, da man sonst die Bedeutung der Bekleidung stark – und zwar überall unterschiedlich stark – unterschätzt (vgl. S. 131). Aufgrund der geringen Zahl der Warenhäuser war diese intra-betriebliche Aufgliederung der Flächen in diesem einen wichtigen Fall zu bewältigen.

Was den Anteil der VKF für Bekleidung an den gesamten Innenstadt-VKF angeht, so sind die Zahlen einander erstaunlich ähnlich, als wirkte tatsächlich ein magisches, kulturunabhängiges ökonomisches Gesetz. Allerdings muß man bei diesen relativen Berechnungen (Anteil an Gesamtfläche) immer wieder daran erinnern, was diese Zahlen *auch* aussagen: Sie sagen, daß auf 1000 Einwohner der Stadt Birmingham 67 m^2 Innenstadt-VKF im Bereich der Bekleidung kommen, auf 1000 Einwohner der Stadt München aber 130 m^2 – knapp das doppelte! Der Wert für Mailand (71 m^2) zeigt außerdem, daß es anscheinend nicht von der Quantität des Angebotes abhängt, wie gut eine Stadtbevölkerung gekleidet ist und ob sie zur Welthauptstadt der Mode wird. (Ich unterstelle bei diesen Berechnungen im übrigen nicht, daß die drei Stadtgebiete tatsächlich mit den „Einzugsbereichen" der drei Innenstädte gleichzusetzen sind).

Leitbranche ist die Bekleidung also in allen drei Städten mit Sicherheit – allerdings auf sehr unterschiedliche Weise. Die interessanten Dinge verbergen sich hier, wie meist, hinter den Summen und Durchschnitten. Zunächst einmal bestätigt das Verhältnis von Bekleidungsflächen in Warenhäusern zu Bekleidungsflächen in spezialisierten Betrieben noch einmal all das, was bereits über die Bedeutung des Warenhauses und den unterschiedlichen Grad der Spezialisierung ausgeführt wurde. Die Frage ist nun: Wie spezialisiert sind die spezialisierten Betriebe im Bereich des Bekleidungseinzelhandels. Zur Beantwortung habe ich die Betriebe in Fachgeschäfte (bzw. Fachkaufhäuser) einerseits und Spezialgeschäfte andererseits eingeteilt. Dabei spielte die Betriebsgröße keine Rolle, ausschlaggebend war allein das Sortiment. Zur Gruppe der Fachgeschäfte (bzw. Fachkaufhäuser) zählten alle Betriebe mit allgemeinem Bekleidungssortiment (alle Bekleidungsarten für alle Geschlechter und Altersgruppen) sowie die Geschäfte für Damen-, Herren- und Kinderbekleidung. Zu den Spezialgeschäften zählten Geschäfte mit Spezialisierung auf Pelze, Hüte, Unterwäsche, Krawatten u. ä. m. Hier die Ergebnisse:

Tab. 25: Die Feinstruktur des Bekleidungseinzelhandels in den Innenstädten von Birmingham, Mailand und München (Merkmal: Anzahl der Betriebe)

	BHX		MIL		MUC	
	Anzahl der Betriebe	Anteil an den Betrieben (%)	Anzahl der Betriebe	Anteil an den Betrieben (%)	Anzahl der Betriebe	Anteil an den Betrieben (%)
Fachgeschäfte, Fachkaufhäuser	161	92,5	479	81,6	274	81,5
Spezialgeschäfte	13	7,5	108	18,4	62	18,5

Quelle: eigene Erhebungen und Berechnungen

Die elf Prozentpunkte, die Birmingham bei der Spezialisierung von Mailand und München trennen, sind auf den ersten Blick nicht sehr beeindruckend, aber sie machen sich doch im Straßenbild bemerkbar. Insbesondere natürlich deswegen, weil die absoluten Zahlen ebenfalls so niedrig sind. Man muß es sich wirklich im Hinblick auf die „shopping experience" vorstellen: Selbst wenn man die gesamte Innenstadt einschließlich aller Shopping-Center durchwandert, begegnet man nicht mehr als 13 Spezialgeschäften – in München gibt es allein 13 Geschäfte für Trachtenmoden. Der Rest ist in

Birmingham ödes Komplettsortiment. Man bekommt zwar (fast) alles, aber das ist ja nur eine Seite der Medaille, die Versorgungsseite, über deren Relevanz ich mich im Laufe der Arbeit ausführlich geäußert habe. Die Freizeit- und Erlebnisseite ist die: Der Mensch will Abwechslung und Kuriositäten. Er will sie zumindest sehen, die verrückten Hüte (BHX: 1 Hutgeschäft, MIL: 9 Hutgeschäfte), die unbezahlbaren Zobel-Mäntel (BHX: 0 Pelzgeschäfte, MIL: 15 Pelzgeschäfte) und die sündigen Dessous (BHX: 5 Unterwäschegeschäfte, MIL: 48 Unterwäschegeschäfte).

Die „wahren" Unterschiede im Bereich der Anmutung sind noch viel größer, als es aus diesen Zahlen spricht. Einmal, weil ich bei der Unterscheidung zwischen Fach- und Spezialgeschäften vor allen Dingen im Falle Mailands sehr großzügig war und im Zweif einen Laden immer den Fachgeschäften und nicht den Spezialgeschäften zugeordnet habe. Das betrifft etwa Geschäftstypen wie die „camiceria", in der nur Hemden und Blusen verkauft werden, oder die „maglieria", in der es nur Gestricktes gibt. Beide Typen sind dem Fachhandel und nicht dem Spezialhandel zugeordnet worden. Zweitens sind die von mir ausgwewiesenen Spezialsortimente schon Aggregate, die man in München und Mailand durchaus noch hätte weiter unterteilen können, in Birmingham aber nicht. Die Gruppe „Unterwäsche, Strümpfe, Handschuhe" enthält in München und Mailand auch Geschäfte, die nur Handschuhe verkaufen. In Birmingham gibt es so etwas nicht.

Die größten Unterschiede im Bereich der Spezialgeschäfte liegen aber im qualitativen Bereich. In Birmingham sind die Spezialgeschäfte Filialisten wie *Knickerbox* (Unterwäsche) oder *Sock Shop* (Strümpfe) und *Tie Rack* (Krawatten), die in Shopping-Centern zur Optimierung des Branchenmixes eingesetzt werden, und die man an jedem englischen Bahnhof, Flughafen und eben in Shopping-Centern findet.

Foto 8: *Sock Shop* und *Tie Rack* im *Pallasades Shopping Centre*, Birmingham

In Mailand dagegen findet man unter den Spezialgeschäften zum Beispiel einen Betrieb namens *Borsalino*, von dem eine gewisse bedeutende Innovation im Hut-Sektor ausging, und der immer noch dort ansässig ist, wo Urgroßvater Borsalino seinen guten Einfall hatte.

Für Birmingham ist die Sache mit der Spezialisierung also relativ klar. Wo aber liegen die Unterschiede zwischen Mailand und München? In der Tabelle oben waren keine zu erkennen. Deshalb hier noch eine zusätzliche Betrachtung:

Tab. 26: Die Feinstruktur des Bekleidungseinzelhandels in den Innenstädten von Mailand und München (Merkmal: Verkaufsflächen)

	MIL			MUC		
	VKF (m²)	Anteil VKF (%)	μ – VKF (m²)	VKF (m²)	Anteil VKF (%)	μ – VKF (m²)
Fachgeschäfte, Fachkaufhäuser	62800	89,4	131	99300	95,5	363
Spezialgeschäfte	7500	10,6	69	4715	4,5	76

Quelle: eigene Erhebungen und Berechnungen

Nach Flächen gerechnet ist also doch ein Vorsprung Mailands bei der relativen Spezialisierung zu sehen, der aber nicht in der Zahl oder der Durchschnittsgröße der Spezialgeschäfte selbst begründet liegt (da gibt es zwischen beiden Städten kaum Unterschiede), sondern in der unterschiedlichen Struktur des Fachgeschäftssektors. Das durchschnittliche Fachgeschäft für Bekleidung hat in Mailand nur gut ein Drittel der Größe des durchschnittlichen Fachgeschäftes in München. Das bedeutet überspitzt gesagt: Jedes Fachgeschäft in Mailand ist „automatisch" ein Spezialgeschäft! Denn auch wenn Bekleidung aller Arten und für alle Bevölkerungsgruppen angeboten werden, muß wegen der begrenzten Fläche scharf selektiert werden. Man kann viel weniger als in München einfach alles mögliche in die Regale stecken und auf Abverkauf hoffen, sondern muß schon beim Einkauf ziemlich genau wissen, was „gehen" könnte bzw. wem genau man was genau verkaufen möchte. Das setzt unterschiedliche Qualifikationen der Ladeninhaber bzw. der Einkäufer der Unternehmen voraus. Haben Mailänder (Italiener) diese Qualifikation, Münchner (Deutsche) aber nicht?

Was aus diesen Zahlen noch nicht so deutlich wird – die Tücken des arithmetischen Mittels – ist die Tatsache, daß der Fachgeschäftssektor in München in weiten Teilen ein Fach*kaufhaus*sektor ist. In Mailand gibt es keinen einzigen Textilbetrieb mit mehr als 2000 m² VKF, in München gibt es davon acht, die alleine rund die Hälfte der VKF für Bekleidung stellen (wenn man die Warenhäuser nicht mitrechnet).

Zum Schluß des Themas Bekleidung empfiehlt sich noch ein Blick auf die Filialisierungs- und Internationalisierungsgrade des Bekleidungssektors. (Einen Banalisierungsgrad kann man leider nicht berechnen). Die Filialisierungsgrade darf man nicht auf die Ziffer genau nehmen, denn bei über 3700 Betrieben kann man nicht jeden Einzelfall bis ins Letzte prüfen. Ich habe mich aber bemüht, sauber zu arbeiten und denke, daß die Schwankung maximal 3% nach unten oder oben beträgt, wenn man die Filialisierung auf die Betriebe bezieht. Wenn man mit Flächen rechnet, liegt sie noch darunter, weil in der Regel nur die Kleinbetriebe Schwierigkeiten bei der Kategorisierung bereiten.

Die Ergebnisse sind nach allem bisher Gesagten schlüssig; alles paßt gut zusammen:

Abb. 16: Filialisierung des Bekleidungseinzelhandels in Birmingham, Mailand und München

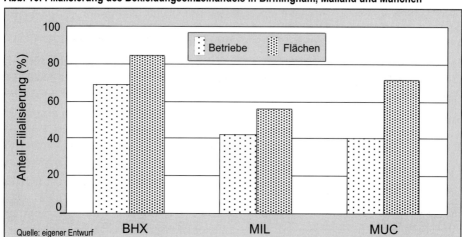

Quelle: eigener Entwurf

Wie kaum anders zu erwarten, sind in allen drei Städten die Filialbetriebe im Durchschnitt größer als die Einzelbetriebe. Deshalb ist überall der Filialisierungsgrad nach Flächen höher als nach Betriebszahlen. Allerdings sind die Differenzen zwischen beiden Merkmalen in den drei Städten unterschiedlich groß. Birmingham fehlen die kleinen inhabergeführten Spezial- und Fachgeschäfte, die die Filialisierungswerte für die Betriebszahlen nach unten zögen, an den Werten für die Flächen aber kaum etwas änderten. München hat sie, die inhabergeführten Spezialgeschäfte und kleinen Fachgeschäfte, woraus sich vergleichsweise niedrige Filialisierungsgrade auf der Ebene der Betriebe ergeben. Aber München hat eben auch – ganz im Gegensatz zu Mailand – die großen Textilkaufhäuser, die fast alle Filialbetriebe sind, wodurch die Filialisierung nach Flächen hohe Werte erreicht. In Mailand dagegen sind alle Betriebe relativ klein, egal ob sie Mehrbetriebs-Unternehmen gehören oder nicht. Deshalb fallen die beiden Filialisierungswerte nicht so weit auseinander.

Daß Mailand, nach Betrieben gerechnet, sogar etwas stärker filialisiert ist als München, mag manchem verdächtig erscheinen. Aber Mailand ist eben nicht Italien, sondern Mailand und damit die Welthauptstadt der Mode. Das heißt: Wer im Luxus-Segment Flagge zeigen will, muß versuchen, eine Filiale, eben ein Flaggschiff, in Mailand zu haben. Den meisten italienischen Unternehmen und einigen ausländischen (vgl. dazu S. 143) gelingt das auch, und dies macht sich in den Filialisierungsgraden bemerkbar.

Nun aber zu den Internationalisierungsgraden. Sie sind recht interessant, insbesondere deswegen, weil derartige Daten noch niemals vorher an irgendeinem Ort erhoben wurden. Allerdings muß auch hier noch einmal angemerkt werden, was ich im Verlauf der Arbeit schon des öfteren zum Ausdruck gebracht habe: Die Internationalisierung der Einzelhandelsunternehmen ist nur eine von vielen Erscheinungen, die den Einzelhandel insgesamt internationaler machen. Alle anderen (Wissenstransfer, Tourismus etc.) können genauso wichtig sein. Die gleich zu besichtigenden niedrigen Raten der Unternehmensinternationalisierung besagen also noch nicht *per se,* daß es keine Konvergenz lokaler Einzelhandelslandschaften in Europa gibt. (Am Beispiel der *Boots-* und *Müller-*

Drogeriewarenhäuser hatte ich gezeigt, daß ähnliche Entwicklungen zu gleicher Zeit ohne Unternehmensinternationalisierung stattfinden können).

Tab. 27: Ausländische Betriebe im Bekleidungseinzelhandel der Innenstädte von Birmingham, Mailand und München

	Ausländische Betriebe	Anteil am Bestand (%)	Herkunftsländer (Anzahl Betriebe)
BHX	10	5,7	USA (2), NLD (2), AUT (1), ITA (1), MYS (1), SWE (1)
MIL	10	1,7	FRA (7), DEU (2), USA (1)
MUC	52	15,5	ITA (18), FRA (17), AUT (7), USA (5), SWE (4), NLD (2), MYS (1), GBR (1)

Quelle: eigene Erhebungen und Berechnungen

Die Ergebnisse sind überraschend. Wer hätte gedacht, daß in der Welthauptstadt der Mode weniger als zwei Prozent der Einzelhandelsbetriebe ausländischen Unternehmen gehören? Und wer hätte gedacht, daß in einer Millionenstadt wie Birmingham nur ein einziges der berühmten italienischen Textilunternehmen Geschäfte betreibt? Dieses Unternehmen ist *Benetton* – übrigens das einzige Unternehmen aus dem Bekleidungssektor, das zum Zeitpunkt meiner Erhebungen in *allen drei* Städten aktiv war.

Spätestens hier, bei der Frage nach der Internationalisierung, merkt man, wie dumm Zahlen sein können – zumindest wenn sie ohne Worte stehen, ohne Einbettung in ein atmosphärisches Gesamtbild. Man könnte doch tatsächlich auf die Idee kommen, Birmingham sei im Bereich der Bekleidung eine „internationalere" Stadt als Mailand – und das wäre geradezu töricht. Zeit also, zu all den Fragen zu kommen, über die die Zahlen keine Auskunft geben.

5.3 Was die Zahlen nicht verraten

5.3.1 Anmutung und Stil

Alle zwei Monate gibt es zur Samstags-Ausgabe der führenden Mailänder Tageszeitung *Corriere della Sera* eine kostenlose Beilage mit dem Titel *ViviMilano (Mailand, Du lebst!)*. Es handelt sich hierbei um eine rund 200 Seiten umfassende Zeitschrift in exzellenter Papierqualität, die zu mindestens zwei Dritteln aus (Mode-)Werbung besteht. Der redaktionelle Teil befaßt sich mit Mode, Essen, Reisen, den üblichen Life-Style-Themen. Man schaut sich diese Zeitschrift gerade wegen ihrer Werbung gerne an, denn man sieht dort wohl das höchste, was es an Werbefotografie, an Fotografie überhaupt zu sehen gibt. (Und dazu noch fast gratis).

Auch die *Birmingham Post* hat eine regelmäßige Modebeilage. Sie fällt etwas kürzer aus (16 Seiten), und der Verlag sieht offenbar nicht ein, richtiges, weißes Papier für diese Unternehmung zu vergeuden. Es bleibt bei normalem Zeitungspapier. Dementsprechend ist die graphische Qualität; man liest über Mode, sieht sie aber kaum.

Die *Süddeutsche Zeitung* kommt (über die Hintertür des *SZ-Magazin*s) auf zwei farbige Modebeilagen pro Jahr, die jeweils 80-100 Seiten haben. Die graphische und fotographische Qualität ist gut, aber nicht überragend, dafür werden die Textpartikel von guten oder auch prominenten Autoren verfaßt.

Es ist unmittelbar einsichtig, daß diese drei Modebeilagen Ausdruck sehr unterschiedlicher ökonomischer und kultureller Realitäten im Bereich der Mode sind. Genauso wichtig ist aber, daß diese Beilagen die ökonomischen und vor allem kulturellen Realitäten ja auch in bestimmter Weise formen. Wer als Mailänder die Werbefotos der *ViviMilano* sechsmal im Jahr beim Frühstuck studiert, wird schnell an ein hohes ästhetisches Niveau gewöhnt – und zwar ganz unabhängig davon, ob die Produkte der beworbenen Bekleidungs-Labels für ihn erschwinglich sind oder nicht. Er wird seine vergleichsweise hohen ästhetischen Standards dann eben an die Geschäfte seiner Preislage anlegen. Nicht nur im Hinblick auf die angebotenen Produkte, sondern auch im Hinblick auf die Ladendekoration, die Bekleidung des Verkaufspersonals und die Papiertüten, in denen er das Eingekaufte nach Hause trägt.

Foto 9: Schaufensterdekoration in der Mailänder Innenstadt – ein Porzellangeschäft

Es hat reale Ursachen, daß man Mailand als eine von vier Welthauptstädten der Mode (neben London, New York, Paris) bezeichnet, und daß die Mailänder selbst ihre Stadt so einstufen. Es hat aber auch reale Folgen; es ist handlungsrelevant – auch für die, die anscheinend nicht „betroffen" sind. Auch sie atmen den Geist der Stadt und werden von ihrer Anmutung geprägt.

In Birmingham ist das im Prinzip nicht anders: Die „Abwesenheit von Stil und Modebewußtsein", die der Stadt schon vor 200 Jahren einen „schlechten Ruf in nationalen

Zirkeln" eingetragen hat (vgl. CHERRY 1994: 231) wird ihren Niederschlag in der physischen Objektwelt gefunden haben, diese wiederum wird das ästhetische Empfinden beeinflußt haben und so weiter. Dieses Wechselspiel zwischen Sein und Bewußtsein im Reagenzglas der Lokalität ist kein Hokuspokus. Es ist Realität. Aber eine, die nicht nach deterministischen Prinzipien abläuft. „Dort ist es so, weil es dort schon immer so war und sich Struktur (Anmutung) und Handlung immer wieder gegenseitig verstärkt haben!" – das mag manchmal die richtige Antwort sein, manchmal ist sie es nicht.

Nehmen wir zum Beispiel Mailand. Kaum jemand weiß heute noch, daß Mailand erst vor rund 25 Jahren zu dem wurde, was es heute auf dem Sektor der Mode darstellt. Untrennbar verbunden ist Mailands Aufstieg mit dem Aufstieg der gesamten italienischen Modebranche, ja, ich würde sogar sagen mit dem damals beginnenden langsamen Aufstieg Italiens zur weltweiten Dominanz in Fragen des guten Lebens. Ein Aufstieg, der vor allem zu Lasten der traditionellen Hegemonialmacht Frankreich und seiner Kapitale Paris ging. (In den 70er Jahren beginnt italienisches Essen in den besseren Kreisen, französisches Essen abzulösen, Pioniere verlegen ihren Zweitwohnsitz von der Provence in die Toskana etc). Es führte zu weit vom Thema weg, wollte man hier die Ursachen für diesen Wechsel der Stilführerschaft diskutieren. Wichtig ist nur, daß Anfang der 70er Jahre in sehr kurzer Zeit fast alle Designer-Labels entstanden sind, die noch heute unsere Wahrnehmung von italienischer (Luxus-)Mode prägen. Und sie sind alle in Mailand entstanden. Man rätselt immer noch ein wenig, wie es dazu kommen konnte. Nicht alle der „Gründerväter" kamen aus Mailand, viele kamen aus der lombardischen Provinz, manche sogar aus dem Mezzogiorno. Mailand war zwar wohlhabend, hatte auch einen entsprechend gehobenen Einzelhandel, aber eine besondere Tradition oder Infrastruktur auf dem Gebiet der Mode gab es nicht. Als wirksame Standortfaktoren werden immer wieder Mailands Traditionen auf dem Gebiet der Malerei, der Fotografie und der Architektur genannt, die sich in zwei berühmten Infrastruktureinrichtungen materialisieren: der Akademie der schönen Künste und dem Polytechnikum, an dem auffallend viele der heute bekannten Designer vor ihrer Karriere in der Modebranche ein Architektur- oder Innenarchitektur-Studium absolviert haben (vgl. GRÖTEKE 1998).

Als weiterer Standortfaktor könnte man spekulativ noch nennen, daß Mailand einen Mikro-Standort zu bieten hatte, an dem die Lebens- *und* Arbeitsbedingungen für diese neue Kaste von ästhetisch hoch sensiblen kreativen Dienstleistern „stimmte". Ein Ort also, an dem die Anmutung schön, erholsam oder auch inspirierend war. Dieser Mikro-Standort nordöstlich der Scala, ein Geviert zwischen den Straßen Via Manzoni, Via Montenapoleone, Via della Spiga und Corso Venezia (vgl. Karte 2 im Anhang), ist von mittelalterlichen Straßen- und Grundstückszuschnitten geprägt. In diese Struktur sind einzelne große Adels-Palais aus späteren Jahrhunderten „eingestreut". Vielfach dienen diese „palazzi" heute als Hauptquartiere und Stadtwohnsitze der Designer, während ihre Läden zumeist in den Gebäuden mittelalterlichen Zuschnitts untergebracht sind.

Alles in dieser Gegend ist alt, denn an diesem Gebiet ist sowohl das architektonische Modernisierungsfieber der Mussolini-Ära als auch das Bombardement der Alliierten im August 1943 knapp vorübergegangen. (Beides hat den Rest der zentralen Mailänder Innenstadt, vor allem die heutige Fußgängerzone, weitgehend zerstört).

Nicht nur die Gebäude sind alt, sondern es gibt auch das im Überfluß, was man „altes Geld" nennt. Ohne Scheu zur Schau getragenes „altes Geld", dessen eindrucksvollste Verkörperung die häufig anzutreffende Gestalt der Frau mittleren Alters ist, die Fuchs und Nerz trägt und einen Mastino an der Leine führt. Während der ersten Besichtigung wurde mir klar, was mein Interviewpartner *wirklich* meinte, als er den schon zitierten Ausspruch tat: „What? Gentrification? – They never left the city!" Er meinte die echte „gentry", den Adel von Geblüt und den alten Geldadel, der sich in Deutschland in den Villenvororten versteckt hat, hier in Mailand aber blieb und den wirtschaftlichen Nährboden für den Aufstieg der Mailänder (bzw. fast gleichbedeutend der italienischen) Modewelt abgab.

Aus den Untersuchungen des Historikers MORRIS (1993: 64-88) weiß man, daß das Gebiet, über das wir hier sprechen, schon einmal, achtzig Jahre bevor die Modemacher kamen, eine Gründungswelle im Einzelhandel erlebte: Um 1890 wurde das Gebiet sehr rasch mit Antiquitäten-Läden überzogen, einer damals neuen Branche des Einzelhandels, die natürlich in besonderer Weise auf reiches Klientel angewiesen war. Im Jahr 1895, für das MORRIS Quellen ausgewertet hat, war das Viertel bereits durch einen für die damalige Zeit ungewöhnlichen Branchenmix gekennzeichnet: Knapp 30% der Betriebe handelten mit Antiquitäten oder Schmuck, während der Anteil der Lebensmittelgeschäfte deutlich unter 10% lag. In anderen innerstädtischen Vierteln war dieses Verhältnis umgekehrt.

Viele der Antiquitäten-Handlungen sind heute von Boutiquen verdrängt, aber die Branche stellt immer noch rund 10% der Betriebe (ebenso wie die Schmuckbranche) und leistet damit noch immer einen wichtigen Beitrag zur Anmutung des Viertels, wie sie wohl auch Anfang der 70er Jahre einen entscheidenden Anteil daran hatte, daß die Designer dieses Viertel für gut befanden.

Der Modezug kam schnell in Fahrt und schon bald sprangen andere auf, die eigentlich keine Designer waren, aber vom neuen Image Mailands profitieren wollten oder einfach „angesteckt" waren. So mutierten plötzlich alteingesessene Mailänder Familienbetriebe wie das Lederwarengeschäft der Gebrüder *Prada* oder das Schuhgeschäft der Familie *Ferragamo* zu Design-Häusern, obwohl keines der Familienmitglieder je eine Akademie von innen gesehen hatte.

Heute nennt man die gesamte Gegend nordöstlich der Scala, in der sich die Modebranche konzentriert das „Goldene Dreieck", wobei interessanterweise niemand genau weiß, wo genau dieses Dreieck anfängt bzw. aufhört. (Zudem hat eigentlich keine der möglichen Abgrenzungen die Form eines Dreiecks). Mit den Jahren ist alles etwas in die Nebenstraßen ausgefranst; die wirklich guten Adressen sind allerdings nach wie vor auf den ursprünglichen Kern beschränkt, eben auf das Gebiet zwischen Via Montenapoleone und Via della Spiga. Das ist nicht nur das Ergebnis der sich stetig selbst reproduzierenden Reputation dieser Adressen, sondern vor allem eine Frage der physischen Objektwelt. Nach Norden ist die Ausdehnung in die dort gelegenen, architektonisch ebenfalls reizvollen Gebiete durch die innere Ringstraße behindert, nach Süden setzt die wenig anheimelnde Nachkriegs-Architektur mit ihren Beton- und Granitarkaden (vgl. Foto 10) Grenzen des guten Geschmacks. Das Gebiet mit einwandfreier Anmutung ist also eng begrenzt und nicht erweiterbar.

Foto 10: Corso Vittorio Emanuele, Mailand – Blick nach Südwesten

Und auch eine viertels-interne Erweiterung der Verkaufsflächen ist nur in sehr engen Grenzen möglich. Der Grundbesitz ist zersplittert, viele Immobilien sind in der Hand der „gentry", die genug Geld hat und nicht auf die Vermietung des letzten Winkels ihrer Häuser angewiesen ist. Lieber bleibt man selbst dort wohnen (im Winter, im Sommer ist man am Comer See) und vermietet nur das Erdgeschoß. Der Denkmalschutz spielt ebenfalls eine Rolle. Das wichtigste aber ist wohl: Der Einzelhandel konkurriert mit anderen Nutzungen aus dem Bereich der Mode. Das macht ja die überragende Bedeutung dieses Viertels aus, daß nicht nur Luxusgeschäfte sich dort konzentrieren, sondern alle Akteure, die in irgendeiner Weise mit der Produktion und der Vermarktung dieser Luxusartikel beschäftigt sind. Es ist ein Musterbeispiel für das, was man kreatives Milieu nennt. Die Designer wohnen und arbeiten dort, die Repräsentanten der Textilindustrie unterhalten Büros, ebenso die Modell-Agenturen und Fotografen. Sehr wichtig sind auch die „show rooms", in denen Einkäufern aus aller Welt die neuen Kollektionen vorgeführt werden und in denen die Anproben im Bereich der Haut-Couture stattfinden. (Haut-Couture stirbt allerdings langsam; viele der Mailänder Designer haben sich aus diesem Marktsegment zurückgezogen).

Einzelhandelsflächen sind also extrem knapp und darunter leiden vor allem die ausländischen Unternehmen, die gerne kämen, aber keine Immobilien finden. Die besten Plätze sind an die Gründerväter vergeben, die inzwischen vielfach die ursprünglich nur gemieteten Immobilien gekauft haben. Außerdem scheint es so zu sein – dies ist jedoch wirklich nicht mehr als ein persönlicher Eindruck –, daß die besonders repräsentativen Immobilien immer „irgendwie" bei den Platzhirschen landen. Offenbar spielen lokale „connections" hier eine gewisse Rolle – und die haben ausländische Unternehmen nicht.

Lange Rede, kurzer Sinn: Ein Grund für die niedrige Internationalisierung des Mailänder Einzelhandelssektors ist ganz einfach der, daß im Luxussegment nur eine begrenzte Zahl von akzeptablen Mikro-Standorten zur Verfügung steht, die heiß umkämpft sind, wobei in diesem Kampf lokale Unternehmen möglicherweise kleine Wettbewerbsvorteile haben. Hier begegnet man einem „Internationalisierungsfilter" in reinster Form. Interessanterweise wirkt genau dieser Filter auch in München. Eine Maklerin erklärte mir während eines Interviews, sie könnte, gemessen an der Nachfrage, jeden Laden in der Maximilianstraße „pro Woche dreimal vermieten". Die Hauptnachfrage käme dabei von ausländischen, insbesondere italienischen Unternehmen und hier sei in den letzten Jahren tatsächlich ein enormer Anstieg zu verzeichnen. Diesen Ansinnen stehe aber die Unvermehrbarkeit der guten Adressen gegenüber, ja mehr noch, sie beobachte gar eine gewisse Kontraktion der für den Luxus-Markt als tauglich angesehenen Lagen. Dies sorge für ein enormes Auseinanderklaffen der Nachfrage und der dann tatsächlich vollzogenen Internationalisierung.

Wenn das „Goldene Dreieck" auch nur wenig ausländische Läden beherbergt, so ist es doch ein höchst internationaler Ort. Zunächst einmal deswegen, weil ja alle italienischen Modehäuser immer auch internationale Unternehmen sind, dann, weil die ausländischen Modeunternehmen, die es nicht zu einem Laden gebracht haben, mindestens einen „show room" irgendwo im zweiten Stock unterhalten und schließlich – und vor allem –, weil das Publikum so international ist. Mit Publikum ist dabei nicht nur die zahlende Kundschaft gemeint, sondern auch das gaffende Publikum, das – abhängig von Tageszeit, Wochentag und Monat – für bis zu zwei Dritteln des Passantenaufkommens verantwortlich sein kann. Die Kleidung verrät zumeist den, der nicht kaufen möchte oder kann, und der sich nur einmal davon überzeugen will, daß „1000 DM für ein paar Riemchensandaletten (...) hier tatsächlich keine Seltenheit" sind (GARBASSEN 1999).

Das Verkaufspersonal der Läden ist häufig mit einer Sprühflasche in der einen, einem blütenweißen Tuch in der anderen Hand zu sehen – einem Instrumentarium, das nicht nur dazu dient, die vielen Glasregale und Glastische in den Läden rein zu halten, sondern mit dem auch die Schaufenster immer wieder von den Nasenabdrücken der Mittelschicht befreit werden. Daß sich keine kurzurlaubenden, schaulustigen Büroangestellten aus Holland oder Deutschland in die Läden *hinein* verirren, wo sie in ihren billigen bunten Hemden nicht nur ein ästhetisches Problem darstellten, sondern ernsthaft im Wege stünden, dafür sorgt die natürliche Schwellenangst, die durch das distinguierte Auftreten der schönen Verkäuferinnen und Verkäufer und die oft an Bühnenbilder erinnernden Ladendekorationen erzeugt wird. Wo das nicht reicht, hilft die Klingel, die man an vielen Geschäften betätigen muß, um überhaupt eingelassen zu werden. Kaum jemand hat den Mut, sich dieser Musterung auszusetzen, obwohl die Gefahr, tatsächlich abgewiesen zu werden, wohl relativ gering ist.

Viele Schaulustige interessieren sich aber offenbar gar nicht so sehr für die angebotenen Waren, sondern mehr für deren Käufer. Sie schauen gewissermaßen anderen Leuten beim Einkauf zu, und die anderen Leute haben wohl nichts dagegen. Ein wenig Publikum bei Vorführen des fehlerfreien Ganges auf „killer heels" ist angenehm. Die Stimmung scheint beiderseits entspannt: Wenig Neid hier, wenig Überheblichkeit dort.

Alles Beschriebene spielt sich übrigens unter regem Auto-, Motorrad- und Rollerverkehr ab. Alle Straßen, mit Ausnahme der Via della Spiga (vgl. Foto 2), die von Natur aus zu eng für den Autoverkehr ist, dürfen (in einer Richtung) befahren werden. Hier kam mir zum ersten Male der Gedanke, ob nicht die in Deutschland mittlerweile zum Allheilmittel ausgerufene Pedestrianisierung nicht auch zu einer gewissen, auf Dauer schädlichen Verländlichung der Großstadt führen kann, wenn sie im Übermaß angewandt wird und keine Reservate mehr bleiben, in denen Lautstärke und Geschwindigkeit daran erinnern, in welcher Art von Siedlung man sich gerade aufhält.

Wie man Karte 2 im Anhang entnehmen kann, ist die Stadt Mailand bei der Ausweisung von Fußgängerzonen insgesamt sehr zurückhaltend – sehr viel zurückhaltender jedenfalls als die anderen beiden Städte. Das letzte größere Projekt (Via Dante) wurde erst 1996 abgeschlossen, weitere Schritte sind, nach Auskunft der Baubehörde, nicht geplant. Insgesamt liegen nur rund 37% der innerstädtischen Verkaufsflächen in Fußgängerbereichen. In München sind es 61%, in Birmingham 95%. Der Mailänder Innenstadt schadet das offenbar nicht, wobei zu bedenken ist, daß der Verkehr durch die „zona a traffico limitato" (vgl. S. 125) ja flächendeckend auf recht niedrigem Niveau gehalten wird und italienische Autofahrer und Fußgänger generell aufmerksamer miteinander umgehen als deutsche. Übertragbar wäre das italienische Modell deshalb nicht so leicht, aber man könnte in Deutschland aufgrund der italienischen Erfahrungen doch zumindest einmal darüber nachdenken, ob Kastanien und Springbrunnen immer und für alle Einkaufslagen und Konsumentengruppen der Weisheit letzter Schluß sind. Eine „gute" Anmutung ist nicht für jeden mit „Schönheit" bzw. „Idylle" gleichzusetzen. Auch Geschwindigkeit, Enge, Aufregung können sich gut anfühlen und ansehen.

Aber zurück zum „Goldenen Dreieck". Man wird mir in dieser Sache nun sicher entgegenhalten, die Mailänder Innenstadt bestünde ja nicht nur aus den Luxus-Händlern in jener Gegend. Das ist richtig, auch wenn ihr Anteil an den Betrieben der Bekleidungs- und Schuhbranche (jeweils rund 22%) schon substantiell zu nennen ist.

Aber man kann einfach die Wirkungen dieses Gebietes, des Einzelhandels in diesem Gebiet auf den Rest der Mailänder Innenstadt nicht hoch genug einschätzen. Die gesamte Innenstadt hat *durchgängig* ein gehobenes Niveau, das, grob gesprochen, genau auf jener Qualitätsstufe beginnt, auf dem der Einzelhandel in Birmingham endet. Das Wort Niveau bezieht sich dabei nicht ausschließlich auf die Preise, sondern auch auf die Qualität der Warenpräsentation, die Originalität der Sortimente, die Kompetenz des Personals und die reine (unabhängig vom Preis zu betrachtende) Warenqualität. Man kommt einfach nicht umhin, dies auch als Ergebnis der „spill-overs" aus dem „Goldenen Dreieck" zu sehen. Ich hatte hier schon die allgemeine Schulung des Auges durch die Läden im „Goldenen Dreieck", durch ihre werblichen Äußerungen, ja durch das gesamte ästhetische Konzept, das sie vertreten, angeführt (vgl. auch das Werbeplakat auf dem Titelfoto dieses Buches).

Manche „spill-overs" sind aber auch ganz handfester Natur. Ausgründungen junger Designer, die ihr Handwerk bei den Klassenbesten gelernt haben und die die entsprechende Ästhetik mitnehmen und weitertragen, auch wenn sie ihr eigenes Geschäft zwei Preisstufen niedriger ansiedeln. Auch das (theoretisch) illegale Nachschneidern spielt – laut Aussagen meiner Interviewpartner und eigener Beobachtungen – eine gewisse Rolle. Zwar schneidern viele Unternehmen Mailänder Mode nach (berüchtigt ist *Hennes & Mauritz*), aber niemand ist dabei so schnell wie die Mailänder selbst, die ihre Zeichner schon in die großen Schauen entsenden, über einen guten Draht zur italienischen Textilindustrie verfügen und auf diese Weise sogar manchmal an die Original-Stoffe herankommen, woraus dann in kurzer Zeit hervorragende Kopien zum halben Preis entstehen.

Man kann die Liste weiter fortsetzen: Viele der besten Ladenarchitekten und Ladenbauer haben ihren Sitz in Mailand, ebenso viele der besten Werbefotografen und so fort. Es läßt sich leicht denken, daß eine Lokalität, in der ein bedeutender Teil der Weltelite eines Wirtschaftszweiges ansässig ist, insgesamt ein sehr hohes Niveau in diesem Wirtschaftszweig erlangen wird. Dieses hohe Wettbewerbsniveau ist wohl der Hauptgrund dafür, daß buchstäblich keiner der ausländischen Massendistributoren für Bekleidung eine Filiale in Mailand unterhält: *C&A* fehlt genauso wie *Hennes & Mauritz*, *Pimkie* genauso wie *Marks & Spencer* und *Orsay*. Kein Wunder also, daß die Internationalisierungsrate Mailands im Bekleidungssektor nicht über zwei Prozent hinauskommt.

Der bei weitem wichtigste externe Effekt, den das „Goldene Dreieck" abwirft, sind aber wohl die Touristen. Nicht nur die Mitglieder der Oberschicht aus aller Herren Länder, die einmal oder mehrmals im Jahr kommen, um sich im „Goldenen Dreieck" neu einzukleiden – hier sind vor allem die südostasiatischen Eliten von großer quantitativer Bedeutung –, sondern auch die Schaulustigen, die nach Mailand kommen, um einmal die Atmosphäre des „Goldenen Dreiecks" zu erleben, die aber ihr Geld in anderen Teilen der Innenstadt ausgeben. Es sind ja durchaus gutsituierte und modeinteressierte Menschen, die nach Mailand reisen – keine Pauschaltouristen im Ballonseiden-Anzug. Sie sind zwar vielleicht nicht wohlhabend genug, um in größeren Mengen im „Goldenen Dreieck" einzukaufen, ihnen fehlt vielleicht auch die Stilsicherheit, um den Auftritt dort fehlerfrei zu absolvieren, aber sie sind trotzdem in der Lage und willens, gutes Geld für gute italienische Kleidung auszugeben.

Jeder Reise- bzw. Einkaufsführer hält für diese Konstellation die richtigen Adressen bereit, und die liegen eben zum großen Teil in der Innenstadt, nur etwas abseits vom „Goldenen Dreieck". Am meisten profitiert davon wohl das *Rinascente Duomo*, das in dieser Form wirklich nur an einem Ort in Italien stehen kann – dort, wo es steht. Es war leider nicht herauszufinden, wie hoch der Umsatzanteil des Hauses ist, der auf Touristen zurückgeht, aber der Augenschein deutet darauf hin, daß es bestimmt mehr als die Hälfte ist. Man kann in allen möglichen Währungen bezahlen, die Umrechnungskurse werden an allen Kassen per Tafel angezeigt und in den wichtigsten Abteilungen sprechen die Verkäuferinnen sogar ein wenig Englisch – für italienische Verhältnisse ein unglaubliches Zugeständnis.

Das *Rinascente Duomo* profitiert nicht nur davon, daß es in vielen Reiseführern als erschwingliche Alternative zu den Boutiquen im „Goldenen Dreieck" genannt wird, sondern wohl auch von einem anderen, paradoxen Phänomen. Obwohl das Warenhaus, wie ich gezeigt hatte, eine extrem kulturgebundene Betriebsform ist, kann doch anscheinend jeder, egal woher er kommt, etwas mit ihr anfangen. Gewisse Elemente wiederholen sich und – vor allen Dingen – man kann sich erst einmal in aller Ruhe umsehen und die Spielregeln der jeweiligen Lokalität studieren. Das läßt das *Rinascente Duomo* für viele zur Einstiegsluke in die Mailänder Modewelt werden.

Rinascente geht geschickt auf die speziellen Wünsche seiner ausländischen Klientel ein; das Haus hat mit anderen *Rinascente*-Filialen in Italien kaum etwas gemein. Der Anteil der Flächen, die für Bekleidung reserviert sind, ist viel höher und das Sortiment ist deutlich hochwertiger. Man führt die „Butter-und-Brot"-Linien der bekanntesten Mailänder Designer (*Armani, Versace, Valentino, Zegna*), so daß es jedem halbwegs situierten Touristen möglich ist, wenigstens ein, zwei Kleidungsstücke mit bekanntem Label aus Mailand mitzubringen. Darüber hinaus gibt es (wirklich günstige) Eigenmarken von *Rinascente* in erstaunlich hoher Qualität, die man den Freunden zu Hause ebenfalls vorführen kann. Die Labels erkennt keiner, und man muß ja nicht sagen, daß sie aus einem Kaufhaus sind. (In Japan allerdings muß man es unbedingt sagen, denn in Japan gilt das Warenhaus als Krone des Bekleidungseinzelhandels und genießt hohes Sozialprestige).

Von den Touristen profitiert ein großer Teil der außerhalb des „Goldenen Dreiecks" gelegenen Innenstadt-Geschäfte, man sieht es nur nicht so schön wie am *Rinascente*. Der stetige Zufluß von Kaufkraft und einkaufswilliger, modeinteressierter Menschen ist sicher ein weiterer Faktor, der den Einzelhandels in der gesamten Innenstadt auf so einem ungewöhnlich hohen Niveau hält. Hier in Mailand gilt ganz sicher die Gleichung, die ich in Abschnitt 4.3 von der theoretischen Seite her aufgestellt hatte: Guter Einzelhandel bringt mehr Tourismus, mehr Tourismus bringt einen besseren Einzelhandel. Wer nur wenig Touristen hat wie Birmingham (2,6 Mio. Übernachtungen), ist von dieser Entwicklung weitgehend ausgeschlossen und fällt weiter hinter die Städte mit hohen Touristenzahlen wie Mailand (8 Mio. Übernachtungen) zurück: Internationalisierung ja – Konvergenz nein!

Man darf sich aber nichts vormachen. So wichtig Anmutung und Ökonomie der Zeichen für die Erklärung der Mailänder Verhältnisse sind – die wichtigste Voraussetzung für eine solche Entwicklung bleibt Geld, bleibt Kaufkraft. 180 Antiquitätengeschäfte und ebenso viele Goldschmieden vermögen nicht vom Mailänder Klima allein zu leben.

Andererseits ist Wohlstand ganz offenkundig wirklich nur eine notwendige, aber keine hinreichende Bedingung.

5.3.2 Geschichte und Bauwerk

Birmingham war im letzten Jahrhundert zweifellos eine der wohlhabendsten Städte in Europa: In zeitgenössischen Beschreibungen findet man Preisungen wie „city of a thousand trades" oder „workshop of the world" (vgl. SKIPP 1983, UPTON 1993). Die Stadtverwaltung war eine der ersten in Europa, die auf die Idee kam *und* es sich leisten konnte, die Wasser- und Gasversorgung zu kommunalisieren sowie eine Müllabfuhr und eine Berufsfeuerwehr einzuführen (alles in den 70er Jahren des 19. Jahrhunderts; vgl. SKIPP 1983). Trotzdem war und blieb die Stadt, wie an anderer Stelle schon gesagt, berüchtigt für das Fehlen von Stil und Modebewußtsein (vgl. S. 144). Jane Austen macht in ihrem bekannten Roman „Emma" (1816) einige abschätzige Bemerkungen über Birmingham. Sie enden mit der Feststellung: „One has no great hopes of Birmingham!". Sicher, solche Beschreibungen durch die feine Gesellschaft lassen sich für viele der englischen Industriestädte jener Tage finden, aber Birmingham scheint im Vergleich zu Manchester, Sheffield, Leeds, Newcastle usw. besonders schlecht weggekommen zu sein.

Es gibt ein beeindruckendes Zeitzeugnis, das genau dies zeigt – und zwar am Beispiel des Einzelhandels, der anscheinend vor 120 Jahren genauso unterentwickelt war, wie heute: „I have always held that Birmingham ought to be the Metropolis of the Midland Counties. Yet there is no town in the kingdom of such magnitude which has *so poor a show of shops*". Dies sprach kein träumender Literat, sondern der geschäftstüchtige Politiker Joseph Chamberlain, der mehr als 20 Jahre Bürgermeister von Birmingham war und später verschiedene Ministerposten in britischen Kabinetten besetzte. Er sagte dies während einer Stadtratssitzung im Jahre 1875, bei der es galt, die Stadträte von der Notwendigkeit zu überzeugen, in Birmingham eine Prachtstraße, einen innerstädtischen Boulevard (vgl. Foto 11) anzulegen (vgl. SKIPP 1983).

Foto 11: Birminghams Prachtstraße, die Corporation Street, kurz nach ihrer Fertigstellung 1891

Die genaue Wortwahl Chamberlains ist interessant. „Poor show of shops" – ein „armseliges" Bild bietet der Einzelhandel. Das schließt sowohl quantitative als auch qualitative Aspekte ein und liefert damit genau die gleiche Diagnose, die lokale Beobachter auch heute noch stellen, und die man auch kaum anders stellen kann. Zu den qualitativen Aspekten hatte ich bereits den bösen Artikel aus dem *Guardian* zitiert, in dem das Herzstück des Birminghamer Einzelhandels, das *Bull Ring Centre*, als „nationaler Witz" bezeichnet wurde (ähnlich auch ADAMS 1995). Auch hatte die statistische

Analyse in Abschnitt 5.2 gezeigt, daß die Einzelhandelsstruktur durch relativ einförmige Betriebsgrößen, starke Filialisierung und einen niedrigen Spezialisierungsgrad (im Bekleidungssektor) sowie die schwache Präsenz gehobener Sortimentsgruppen (Antiquitäten, Schmuck) gekennzeichnet ist, was sich zusammengenommen in einer öden Anmutung niederschlägt. Im quantitativen Bereich hatte ich die „Winzigkeit" des Einzelhandelsbestandes anhand der von mir erhobenen Verkaufsflächen-Daten gezeigt. (Zur Erinnerung noch einmal die Zahlen: Birmingham = 167000 m², Mailand 219000 m², München = 317000 m²).

Lokale Akteure, denen Birmingham von Berufs wegen am Herzen liegt, beurteilen die Situation genauso. Und wie einst Joseph Chamberlain vergleichen sie zum Beweis Birmingham mit „anderen Städten dieser Größe im Königreich". Das Birmingham Economic Information Centre (BEIC), ein privatwirtschaftlich geführtes Wirtschaftsförderungsinstitut der Stadt, schreibt :

> *„Birmingham currently has a lower level of retail space than similar cities; Manchester, Glasgow and Leeds have 5,000 sq ft of retail space per 1,000 of population, Birmingham less than 2,000 sq ft. It is estimated that 1.9 million sq ft of retail space is needed to meet the City Centre demand in Birmingham"* (BEIC: 1999-c: 29).

Die Unternehmensgruppe *Hammerson*, die mit viel Geld an der geplanten Aufrüstung Birminghams zur glamourösen internationalen Einkaufsmetropole beteiligt ist (vgl. S. 44 und S. 85), bringt die Sache auf einen noch kürzeren Nenner: „Birmingham, the UK's second largest city (...) is currently ranked only fifth in terms of it's existing retail provision" (Hammerson plc 1999-b).

Der Befund ist also klar, niemand bestreitet ihn. Erstaunlich daran ist die historische Kontinuität. Die letzte explizit positive Erwähnung Birminghams in Sachen Konsum, Mode oder Handel, die mir untergekommen ist, stammt aus dem 16. Jahrhundert: „Bermingham, a good markett towne in the extreame parts of Warwikshire" (LELAND 1538).

Danach finden sich nur noch abschätzige Anmerkungen – wie die explizit auf den Einzelhandel bezogene Chamberlains weiter oben.

Heute ist Birmingham arm, sehr viel ärmer als Mailand und München jedenfalls. Das Bruttoinlandsprodukt liegt – ungewöhnlich für Großstadtregionen – *unter* dem EU-Durchschnitt (vgl. Europäische Kommission o. J.), und erst 1995 ging für die Stadt eine 20 Jahre währende Periode zu Ende, in der die Arbeitslosenquote beständig im zweistelligen Bereich angesiedelt war (vgl. BEIC 1998). Dies im Blick, scheint die Erklärung für den unterentwickelten Innenstadteinzelhandel leicht – sie wurde mir oft in Diskussionen entgegengebracht: Wo wenig Geld ist, gibt es weniger Einzelhandel, und es gibt schlechteren Einzelhandel.

Aber so einfach ist es nicht, denn, wie gesagt, es gibt diese Kontinuität der Klagen, die anscheinend relativ unabhängig von der jeweiligen ökonomischen Situation der Stadt und ihrer Bevölkerung waren. Selbst in den Nachkriegsjahren als Vollbeschäftigung herrschte und Birmingham mit seiner Automobilindustrie *die* Boom-Region im Vereinigten Königreich war (vgl. BRYSON / DANIELS / HENRY 1996), war es allgemeine Ansicht unter Planern und Politikern, das Stadtzentrum müsse erweitert und modernisiert werden (vgl. BORG 1973, CHERRY 1996). Und diese Stimmung begünstigte dann genau jene Planungsentscheidungen und städtebaulichen Phantasien, die man heute in der Rückschau als den eigentlichen Todesstoß für das City Centre ansieht, und den auch ich beim ersten Kontakt mit dem Untersuchungsgebiet für eine ausreichende Erklärung hielt („Was soll man hier noch erforschen?"). Inzwischen bin ich mir nicht mehr so sicher, wie weit diese Erklärung trägt. Aber in einer Arbeit, die viel Wert auf die Berücksichtigung der Anmutung legt, darf man diese architektonisch-städtebaulichen Aspekte wohl betonen.

Im Gegensatz zum Zentrum des 30 km entfernten Coventry kam das Stadtzentrum von Birmingham im Krieg relativ glimpflich durch die deutschen Bombardements. Es gab isolierte Treffer und Brandschäden, aber die bauliche Struktur des Gebietes war noch wahrnehmbar und wäre nach dem Kriege relativ leicht wiederherstellbar gewesen (vgl. CHERRY 1996). Anders als in München, wo die Altstadt zu 60% zerstört war (vgl. SANDMEIER 1998: 12), oder in Mailand, das ebenfalls schwere Treffer bekommen hatte, entschied man sich in Birmingham nicht für einen Wiederaufbau mit *gemäßigter* Modernisierung, sondern für ein komplettes „redevelopment", das sofort nach dem Krieg begann und bis in die 70er Jahre dauerte (vgl. BORG 1973). Ausgenommen waren nur einige öffentliche Gebäude (Rathaus, Stadtparlament, Gerichtshof, Kirchen). Die auffälligste Folge dieses Vorgehens: Man findet heute im Stadtzentrum kaum zehn Häuser, die älter sind als 1960 bzw. sich diesen Anschein geben. Die Bausubstanz ist sehr homogen, weil sie fast komplett aus den 60er und 70er Jahren stammt – einer Periode der Architekturgeschichte, deren Werke sich momentan keiner besonderen Wertschätzung erfreuen.

Mit dem Umbau der Stadt wurden zwei verschiedene Ziele verfolgt: Erstens sollten die unsäglichen Slums aus der Industrialisierungsphase, die 1950 zum Teil noch auf dem Gebiet der heutigen Fußgängerzone standen, nun endgültig und restlos beseitigt werden. (Begonnen hatte man mit dem „slum clearing" schon Ende des vorigen Jahrhunderts). Und zweitens wurde der Umbau zur autogerechten Stadt angestrebt. Das war im Westeuropa jener Tage nicht ungewöhnlich, Beispiele findet man dafür in den meisten Ländern. Kaum eine Stadt ging die Sache allerdings so radikal an wie Birmingham. Der Grund dafür ist leicht einsichtig: „Birmingham's love affair with the road was an obvious consequence of a city with so much invested in the motor industry" (UPTON 1993: 201).

Geleitet wurden die Stadtplanungsgeschicke Birminghams in jenen entscheidenden Jahrzehnten von Herbert „The Bulldozer" Manzoni, der weder Stadtplaner noch visionärer Politiker war, sondern Straßenbau-Ingenieur und so gewissermaßen mit seiner Vita dafür bürgte, daß kein Zentimeter Erde ohne Asphalt blieb. Seine beiden Hauptwerke, die den Ruhm der Stadt in Fachkreisen zunächst mehrten und ihn heute in allen Kreisen ruinieren, haben ihn überdauert: Erstens: die „Spaghetti Junction", eine anderthalb Kilometer vom Stadtzentrum angelegte Kreuzung von zwei Autobahnen, einer Bahnlinie und einem Kanal, die im aktuellen *Guiness*-Buch der Rekorde immer noch als „komplizierteste Autobahnkreuzung Großbritanniens" verzeichnet ist und in Birmingham weiterhin als Postkarten-Motiv dient (vgl. Abb. 17), als sei dort die Postmoderne niemals angekommen.

Abb. 17: Eine Postkarte aus Birmingham

Das zweite bedeutende Werk Manzonis war die „Inner Ring Road", jenes „asphaltene Halsband", das Birminghams Innenstadt nach heutiger Mehrheitsmeinung durch ihre Unpassierbarkeit „erdrosselt" (vgl. S. 124).

Parallel zum exzessiven Straßenbau setzte sich während des Wiederaufbaus die Meinung durch, daß man eine U-Bahn nicht brauche und gleich auch die Straßenbahn abschaffen könne, so daß Birmingham – wie UPTON (1993) notiert – im Jahre 1953 zur „größten Stadt der Welt ohne elektrische Verkehrsmittel" wurde. Möglicherweise ist sie das heute noch, denn man hat die Entscheidung gegen die Straßenbahn, anders als in vielen anderen Städten, niemals korrigiert. Der öffentliche Personennahverkehr in Birmingham ist miserabel – auch was die Anbindung des Stadtzentrums angeht.

Hinter *beiden* Motiven für das „redevelopment" – „slum clearing" und autogerechter Ausbau – stand als übergeordnetes Motiv, der Wunsch nach Vergrößerung und Modernisierung der Innenstadt in ihrer Funktion als Einzelhandelsstandort. Durch das „slum clearing" würden zusätzliche Flächen verfügbar, durch den autogerechten Ausbau würde die Zugänglichkeit für die Kundschaft verbessert und es entstünde in Gestalt der Inner Ring Road eine ganz neue Einkaufsstraße (vgl. BORG 1973, UPTON 1993). Es ist schwierig, heute nicht in Gelächter auszubrechen, wenn man sich in die damaligen Debatten und Entwürfe vertieft, wie man es in der vorzüglichen Stadtbibliothek Birminghams tun kann. Wie konnte man nur meinen, daß entlang einer vierspurigen, zum Teil mit Tunneln versehenen Rennstrecke ein Einzelhandelsparadies gedeihen könnte?

Andererseits – die Stadt hatte wenig zu verlieren. Der Inner Ring Road fielen ja keine Kulturdenkmäler zum Opfer, wie es in Mailand oder München der Fall gewesen wäre, sondern üble Slums und veraltete Industrieanlagen. STEDMAN beschreibt, welche Art von Ring das Stadtzentrum im Jahre 1956, also vor dem Straßenbau, umgab:

„This zone is characterized by dilapidated houses, often of very unsatisfactory types, mixed in confused fashion with industrial units of varying size. It forms an irregular ring around the City Centre. (...). Not only are the [house] courts closely intermingled with factories but in extreme cases one side of a court may be occupied by houses while the other side is formed by a small workshop or factory. (...) Communal lavatories, wash-houses and air-raid shelters clutter the areas of courtyards" (1958: 232).

Wohlgemerkt, es ist eine Beschreibung aus der Mitte des 20.Jahrhunderts, nicht des 19. Jahrhunderts. Sie zeigt, daß es auch ohne den Bau der Ringstraße mit der Erweiterung der kommerziellen Innenstadt nicht so leicht gewesen wäre. Sie läßt außerdem Verständnis für die Entscheidung aufkommen, einen radikalen, „modernistischen" Neuanfang zu machen (vgl. a. HARVEY 1989: 68-70).

Die wohl wichtigste langfristige Folge des Wiederaufbaus war eine unsichtbare – die Veränderung der Grundbesitzverhältnisse im inneren Stadtgebiet. Das „redevelopment" funktionierte nämlich stets nach folgendem Muster: Die Stadt kaufte ein größeres Gebiet, räumte es von den Slums und baute Straßen. Dann wurden die einzelnen Grundstücke verkauft oder in 99-jähriger Erbpacht vergeben. So geriet ein erheblicher Teil der Grundstücke in die Hand einiger weniger *gewerblicher* Immobilienverwerter.

In England ist es leider nicht möglich, Informationen über Grundbesitzverhältnisse bei irgendeiner Behörde einzuholen. Also fragte ich, nachdem ich auf das Thema gestoßen war, einen Makler in der Birminghamer Niederlassung von *Chesterton Blumenauer Binswanger*. Dieser Makler schätzte, daß etwa 80% aller Immobilien in der Innenstadt auf sechs Besitzer entfallen, wobei die Stadt Birmingham nicht zu dieser Gruppe gehöre.

Welch ein Unterschied zu München und Mailand! Aus STEFLBAUERs (1993) Auswertung der Münchener Grundbücher weiß man, wie zersplittert der Grundbesitz in der Altstadt ist, wie viele Gruppen von Besitzern mit unterschiedlichen Interessen beteiligt sind und wie groß der Besitz öffentlicher Institutionen (Stadt, Land, Kirchen) noch ist. In Mailand dürfte aufgrund der Stadtgeschichte die Situation ganz ähnlich sein.

Diese extrem unterschiedlichen Ausgangspositionen für Birmingham einerseits und Mailand und München andererseits wirken sich in vielerlei Hinsicht auf den Einzelhandel aus: In Mailand und München zahlen vergleichsweise viele Einzelhandelsbetriebe keine oder keine marktgerechte Miete. Keine Miete zahlen sie, wenn ihnen die Immobilie gehört, keine marktgerechte Miete zahlen sie, wenn der jeweilige Eigentümer kein oder nur ein bedingtes kommerzielles Interesse mit der Vermietung verfolgt. Das trifft in beiden Städten vor allem auf die Kommunen zu. Sie betreiben beide mit ihren eigenen Immobilien eine explizit wirtschaftslenkende Politik, die den kleinteiligen, traditionsreichen, als kulturell wertvoll wahrgenommenen Einzelhandel durch Mietsubventionierung und bewußte Bevorzugung bei der Vermietung stützt.

Es sind keineswegs nur unbedeutende Immobilien, die das betrifft. Eines der größten Geschäftshäuser in der Münchener Altstadt ist das Rathaus. Es beherbergt mehr als 30 Geschäfte. Viele davon sind in Nischenbranchen tätig und haben Betriebsgrößen, mit denen sie in dieser 1a-Lage niemals lebensfähig wären, wenn die Marktkräfte ungedämpft wirkten. Auch das Ruffini-Haus am Münchener Rindermarkt (vgl. Foto 12) wird eher nach kulturellen als nach fiskalischen Kriterien vermietet.

Foto 12: Das Ruffini-Haus am Rindermarkt in München – eine städtische Einzelhandelsimmobilie

In Mailand ist zum Beispiel *die* Einzelhandelsimmobilie schlechthin, die *Galleria* (vgl. Foto 3), im Besitz der Kommune, so daß sich dort neben *McDonalds* auch die Silberwarenhandlung *Bernasconi* von 1891 oder das Fachgeschäft für Messer und Rasierklingen des *Giovanni Mejana* präsentieren können.

In Birmingham gibt es praktisch keine Immobilien, die im Besitz von Händler-Familien sind und praktisch keine Immobilien, die von der Stadt oder anderen öffentlichen Trägern subventioniert werden. Alles ist im Besitz kommerzieller Immobilienverwerter, die stets den letzten Tropfen herauspressen müssen. Die Folge: Es gibt keine Atavismen, keine Geschäfte in Nischenbranchen, keine Traditionsbetriebe. In meiner quantitativen Analyse war dies alles ja erkennbar, am deutlichsten in der hohen durchschnittlichen Betriebsgröße, die nicht durch die Dominanz der Großbetriebe verursacht war, sondern durch das Fehlen der Klein- und Kleinstbetriebe. München dagegen ist reich an diesen Atavismen (25% der Betriebe unter 32 m^2 VKF) und die Grundbesitzverhältnisse tragen entscheidend zu dieser Situation bei.

In Mailand scheue ich etwas vor dem Wort Atavismus zurück, denn es scheint so zu sein, daß viele der dortigen alten, spezialisierten und kleinen Betriebe aufgrund ihrer Kompetenz und aufgrund der dortigen Präferenzen der Konsumenten auch ohne Unterstützung an ihren jetzigen Standorten überleben könnten.

Ich hatte bereits angedeutet (vgl. S. 140), wie sehr die Anmutung der Einzelhandelslandschaft von Birmingham unter der Homogenität der Betriebsgrößen und fehlenden Atavismen leidet. Verschlimmert wird das Bild noch durch die Homogenität der Gebäudestrukturen, die sich nicht nur aus der einheitlichen Entstehungszeit (vgl. S. 154) ergibt, sondern auch aus der Großgliedrigkeit des Bestandes. Die Konzentration der

Grundstücke in der Hand weniger Unternehmen hat es mit sich gebracht, daß große zusammenhängende Grundstücke entstanden sind. Grundstücke, die man in Mailand und München nie „zusammenbekäme", weil immer ein Kloster, eine störrische Großmutter oder das Geburtshaus irgendeines Literaten bzw. Freiheitskämpfers im Weg stünde.

Große Grundstücke müssen nicht unbedingt mit großen Gebäuden bebaut werden, aber in Birmingham hat man das meist getan. Zum einen, weil die Mode der Zeit so war, zum anderen weil die Kosten-Nutzen-Rechnung damals noch für solche Strukturen sprach. (Anmutung war eben noch kein so wichtiger Faktor für den Einzelhandel). Eine andere Lösung zur optimalen Verwertung großer Grundstücke war die Anlage einzelner, in sich nahezu abgeschlossener Einkaufsreviere um Privatstraßen oder -plätze.

In meinen ersten Tagen in Birmingham habe ich zunächst nicht erkannt, daß ich es hier in Wirklichkeit mit Shopping-Centern zu tun hatte, denen nur das Dach und der Informationsschalter fehlten. Die Privatstraßen trugen plausible Namen und folgten wohl auch Routen, auf denen es vor dem Krieg einmal „richtige Straßen" gegeben hatte. Stutzig wurde ich erst, als ich keine von diesen Straßen in den amtlichen Karten der Stadt mit Namen angegeben fand. (Eingezeichnet sind sie).

Ich beschloß, der Sache auf den Grund zu gehen und auch in Mailand und München einmal etwas genauer darauf zu achten, wie öffentlich oder privat der Einzelhandel eigentlich ist. Ich nahm folgende Operationalisierung vor: Im öffentlichen Raum liegt ein Einzelhandelsbetrieb dann, wenn man wenigstens einen seiner Eingänge über eine öffentliche Straße erreichen kann, im privaten Raum liegt er dann, wenn man ihn nur über eine private Passage, eine private Straße oder ein Shopping-Center erreichen kann. Ich kam zu folgenden Ergebnissen:

Tab. 28: Innenstadteinzelhandel Birmingham, Mailand, München: Bedeutung von Standorten im privaten Raum / öffentlichen Raum

	BHX	MIL	MUC
Eh-Betriebe im privaten Raum (%)	54,9	3,8	6,1
Eh-Betriebe im öffentlichen Raum (%)	45,1	96,2	93,9

Quelle: eigene Erhebungen und Berechnungen

Birmingham scheint also nicht nur „mallifiziert", sondern *ist* es. Neben den Freiluft-Shopping-Centern (s. o.), allerlei Passagen und kommerziell genutzten Innenhöfen gibt es drei „richtige" Malls mit einem Dach, gekachelten Böden und uniformierten Wachleuten. *Das Bull Ring Centre* ist das älteste und größte von ihnen. Es hat ungefähr 23000 m^2 VKF, wenn man nur die Fläche der Betriebe zählt, die ausschließlich aus dem Inneren der Mall zugänglich sind und also keine Verbindung zu einer öffentlichen Straße haben. Die anderen Malls sind – VKF nach dem gleichen Prinzip gerechnet – das *Pallasades Shopping Centre* (ca. 16000 m^2) und *The Pavillions* (8000 m^2). Mailand und München haben keine innerstädtische Mall.

Das *Bull Ring Centre* ist eine unglaubliche Erscheinung: Es frißt – betriebswirtschaftlich gesehen – seit rund 25 Jahren sein Gnadenbrot, erfüllt nichtsdestotrotz für viele in Birmingham eine wichtige Versorgungsfunktion (hier stimmt das Wort „Versorgung") und ist neben der „Spaghetti Junction" (vgl. S. 154) das zweite Stichwort, das überall in England ausreicht, um den gemütlichen Teil des Abends einzuläuten, bei dem man sich Witze über die Hinterwäldler aus „Brum" erzählt, die so dumm waren, sich ihre eigene Zukunft zu verbetonieren.

5.3.3 Klasse und Schicht

Das erste, was mir im *Bull Ring Centre* auffiel, war der Geruch. Übelriechende Shopping-Center sind eine seltene Erscheinung und ich fragte mich zunächst, ob hier wohl ein technischer Defekt vorläge. Aber es war nur der Geruch der Armut, über dessen genaue Zusammensetzung, soweit sie überhaupt zu ermitteln ist, ich mich hier ausschweigen möchte. Ein große Rolle spielt wohl das billige Essen: „baked beans" mit „sausages" für 2,50 DM, gegessen in dunklen Löchern von Plastik-Tellern an Wachstuch-Tischdecken. Man hatte die „food courts" noch nicht erfunden, als das *Bull Ring Centre* gebaut wurde, und die „Coca-Cola-Oase" ebenfalls noch nicht. Später lohnte es sich dann nicht mehr, einen Umbau zu versuchen – man hätte gar keinen Pächter gefunden, der bereit gewesen wäre, sich auf dieses Abenteuer einzulassen.

Es sind sehr verschiedene Arten der Armut, die man an der Kundschaft des *Bull Rings* studieren kann. Viel Altersarmut, die auf der im Vergleich zu Deutschland niedrigen staatlichen Rente beruht und – wie überall – vor allem Frauen betrifft. Dann gibt es die Armut, die man wohl in die Kategorie „Langzeitarbeitslosigkeit, Branntweinsucht, allgemeines Abgleiten" einordnen muß und schließlich die Armut, die sich aus Kinderreichtum bei (eventuell) gleichzeitiger Arbeitslosigkeit ergibt und von der – augenscheinlich – vor allem die nicht-weißen Bevölkerungsgruppen Birminghams betroffen sind; man sieht viele sehr junge Mütter mit vielen Kindern. Mich hat das einträchtige Nebeneinander und auch Miteinander dieser verschiedenen Gruppen etwas verwundert, denn Stoff für Konflikte gäbe es ja genug. Aber dann wurde mir klar, daß ich hier nichts weiter als die britische Klassengesellschaft vorgeführt bekam, ja sie eigentlich in der gesamten Innenstadt sehen konnte.

Die Inner Ring Road trennte die bürgerliche Innenstadt des 19. Jahrhunderts von Birminghams mittelalterlichem „Dorfkern", einem Marktplatz, der wegen seines Viehmarktes im 17. Jahrhundert den Namen Bull Ring erhielt. Die Gegend um den Bull Ring war immer schon die Gegend der einfachen Leute, weil hier die Märkte lagen, auf denen sich diese Leute, von denen es in den innerstädtischen Slums ja genug gab, bis in das frühe 20. Jahrhundert versorgten. Der stationäre Einzelhandel war damals etwas für die Mittelschicht (vgl. SKIPP 1983). Pikanterweise liegt die Gegend um den Bull Ring tief in einer Flußniederung, während die bürgerliche Innenstadt hoch auf einer Kuppe thront, so daß die soziale Trennung in unten und oben leicht am Relief abzulesen ist.

Die Inner Ring Road markierte und zementierte nun genau diese schon bestehende soziale Grenze, die STEDMAN für das Jahr 1956, also vor dem Straßenbau, so beschrieb: „There is a definite social distinction between this marginal district and the main City Centre shopping area in that the latter caters for all tastes and pockets (...), whereas the appeal of the Bull Ring is much more plebeian" (1958: 231).

Es war eigentlich eine gute Idee, die mit dem Bau der Inner Ring Road verbundene räumliche Trennung gleich wieder aufzuheben, indem man das *Bull Ring Center* über die Straße hinweg baute und so für einen durchgängig überdachten Weg zwischen armer und wohlhabender Innenstadt sorgte. Leider funktionierte diese Idee nicht. Zum einen, heute eine Binsenweisheit unter Planern, weil Menschen gerne direkt zu ihrem Ziel gehen und dieses Ziel dabei sehen möchten und sich nicht gerne von Piktogrammen über Rolltreppen-Kaskaden und durch verwinkelte Tunnelsysteme kommandieren lassen, zum anderen funktionierte es wohl auch nicht, weil die Trennung der Schichten in England so viel stärker ist als in Deutschland. Der Korpus des *Bull Ring Centers* liegt in der „armen" Gegend, eben auf dem alten Bull Ring-Marktplatz, und blieb wohl für die Angehörigen der Mittelschicht immer ein wenig Feindesland, während die einfachen Leute ihr Territorium bald wieder eroberten. Die nach heutigem Empfinden brutale Architektur des Gebäudes war also sicher nur ein Grund dafür, daß aus dem „Traum aller Hausfrauen" nie wirklich die Realität aller (Mittelschichts-)Hausfrauen wurde, und daß es schon wenige Jahre nach der Eröffnung zum Abschuß mit der Graffiti-Sprühdose freigegeben war.

Den schlimmste interkulturellen Fauxpas während der gesamten Arbeiten zu diesem Projekt beging ich während eines Abendessens mit einem englischen Kollegen, der mich einen Tag lang durch seine Stadt (nicht Birmingham) geführt hatte, um mir die Besonderheiten des britischen Einzelhandels zu zeigen und zu erklären. Ich brachte die Sprache auf den großen Erfolg von *Aldi* in England (vgl. S. 100) und fragte ihn, ob seine Familie gelegentlich auch dort einkaufe? Dies wirkte augenscheinlich ähnlich, als wenn ich ihn gefragt hätte, ob er regelmäßig seine Kinder verprügele. Geantwortet wurde mir typisch englisch, in harmloser Schale mit giftigem Kern, der sich nur über eine Nuance in der Betonung erschließt: „My wife *actu-al-ly* prefers to shop at Tesco!". Wir konnten das, ganz Wissenschaftler, schnell ausräumen und mein Gesprächspartner erklärte mir dann, daß *Aldi* zwar tatsächlich in England sehr erfolgreich sei, daß aber natürlich – anders als in Deutschland – nicht jeder dort einkaufe, sondern nur der, der es *nötig* habe. Ähnliches passierte bei einer internationalen Handelskonferenz, als ein holländischer Kollege ebenfalls über den Erfolg *Aldi*s in England referierte und ein englischer Kollege plötzlich unterbrach und laut in den Raum rief (schrie?): „If there is one thing that's certain about *Aldi*, it's that *British* people don't like to shop with *poor* people and in poor environments!". „Britische Menschen" hier, „arme" Menschen dort – so findet man es auch in der Innenstadt von Birmingham.

Klassen und Schichten – im Verlauf dieser Forschungsarbeit habe ich oft darüber nachgedacht, was eigentlich die Besonderheit der Münchener Innenstadt ausmacht. Birmingham ist baulich verkorkst, wurde lange planerisch vernachlässigt und wirkt ärmlich. Mailand ist prachtvoll, voller Einzelhandelskünstler und lebensfroh. Was aber ist München? München ist reich, aber das ist Mailand auch? Die Innenstadt ist stark, aber das ist die von Mailand auch. Nein, die Einzigartigkeit liegt in etwas anderem, das man tatsächlich erst bemerkt, wenn man Vergleichsstücke betrachtet: Münchens Innenstadt ist die einzige der drei betrachteten Innenstädte, in der sich alle sozio-ökonomischen Gruppen heimisch fühlen und in der alle sozio-ökonomischen Gruppen „ihren" Einzelhandel finden. München hat die „kompletteste" Innenstadt, nicht nur was die Betriebsgrößen und -formen angeht, sondern auch, was die Preis- und Qualitätsniveaus der angebotenen Sortimente betrifft.

Auch sind die räumlichen Abgrenzungen zwischen den Einkaufsrevieren der einzelnen Gruppen nicht so scharf wie in Birmingham. Es gibt weiche Übergänge zwischen dem weniger wohlhabenden südlichen Teil der Einzelhandelslandschaft und dem gehobenen bis luxuriösen nördlichen Teil. Es ist nicht selten, daß es in den Geschäften und Gaststätten dieser Übergangsbereiches zum direkten Kontakt von Menschen mit unterschiedlicher ökonomischer Potenz kommt – in Birmingham fast undenkbar. Es liegt nahe, in der Komplettheit der Qualitätsstufen und in der vergleichsweise schwach ausgeprägten Segregation der Münchener Innenstadt ein Abbild der ökonomisch und kulturell relativ homogenen bundesrepublikanischen Gesellschaft zu sehen.

Interessanterweise läßt sich diese Eigenart Münchens auch sehr gut an den Internationalisierungsbewegungen im Einzelhandel ablesen. Ich hatte gezeigt, daß der Münchener Bekleidungssektor sehr viel stärker internationalisiert ist als der von Mailand und Birmingham (vgl. Tab. 27). Das liegt eindeutig *auch* daran, daß München Internationalisierung in allen Marktsegmenten erfährt, während in Birmingham nur das mittlere Marktsegment betroffen ist, in Mailand nur das obere. Auch hier ist es also so, daß Internationalisierung eher bestehende Verhältnisse nachzeichnet und bekräftigt, als neue schafft.

Meine letzten Feststellungen bedürfen vielleicht noch einiger Erläuterungen, denn ich hatte ja zum Beispiel ausgeführt, daß Birminghams innerstädtische Einzelhandelslandschaft aus zwei, räumlich scharf getrennten Welten, nämlich der der Unterschicht (im Zusammenhang mit England *muß* man das Wort noch verwenden) und der der Mittelschicht besteht. Warum also ist in Birmingham nur das mittlere Marktsegment von Internationalisierung betroffen und nicht das untere?

Wer das *Bull Ring Centre* kennt, kann sich die Antwort vermutlich denken. Das *Bull Ring Centre* ist nämlich dem Charakter nach längst kein Shopping-Center mehr, sondern eher eine Markthalle. Der Filialisierungsgrad der Betriebe geht gegen null, die Fluktuation ist außerordentlich hoch. In Werbung und Information wird weder vom Center-Management noch von den einzelnen Betrieben viel investiert. Corporate identity hat keinen großen Stellenwert, es gibt keine Ankerbetriebe. Mit anderen Worten: Das Ganze ist sehr informell, sehr homogen – wie ein Markt, auf den man ja meist auch deswegen geht, weil der Markt insgesamt etwas Bestimmtes bietet (Frische, Erlebnis, gute Preise) und nicht, weil man bestimmte Stände besuchen will. Sollte ein Stand (bzw. ein Betrieb) einmal nicht mehr da sein, so tut das dem Markt als ganzem keinen großen Schaden.

Märkte haben die Eigenschaft, daß sie niemals an zwei Tagen das gleiche Sortiment führen. Die Tätigkeitsfelder der einzelnen Stände sind zwar grob bestimmt, aber es gibt täglich etwas Neues, etwas anderes vom Vortag ist nicht mehr im Angebot und so weiter, und dies trägt ebenfalls zum informellen Eindruck bei. Auch im *Bull Ring Centre* findet man eigentlich keine festen Sortimentsstrukturen. Einmal deswegen, weil die Betriebe so häufig wechseln, zum anderen deswegen, weil viele Betriebe eher eine „ambulante" als eine „stationäre" Sortimentspolitik verfolgen. Am deutlichsten ist das bei den Posten- und Partienmärkten, die ein wichtiger Teil des Branchenmixes im *Bull Ring Centre* sind, und von denen es bei meinen diversen Besuchen immer welche gab, auch wenn es nicht immer dieselben waren (zum Bestand im Jahre 1998 vgl. Tab. 23).

Es handelt sich hier um echte Partienmärkte, nicht um solche Fälschungen wie sie in München seit etwa drei Jahren verstärkt anzutreffen sind. (Der Partienanteil am Sortiment beträgt meist nur 20%, der Rest ist Massenware aus Chinas exportwütiger Konsumgüterindustrie). In Birminghams echten Partienmärkten hat man seinen Spaß: Brandschäden, Wasserschäden, Überbleibsel von Großveranstaltungen (wie die Taschen vom Urologen-Kongreß), auch wohl manchmal Gestohlenes und Gefälschtes.

Aber, wie schon angedeutet – es sind nicht nur die explizit so benannten Sonderposten-Märkte, die mit wechselnden Sortimenten aus wechselnden Quellen arbeiten, sondern augenscheinlich auch viele andere Geschäfte.

Foto 13: Postkarten und Miederwaren – flexible Sortimentspolitik im *Bull Ring Centre*

Es ist eine alte Erfahrung der geographischen Handelsforschung, daß informelle Formen des Handels wie Märkte um so größere Bedeutung haben, je geringer die ökonomische Potenz der lokalen Konsumenten ist. Für diese Korrelation fehlt zwar, soweit ich sehe, die theoretische Begründung, aber am Befund selbst gibt es keine Zweifel. Meine Theorie ist nun, daß Birminghams Unterschicht ökonomisch so viel schlechter gestellt ist als Münchens, daß sie im Gegensatz zu dieser vom stationären Handel (und damit auch von Internationalisierung) kaum erreicht wird, und einen Großteil ihrer Versorgung im Non-Food-Bereich über den weniger formalisierten, quasi-ambulanten oder auch den „wirklich" ambulanten Handel abwickelt.

Ich war vor meinem ersten Besuch in Birmingham nicht darauf eingerichtet, auf eine Millionenstadt in der Europäischen Union zu treffen, in der ein bedeutender Teil des innerstädtischen Einzelhandels nicht in Ladenlokalen, sondern auf Märkten abgewickelt wird. Auch erhebungstechnisch hatte ich für diesen Fall keine Vorsorge getroffen. Als

Münchener und gelegentlicher Besucher des Viktualienmarktes ging ich mit der Vorstellung an die Sache heran, daß Märkte, wenn ich sie denn überhaupt anträfe, zwar wegen ihres Freizeitwertes und möglicherweise auch für touristische Belange wichtig wären und man sie schon erwähnen müsse, rechnete aber nicht damit, daß sie ein quantitativ überaus bedeutsamer Teil einer innerstädtischen Einzelhandelslandschaft sein könnten. In Birmingham aber sind sie das, wie die nachfolgenden Zahlen zeigen:

Tab. 29: Kommunale Märkte in der Innenstadt von Birmingham

	Stände	Sortimentsschwerpunkte	Öffnungstage
Bull Ring Centre Market Hall	195	Fleisch/Fisch, Drogerieartikel, Schreibwaren, Kurzwaren	Mo, Di, Mi, Do, Fr, Sa
Bull Ring Open Air Market	150	Obst/Gemüse, Heimtextilien, Bekleidung, Hausrat	Di, Mi, Do, Fr, Sa
Birmingham Rag Market	550	Bekleidung, Stoffe, Lederwaren	Di, Fr, Sa
Birmingham Row Market	180	Bekleidung, Hausrat, Eisenwaren, Trödel	Di, Fr, Sa

Quelle: eigene Erhebungen

Die traditionell „linke" Stadtverwaltung Birminghams kümmert sich fürsorglich um diese Märkte, kontrolliert Qualität und Herkunft der Waren, prüft die Seriosität der Händler vor Erteilung einer Zulassung genau, und unterhält direkt vor Ort ein Büro für Beschwerden geprellter Konsumenten und sonstige Anliegen. Sie tut das (noch) nicht in der Absicht, die Märkte zum Ort für Erlebnis-Shopping und Status-Konsum hochzurüsten, sondern in der Absicht, einen sicheren, fairen Einkaufsort mit günstigen Preisen für die Unterschicht zu erhalten.

Abb. 18: Investitionen im Wirtschaftssektor Einzelhandel in verschiedenen britischen Städten

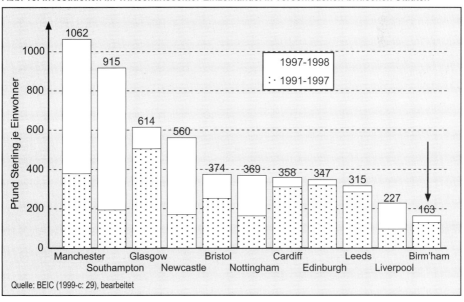

Quelle: BEIC (1999-c: 29), bearbeitet

Lange hat sie der Verlockung widerstanden, diese Grundstücke anders zu verwerten. Dies ist auch der Hauptgrund dafür, daß der „nationale Witz" *Bull Ring Centre* sich so lange halten konnte. Die Stadt wollte das Center und die angrenzenden Märkte nicht opfern, die interessierten Investoren wollten aber wenn, dann nur das ganze Gebiet geschlossen kaufen und geschlossen neu bebauen. Die Verhandlungen mit diversen Investoren zogen sich über 15 Jahre hin, in denen der Druck auf die Kommune immer größer wurde. Zum einen wegen der allgemein miserablen ökonomischen Situation der Stadt, zum anderen wegen des rapiden Verfalls des Stadtzentrums, in dem praktisch ein Investitionsmoratorium herrschte (vgl. a. Abb. 18).

Die wohlfahrtsorientierte Grundhaltung geriet mehr und mehr ins Wanken, und so kam es schließlich zur Einigung über das größte Einzelhandels-Regenerationsprojekt Europas, über das bereits in Kapitel 3 berichtet wurde.

Als Kompromiß hat die Kommune ausgehandelt, daß es auch im und um das neue *Bull Ring Centre* weiterhin Markthandel (in reduziertem Umfang) geben wird. Welchen Charakter der dann aber hat, ist ungewiß. Die Investoren werden wenig Interesse daran haben, daß in unmittelbarer Nähe zu den „besten Namen des europäischen Einzelhandels", die ja alle nach Birmingham gelockt werden sollen (vgl. S. 44) weiterhin Pullover für 1,50 DM aus welken Pappkartons verkauft werden, oder man auf Euro-Paletten mehr oder minder kunstfertige Pyramiden aus diversen Hygienepapieren im Großgebinde errichtet.

Foto 14: Markthandel in Birminghams Innenstadt – nicht reizvoll für Touristen

Andererseits – man wird sie ja nicht los die Unterschicht, die kinderreichen Einwandererfamilien. Sie wohnen ja dort. Nun, nicht direkt im Stadtzentrum (dort wohnen weniger als 500 Menschen), aber doch rund um das Stadtzentrum herum. Ich hatte die Be-völkerungsverteilung nach ökonomischem Status und Ethnie in den drei hier untersuch-ten Stadtregionen ja – nicht zufällig – am Anfang des Kapitels geschildert.

5.3.4 Urbanität und Konsum

STEWIG hat in seinem Vergleich von Bursa, Kiel und London/Ontario an vielen Stellen anklingen lassen, daß für die spezielle Gestalt der jeweiligen Einzelhandelsstrukturen die räumliche Verteilung der Kaufkraft (von ihm gleichgesetzt mit der räumlichen Ver-teilung der Wohnorte unterschiedlicher sozio-ökonomischer Gruppen) *das* entscheiden-de Kriterium ist. Er sagt es nicht explizit, aber es scheint so, daß er dieser Variable – zumindest bei der Gegenüberstellung von Kiel und London – sehr viel mehr Bedeutung zumißt, als der Kaufkraft an sich, das heißt, dem allgemeinen Wohlstand einer Stadtbe-völkerung.

Hier kann ich nur zustimmen – die räumliche Verteilung der Kaufkraft ist, was die von mir untersuchten Innenstädte angeht, tatsächlich die wichtigste Ursache für die un-terschiedliche Gestalt der drei Einzelhandelslandschaften. Im Unterschied zu STEWIG würde ich jedoch sagen, daß es nicht in erster Linie, auf die *gegenwärtige* räumliche Verteilung des Wohlstandes ankommt, sondern auf die in der Vergangenheit. Und ich würde sagen, daß die Beziehung zwischen Kaufkraft und Einzelhandel keine rein öko-nomistische ist, sondern viel mit Kultur zu tun hat und schon immer hatte.

Nehmen wir zum Beispiel die Antiquitätengeschäfte, mit denen ich dieses Kapitel begonnen hatte. Nach meinen Erhebungen gibt es davon in der Innenstadt von Mailand 22mal mehr als in der Innenstadt von Birmingham. Niemand wird angesichts dieser Differenz glauben, daß dies allein auf die insgesamt (zweifellos) höhere Kaufkraft in Mailand zurückzuführen ist. Ich hatte anhand der Studien von MORRIS (1993) gezeigt, daß die Mode mit den Antiquitäten in Mailand um 1890 aufkam, und daß sich die Anti-quitätengeschäfte direkt dort ansiedelten, wo die reiche Klientel wohnte, nämlich in dem innerstädtischen Gebiet, aus dem später das „Goldene Dreieck" wurde. 1890, das war vor Einführung der Massenverkehrsmittel und alle Branchen des Einzelhandels siedelten sich noch wohnortnah an. Das heißt: Damals bestand noch ein unmittelbarer Zusam-menhang zwischen örtlicher Kaufkraft und örtlichem Einzelhandel.

Wo aber waren die Eliten Birminghams in jener Zeit? Sicher nicht in der inneren Stadt zwischen Slumhäusern und Fabriken – auch dann nicht, wenn die Fabriken ihre eigenen waren, sondern sie waren da, wo – laut STEDMAN – Birmingham immer schon am schönsten war, in den grünen „halb-ländlichen" Vororten mit ihren „baumgesäumten Straßen von bemerkenswerter Noblesse" (1958: 234). Diese Feststellung ist banal und man könnte sie für Essen, Bochum oder Manchester ganz ähnlich treffen. Trotzdem – sie hat nun einmal die entscheidenden Weichen gestellt, insbesondere deswegen, weil noch ein zweiter Faktor parallel wirkte: In Birmingham hatte man es auch mit einer ganz anderen Art von Elite zu tun als in Mailand oder München. Eine Elite, die sich ihr Geld Tag für Tag erarbeitete (oder neutraler: Geschäfte betrieb), deren Interesse also der Pro-duktion galt und nicht der Konsumption. Was für ein Unterschied zu der müßiggehenden höfischen Elite und der Boheme der Residenzstädte Mailand und München, die zwar im 19. Jahrhundert von ihrem Bevölkerungsanteil nicht mehr bedeutend war, aber immer noch die Maßstäbe im Bereich des Konsum setzte.

Man hat also auf der einen Seite eine pastorale, nüchterne Wirtschaftselite, die nicht zum „überflüssigen" Konsum neigt und, falls doch, diesen Konsum nicht in der Stadt vollzieht. Auf der anderen Seite stehen die urbanen, immer am Rad der Mode drehenden (katholischen) „unproduktiven Kreise" Mailands und Münchens. Kein Wunder also, daß Joseph Chamberlain nur eine „poor show of shops" in Birminghams Innenstadt entdekken konnte. Daß Birminghams Einzelhandelslandschaft noch schlechter, armseliger aussah als die anderer englischer Industriestädte hat nach meinen Überlegungen zwei Ursachen: Die erste ist eine ganz einfache: Birmingham liegt zu nah an London. Heute braucht man mit der Eisenbahn oder dem Auto maximal 90 Minuten, um von Birmingham in die Hauptstadt zu gelangen, im 19. Jahrhundert – seit 1840 gibt es eine Bahnverbindung – mag es noch doppelt so lange gedauert haben, aber das war immer noch kurz genug, um an einem Tag hin- und zurückzufahren. Der „day out" in London, der eintägige Einkaufs- und Freizeittrip ins West End wird heute von vielen, vor allem jungen Leuten, regelmäßig praktiziert. Warum sollen nicht auch die Eliten des 19. Jahrhunderts ihr Geld zum Teil nach London getragen haben?

Der zweite Grund: Birmingham war eigentlich nie eine richtige Industriestadt – nur der Einfachheit halber habe ich sie bisher so genannt –, sondern wuchs mit einem Produktionssystem zur Wirtschaftsmetropole, das aus der Phase der Proto-Industrialisierung stammt. Der englische Gelehrte John LELAND (1538) beschreibt seinen Eindruck von Birmingham im Jahr 1538:

> „There be many smiths in the towne that use to make knives and all mannour of cutting tools, and many lorrimers that makes bittes, and a great many naylors. Soe that a great part of the towne is maintained by smiths, who have their iron and sea-cole out of Staffordshire".

Vieles in dieser Beschreibung hätte auch noch auf die Situation im 19. Jahrhundert gepaßt. „Workshop of the world" nannte man Birmingham deswegen, weil die Stadt voll war von kleinen Handwerksbetrieben („workshops"), die sich zwar industriell gefertigter Vorprodukte bedienten, auch Dampfmaschinen (in Birmingham erfunden) und ähnliche industrielle Hilfsmittel einsetzten, aber doch niemals Massenfertigung betrieben. Dementsprechend fiel das Produktspektrum aus: am wichtigsten waren Waffen (es gibt heute noch ein „Gun Quarter"), Schmuck- und Bekleidungsaccessoires (es gibt auch noch ein „Jewellery Quarter"), Messer, Messingmöbel und -gefäße. Diese Produktionsstruktur brachte es mit sich, daß die meisten „Kapitalisten" selbst noch an der Werkbank standen, vielleicht nur zehn Arbeiter beschäftigten und auskömmlich, aber nicht im Überfluß lebten (vgl. SKIPP 1983, UPTON 1993). HOPKINS (1989) hat sich ausgiebig mit dieser Produktionsstruktur und ihren sozialen Auswirkungen befaßt, und kommt unter anderem zu dem Ergebnis, daß Birmingham im Vergleich zu anderen Städten im 19. Jahrhundert eine sehr breite Mittelschicht, aber eine vergleichsweise schmale Oberschicht hatte. Die Konsumelite war, mit anderen Worten, noch deutlich weniger zahlreich als in anderen aufstrebenden englischen Städten jener Jahre.

Die Stadt Birmingham hat sich sicher in den 50er, 60er und 70er Jahren keinen großen Gefallen getan, als sie die Innenstadt praktisch planierte und neu aufbaute, sie hat sich auch keinen Gefallen getan, daß sie, wie kaum eine andere Stadt in Europa, die städtebaulichen Leitbilder jener Jahre ungeprüft übernahm und ohne Rücksicht auf Verluste umsetzte, aber nach meiner Meinung waren zu dieser Zeit die meisten der Würfel schon gefallen. Es gab auch vorher kaum eine Tradition des gehobenen Konsums im Stadtzentrum, ja im allgemeinen keine Tradition des „stilvollen" Lebens, wozu man neben hochwertigen Einkaufsstätten auch Restaurants, Theater u. ä. braucht. All das gab es nicht und das ist fast gleichzusetzen mit der Feststellung, daß es keine Urbanität gab. Chamberlain wollte sie durch den Bau der Corporation Street (vgl. S. 92) erzwingen, und er war auch in Maßen erfolgreich damit. Es kamen die Kaufhäuser, die guten Hotels und gehobenen Herrenausstatter, aber die Beziehung zwischen Mittel- und Oberschichten und Innenstadt blieb wohl fragil, und immer wieder mußte die Kommune etwas „machen", um nur annähernd das zu erreichen, was den beiden alten, viel später von der Industrialisierung erfaßten Städten Mailand und München in den Schoß fiel.

Kein einziger meiner verschiedenen Gesprächspartner in Birmingham, in der Regel gutverdienende Akademiker, wohnten in einem Teil Birminghams, den man noch hätte zur inneren Stadt zählen können. Die meisten wohnten gar nicht auf dem Gebiet der Kommune Birmingham, sondern in den ländlichen Shire-Counties, die die West Midlands Conurbation umgeben. Es gab Gesprächspartner an den beiden, weit außerhalb des Stadtzentrums gelegenen Universitäten Birminghams (University of Birmingham, University of Central England), die sich, auf meine Nachfrage, überhaupt nicht mehr erinnern konnten, wann sie das letzte Mal im Stadtzentrum gewesen waren und warum: „Must be a while ago – don't know"! Man kann nun sagen: Kein Wunder, was soll man als feinsinniger Mensch auch in dieser Innenstadt mit ihren finsteren Unterführungen, Spielhallen und Pferdewettbüros?

Aber umgekehrt wird natürlich auch ein Schuh daraus. Wie soll eine Innenstadt anders aussehen, in deren „natürlichem Einzugsbereich" nur eine ökonomisch und kulturell von der Mittelschicht abgekoppelte Unterschicht wohnt, in der sich die Eliten nie haben blicken lassen (außer, um dort zu arbeiten), und mit der sich niemand auf natürliche, gewachsene Weise identifiziert. Mein Vermieter in Birmingham, ein an Konsumdingen überaus interessierter, recht gutsituierter Mann, fragte mich manchmal am Abend nach meinen Plänen für den nächsten Tag. Meistens mit diesem Wortlaut: „So, are you going to Birmingham again tomorrow?" Wir *waren* aber bereits mitten in Birmingham. Dachte ich jedenfalls. Wir waren nämlich in Erdington, einem nicht einmal besonders peripheren Stadtteil, der seit rund 100 Jahren zu Birmingham gehört und von dem aus man per Bus oder Eisenbahn in 15 Minuten in die Innenstadt gelangt. Mein Vermieter fuhr aber selten hin, eigentlich fast nie. Er bevorzugte die High Street von Erdington („it's quite nice") oder das Zentrum von Sutton Coldfield, einem dieser grünen Fabrikantenvororte, der erst 1970 gegen seinen Willen nach Birmingham eingemeindet worden war und in dem es sogar Antiquitätengeschäfte gibt.

In der Mailänder Innenstadt, so wie ich sie hier abgegrenzt habe, wohnen heute noch fast 30000 Menschen (vgl. ISTAT 1995-b). Wie schon gesagt, fast ausschließlich wohlhabende, ja reiche Menschen. Ihr Geld und ihr Geschmack hat der Mailänder Innenstadt immer zur Verfügung gestanden, auch bevor Mailand zu einer der Welthauptstädte der Mode wurde. Entsprechend „sophisticated" war schon im vorigen Jahrhundert die Konsumlandschaft. Ich hatte das am Beispiel des heutigen „Goldenen Dreiecks" mit seinen Antiquitätengeschäften ausgeführt, aber man könnte auch die legendenumrankten Restaurants in und um die *Galleria* nehmen – das *Biffi*, das *Zucca* und natürlich das *Savini*, in dem noch heute die Opernsänger aus der Scala nach der Vorstellung dinieren - höchstwahrscheinlich mit demselben Silberbesteck wie ihre Vorgänger vor 120 Jahren (vgl. Locali Storici D'Italia 1999 sowie MORRIS 1993).

Abb. 19: *Zucca* und *Savini* in der *Galleria* – Versammlungsorte der Mailänder Eliten seit 1867

Quelle: Eigene Zusammenstellung aus: Locali Storici D'Italia (1999)

Genauso kann man auf das anderenorts ausführlicher behandelte *Rinascente Duomo* verweisen, das bereits 1865 gegründet wurde und damit eines der ersten europäischen Prachtkaufhäuser außerhalb von Paris war. (*Harrods* zum Beispiel wurde erst 1902 gegründet, das *KaDeWe* erst 1907).

Damals entstanden die guten Adressen, damals entstand die Aura, von der die Innenstadt heute noch gut lebt, ja besser denn je lebt, je wichtiger gute Adressen und eine ansprechende Anmutung für das postindustrielle Dasein werden.

Die Stadt, die Stadtpolitik hat zu all dem nicht viel getan – im Gegenteil, was sie in städtebaulicher Hinsicht in der Mussolini-Zeit und in der Nachkriegszeit an Modernisierung zugelassen hat, z. B. die Verfüllung der alten Stadtkanäle, die heute Gold wert wären, war sicher nicht weitsichtig. Nein, Mailand ist – zumindest nach italienischen Maßstäben – keine schöne Stadt. BENEVOLO (1993: 215) nennt sie in seiner europäischen Architekturgeschichte sogar als ausdrückliches Negativbeispiel für die „völlige Zerstörung eines alten Organismus". Das scheint nicht besonders geschadet zu haben, denn der Samen war bereits gelegt und der Nährboden, die Bankkonten der städtischen Gentry, war immer gehaltvoll.

Bis ins Jahr 1998 wurde der Einzelhandel in Mailand mit einem Plan aus dem Jahr 1980 „gesteuert", der zum Beispiel festlegte, daß in der gesamten Stadt Mailand noch exakt 59 m^2 Verkaufsfläche für den Handel mit Pferdefleisch genehmigt werden können (vgl. Comune di Milano 1980: 63). Ähnliche Festlegungen gab es für alle anderen Warengattungen, und keine davon wurde natürlich eingehalten. Sie konnten wegen des Strukturwandels im Handel auch gar nicht eingehalten werden. Und so mogelte man sich durch, machte hier mal eine Ergänzung, hier mal eine Ausnahme. Seit Mitte der 90er Jahre wurde an einem neuen Einzelhandelsentwicklungsplan gearbeitet, nach dessen Gedeihen ich mich mehrmals bei dem zuständigen Sachbearbeiter der Kommune erkundigte. Aber dieser Plan wurde nie fertig und niemanden schien das zu beunruhigen. Ich fragte den Sachbearbeiter, ob er mir nicht wenigstens einmal vorab die wichtigsten Inhalte des Planes mitteilen könne. Er sagte: „Nein, man muß erst abwarten, wie die Wahl ausgeht!" Ich sage das nicht, um zu verdeutlichen, daß die Kommune sich nicht für den Einzelhandel interessiert – das tut sie schon mehr als die beiden anderen Kommunen – aber sie betreibt keine kluge, vorausschauende, theoretisch unterfütterte Einzelhandelsplanung. Das muß sie wohl auch nicht, weil die Sache zumindest in der Innenstadt ein Selbstläufer ist. (Inzwischen ist der Einzelhandelsentwicklungsplan obsolet, weil die Regierung in Rom im Zuge der großen Handelsliberalisierung im April 1998 die Kommunen von der Pflicht befreit hat, einen solchen Plan vorzulegen).

Auch für den „Kampf" gegen den großflächigen Einzelhandel in peripheren Lagen hat man sich in Mailand lange Zeit nicht ernsthaft interessiert. Ein Mitarbeiter der Baubehörde, mit dem ich sprach, wußte nicht einmal „ganz genau", ab welcher Größe ein Einzelhandelsgroßprojekt der lombardischen Regionalregierung zur Genehmigung vorgelegt werden muß – trotzdem:

Vivi Milano, Mailand, Du lebst!" – zu besichtigen sechsmal im Jahr in der Samstagsausgabe des *Corriere della Sera*.

Epilog: get capture ODBC / connect = 'DSN = Birmingham

Am Ende ist es doch eher eine Arbeit über Geographie geworden als über Einzelhandel, eher eine über akademische Gepflogenheiten als über Internationalisierung und eher eine über Geschwindigkeit, Sprache und Virtualität als über Birmingham, Mailand und München.

Dutzende von Kreuztabellen mit Daten über den Innenstadteinzelhandel in Birmingham, Mailand und München und buchstäblich Hunderte von Zeitungsartikeln über die Internationalisierung des europäischen Einzelhandels sind liegengeblieben und harren ihrer Verwendung. Liegengeblieben sind die Stadtentwicklungspläne der drei Städte, die Handelsgesetze Deutschlands, Italiens, Großbritanniens, mühevoll zusammengetragene Daten über Frauenerwerbstätigkeit und PKW-Verfügbarkeit, Eßgewohnheiten und die Streckenlänge des Nahverkehrsnetzes. Am Ende steht ein dürres, gleichwohl mit dem dicksten aller noch zulässigen (?) Pinsel hingeworfenes Bild dreier Städte, die eigentlich Besseres verdienen, ja, man könnte sagen, denen unbedingt mehr Respekt hätte zuteil werden müssen.

Sicher – ein übliches Doktoranden-Schicksal, das zu Recht niemandem besonders nahegehen wird. (Und wer so verrückt ist, sich mit drei Millionenstädten gleichzeitig einzulassen ...). Aber vielleicht steckt auch etwas mehr dahinter als ein Einzelschicksal, ein paar Fragen, die Fortentwicklung der geographischen Wissenschaft betreffend.

So fragt sich zum Beispiel: Woher bekommt die Geographie ihre Sprache zurück? Sie hat sie verloren in den letzten drei Jahrzehnten, aber sie wird sie wieder brauchen – das scheint festzustehen. Egal, ob deswegen, weil das Pendel von Kiel nur zurückschwingt, weil alle Pendel irgendwann zurückschwingen, oder ob deswegen, weil die Welt sich tatsächlich in einer Weise verändert hat, die wieder mehr nach synthetisierender, fühlender und interpretierender Forschung verlangt. Die lange Tradition der Sprachkünstler in der deutschen Geographie, die bei Ratzel beginnt, ist fast abgerissen. Niemand scheint sich daran zu stören: In der Ausbildung der Studentenschaft spielt Sprechen, Schreiben keine Rolle, obwohl doch pflichtgemäß gelehrt wird, daß es keinen Inhalt ohne Form gibt (geben sollte), keine Realität ohne soziale Vermittlung, keine Dekonstruktion ohne vorherige Konstruktion. Ein großes Vakuum, das zu füllen Heerscharen begabter Publizisten bereit stehen, die es kraft ihrer Sprachbeherrschung, kraft ihres Willens, an und mit der Sprache zu arbeiten, vermögen, eine Anmutung, ein „look and feel", einen „spirit of the place" zu entdecken und zu vermitteln.

Aber sind sie die richtigen Vorbilder? Eine lange Suche liegt vor der geographischen Wissenschaft, sollte vor ihr liegen, und viele Prototypen werden noch nachsichtig durch die Prüfungsämter und Promotionsbüros geschleust werden müssen (oder eben auch nicht), bevor die Sprache zurückkehrt.

Es ist alles kein Problem mehr heutzutage: Die Erbauer des neuen *Bull Ring Centres* haben eine Web Cam geschaltet, die es mir in den letzten Monaten stets erlaubt hat, den Fortgang der Bauarbeiten zu beobachten. Die neuesten Pressemitteilungen sind jederzeit verfügbar, für tiefergehende Fragen stehen die e-mail Adressen von drei (!) Pressesprecherinnen zur Verfügung: Ferner gibt es (http://www.bullring.co.uk): Fotos vom alten *Bull Ring Centre* (div. Perspektiven), Fotos von den Modellen des neuen *Bull Ring Centres* (div. Perspektiven), Links zu den Web-Seiten der beteiligten Investoren, Gedanken des Lokalhistorikers Carl Chinn zur historisch-kulturellen Bedeutung der Bull Ring Märkte sowie – natürlich – allerlei verräterische Lobpreisungen des Projekts, deren hermeneutische Durchdringung sich allemal lohnte.

Das ist aber nur eine von vielleicht hundert „sites", die sich im Laufe der Zeit als irgendwie relevant für das hier behandelte Forschungsprojekt herausgestellt haben. Dazu kommen noch die elektronischen „news" der beiden Fachzeitschriften „Lebensmittel-Zeitung" und „Textilwirtschaft" (grob geschätzt 50-60 Meldungen pro Woche) und alle wichtigen Tageszeitungen auf der Welt, die in einer Sprache geschrieben sind, die man versteht. (Alle sind ja online und gratis lesbar).

Die „Informationsflut" (fast noch ein Euphemismus) ist ein vollkommen ungelöstes Problem innerhalb der geographischen Wissenschaft, dessen Tragweite wahrscheinlich nicht einmal ansatzweise erkannt ist. Natürlich muß zunächst jeder einmal für sich entscheiden, wie er dieser Herausforderung begegnet. Es wird von der individuellen Disposition abhängen. Aber es wird sich auch insgesamt die Frage stellen, wie die geographische Wissenschaft mit der Kakaphonie der Stimmen und der Virtualität der Orte, mit der Gleichzeitigkeit aller Wahrheiten umgeht.

Es war, wenn diese persönliche Bemerkung gestattet ist, ein merkwürdiges Gefühl in dieser Zeit auf Reisen zu gehen und zu fühlen, daß diese Reisen immer mehr zu Expeditionen wurden, deren Hauptergebnis, hier zu besichtigen, eigentlich nur lautet: Es ist dort alles *ganz* anders und bevor wir über Einzelhandel reden, über Internationalisierung, Stadtplanung oder Konsumgewohnheiten, müssen wir ganz von vorne beginnen: bei der Kultur, der Geschichte und – viel hat daran tatsächlich nicht gefehlt – beim Relief und bei den Bodenschätzen. Dabei geht viel Zeit ins Land.

Wie tröstlich, daß – für den Fall der Fälle – die ganze Zeit über drei Datensätze auf meiner Festplatte lagen, zu denen ich zwar immer größere Distanz bekam, weil ich sie ohne „Rahmenhandlung" für nichtssagend, ja für irreführend hielt, die aber einige gute Eigenschaften haben: Sie bewegen sich nicht, verändern sich nicht, riechen nach nichts, sind nicht zu sehen, machen im allgemeinen nur wenig Scherereien. Man markiert mit der Maus einfach den exotischen Zauberspruch und schickt ihn ab – GET CAPTURE ODBC/ CONNECT='DSN=BIRMINGHAM – und schon hat man wieder Klarheit über Birmingham („a good markett towne in the extreame parts of Warwikshire").

Literatur

ADAMS, Tim (1995): Elegy to the Bull Ring. In: Life, 5. März 1995, S. 26-30.

AKEHURST, Gary / Nicholas ALEXANDER (1996): The internationalisation process in retailing. In: Gary AKEHURST / Nicholas ALEXANDER (Hrsg.): The Internationalisation of Retailing. London, S. 1-15.

ALEXANDER, Nicholas (1997): International retailing. Oxford / Malden.

ALTON, Roger u. a. (1999): Best of Europe. In: The Observer, 11. Juli 1999.

Bayerisches Landesamt für Statistik und Datenverarbeitung (1997): Gemeindedaten, Ausgabe 1996. München.

BECK, Ulrich (1986): Risikogesellschaft. Auf dem Weg in eine andere Moderne. Frankfurt a. M.

BEIC [Birmingham Economic Information Centre] (1998): Labour market review, Summer 1998. Birmingham.

BEIC [Birmingham Economic Information Centre] (1999-a): Information factsheet: Population of Birmingham- mid 1997 estimates.

BEIC [Birmingham Economic Information Centre] (1999-b): The tourism sector in Birmingham. Birmingham.

BEIC [Birmingham Economic Information Centre] (1999-c): Trends in development investment. Birmingham.

BELL, Duncan (1997): The Globalisation of retailing: The case of HMV. In: European Retail Digest, Heft 16 (Herbst 1997), S. 16-18.

BENEVOLO, Leonardo (1999): Die Stadt in der europäischen Geschichte. München.

BENNISON, David / Christina BOUTSOUKI (1996): The Greek retail revolution. In: European Retail Digest, Heft 9 (Winter 1995/96), S. 96-109.

BENNISON David / Christina BOUTSOUKI (1999): The impact of foreign involvement on the Greek department store sector: The Bhs-Klaoudatos experience. In: Marc DUPUIS / John A. DAWSON (Hrsg): European cases in retailing. Oxford / Malden, S. 33-48.

BERRY, Brian J. (1963): Commercial structure and commercial blight. Chicago (= University of Chicago, Research Paper, 85).

Birmingham City Council (1996): Shopping in Birmingham. A City-wide analysis of patterns and trends. With summary profiles of Birmingham's main shopping centres. Birmingham.

Birmingham City Council (O. J., ca. 1992): City Centre Review. Birmingham.

Birmingham Voice (1999): New look for Brum. In: Birmingham Voice, 3. März 1999.

BORG, Neville (1973): Birmingham. In: John HOLLIDAY (Hrsg.): City centre redevelopment. A study of British city centre planning and case studies of five English city centres. London.

BOSSHART, David (1997): Die Zukunft des Konsums. Wie leben wir morgen?. Düsseldorf / München.

BORCHERT, Johan G. (1998): Spatial dynamics of retail structure and the venerable retail hierarchy. In: GeoJournal, 45 (4), S. 327-336.

BOURDIEU, Pierre (1982): Die feinen Unterschiede. Kritik der gesellschaftlichen Urteilskraft. Frankfurt a. M.

BRYSON, J. R. / P. W. DANIELS / N. D. HENRY (1996): From widgets to where? The Birmingham economy in the 1990s. In: A. J. GERRARD / Terry R. SLATER (Hrsg.): Managing a conurbation: Birmingham and its region. Studley, S. 156-168.

BURT, Steven. / Leigh SPARKS: Structural changes in British grocery retailing. International Review of Retail, Distribution and Consumer Research, 4 (2), S. 195-217.

BUSCH-PETERSEN, Nils (1999): Flaggschiffe, Glanzlichter und kreative Konzepte. In: BAG-Handelsmagazin, 9-10/1999, S. 28-31.

Camera di Commercio di Milano (1997): Annuario statistico provinciale di Milano, I Edizione 1997. Mailand.

Centro Studi P.I.M (1995): Specificità locali e sistema metropolitano. Profili territoriali e socio economici. Mailand.

CHANEY, David C. (1990): Subtopia in Gateshead. The Metrocentre as a cultural form. In: Theory, Culture and Society, 7 (4), S. 49-68.

CHERRY, Gordon E. (1994): Birmingham. A study in Geography, History and Planning. Chichester u. a.

CIG [Corporate Intelligence Group] / OXIRM [Oxford Institute for Retail Management] (1994): Shopping centre development across Europe. In: European Retail Digest, Heft 4 (Herbst 1994), S. 23-42.

CIR [Corporate Intelligence Research] (1994): Auszug aus den Ergebnissen der Studie "Cross Border Retailing in Europe". In: European Retail Digest, Heft 4 (Herbst 1994), S. 63-64.

COLLA, Enrico (1996): The Development of Hard Discount in Italy. In: European Retail Digest, Heft 9 (Winter 1995/96), S. 22-26.

Comune Di Milano (1980): Piano di sviluppo e di adeguamento della rete distributiva. Mailand.

Comune di Milano (1995): Commercio al minuto in sede fissa nel commune di Milano. Serie Storica 1980-1995 (3 Bände). Mailand.

Comune Di Milano (1996): Il commercio nel commune di Milano anno 1996. Mailand.

COSTA, C. u. a. (1997): Structures and trends in the Distributive Trades in the European Union (revised version of the final report). München (= Ifo-Institut für Wirtschaftsforschung, Dept. Commerce and Competition).

CRAWFORD, Margaret (1992): The World in a shopping mall. In: Michael SORKIN (Hrsg.): Variations on a theme park. The new American city and the end of public space. New York, S. 3-30.

CREWE, Louise / Michelle LOWE (1995): Gap on the map? Towards a geography of consumption and identity. In: Environment and Planning A, 27, S. 1877-1898.

DAWSON, John A. (1993): The internationalization of retailing. In: Rosemary D. BROMLEY / Colin J. THOMAS (Hrsg.): Retail change - contemporary issues. London, S. 15-40.

Der Neue Grazer (1996): Krieg um die Mode. In: Der Neue Grazer, Internet-Ausgabe vom 16. Mai 1996. (= Link inzwischen erloschen).

DOUGLAS, Mary (1996): Thought styles. Critical essays on good taste. London / Thousand Oaks / Neu Delhi.

DUNCAN, James (1995): Landscape geography, 1993-94. In: Progress in Human Geography, 19 (3), S. 414-422.

EHLERT, Stefan (1999): 50.000 Mark Zwangsgeld für den Kaufhof am Alexanderplatz. In: Berliner Zeitung, 2. August 1999.

EuroHandelsinstitut (1996): Handel aktuell '96. Köln.

Europäische Kommission (1996): Grünbuch Handel. Brüssel.

Europäische Kommission (1997-a): Der Einzelhandel im Europäischen Wirtschaftsraum 1996. Brüssel.

Europäische Kommission (1997-b): Bericht über den Zahlungsverzug im Handelsverkehr. Brüssel.

Europäische Kommission (1999): EU-Transport in figures. Statistical pocketbook. Brüssel.

Europäische Kommission (O. J.): Sechster Periodischer Bericht über die sozio-ökonomische Lage und Entwicklung der Regionen der Gemeinschaft. Brüssel.

Eurostat (1993): Der Einzelhandel im EG-Binnenmarkt. Brüssel / Luxemburg.

FEIN, Gertrude (1999): Dolce Sosta. In: Süddeutsche Zeitung, 5. Juli 1999, S. L 4.

FINCH, Julia (1999): Second city orders in the bulldozers. In: The Guardian, 26. Februar 1999.

FINE, Ben (1995): From political economy to consumption. In: Daniel MILLER (Hrsg.): Acknowledging consumption. A review of new studies. London / New York, S. 127-163.

FINE, Ben / Michael HEASMAN / Judith WRIGHT (1995): Consumption in the world of affluence. The world of food. London / New York.

FINE, Ben / Ellen LEOPOLD (1993): The world of consumption. London.

FURLOUGH, Ellen (1996): Gender and consumption in historical perspective. A selected bibliography. In: Viktoria DE GRAZIA / Ellen FURLOUGH: The sex of things. Gender and consumption in historical perspective. Berkeley / Los Angeles / London, S. 389-409.

GARBASSEN, Gregor (1999): Dame im Partnerlook mit Dackel. In: tz, 30. November 1999, S. A1.

GEORGE, Gert (1997): Internationalisierung im Einzelhandel. Strategische Optionen und Erzielung von Wettbewerbsvorteilen. Berlin.

GEORGE, Gert / Hermann DILLER (1993): Internationalisierung als Wachstumsstrategie des Einzelhandels. In: Volker TROMMSDORFF (Hrsg.): Handelsforschung 1992/93 - Handel im integrierten Europa (= Jahrbuch der Forschungsstelle für den Handel Berlin e. V.). Wiesbaden, S. 165-186.

GERSHUNY, Jonathan (1987). Lifestyle, innovation and the future of work. In: Royal Society of Arts Journal, 135, S. 492-499.

GLENNIE, Paul (1995): Consumption within historical studies. In: Daniel MILLER (Hrsg.): Acknowledging consumption. A review of new studies. London / New York, S. 164-203.

GOSS, Jon (1992): Modernity and post-modernity in the retail landscape. In: Kay ANDERSON / Fay GALE (Hrsg.): Inventing places. Studies in Cultural Geography. Melbourne, S. 159-177.

GOSS, Jon (1993): The "Magic of the Mall": An analysis of form, function, and meaning in the contemporary retail built environment. In: Annals Of The Association of American Geographers, 83 (1), S. 18-47.

GREIPL, Erich (1999): Handels- und wettbewerbspolitische Entwicklungen im Einzelhandel (= Vortrag am Geographischen Institut der Technischen Universität München, 31. Mai 1999).

GREIPL, Erich / Stefan MÜLLER / Katja GELBRICH (1999): Konsumgüterhandel global betrachtet: Mythen und Realität. In: Otto BEISHEIM (Hrsg.): Distribution im Aufbruch. Bestandsaufnahme und Perspektiven. München, S. 77-108.

GRÖPPEL-KLEIN, Andrea (1999): Internationalisierung im Einzelhandel. In: Otto BEISHEIM (Hrsg.): Distribution im Aufbruch. Bestandsaufnahme und Perspektiven. München, S. 109-130.

GRÖTEKE, Friedhelm (1998): Erst in den letzten Jahrzehnten wurde Mailand zur Hauptstadt der Mode. In: Handelsblatt, 27. Juli 1998.

GUY, Clifford (1994): The retail development process: location, property and planning. London / New York.

HALL, Peter G. / Michael J. BREHENY (1987): Urban decentralization and retail development: Anglo-American comparisons. In: Built Environment, 133, S. 244-261.

Hammerson plc (1999-a): Annual Report 1998. London.

Hammerson plc (1999-b): Investors unite for Europe's largest city centre retail regeneration (= Pressemitteilung vom 25. Februar 1999). London.

HAMPDEN-TURNER, Charles / Fons TROMPENAARS (1994): The seven cultures of capitalism. Value systems for creating wealth in the United States, Britain, Japan, Germany, France, Sweden and The Netherlands. London.

HARD, Gerhard (1969): Die Diffusion der „Idee der Landschaft". Präliminarien zu einer Geschichte der Landschaftsgeographie. In: Erdkunde, 23 (4), S. 249-264.

HARVEY, David (1989): The condition of postmodernity. An enquiry into the origins of cultural change. Oxford / Cambridge, MA.

HEINRITZ, Günter (1999): Methodische Probleme von Einzugsbereichsmessungen. In: Günter HEINRITZ (Hrsg.): Die Analyse von Standorten und Einzugsbereichen. Methodische Grundfragen der geographischen Handelsforschung. Passau (= Geographische Handelsforschung, 2).

HEINRITZ, Günter / Ralf POPIEN (1998): Neues Einkaufszentrum am Alten Bahnhof in Kempten/Allgäu - Chance oder Risiko für den Einzelhandel in der Innenstadt? München (= unveröffentlichtes Gutachten des Lehrstuhls für Geographie der Technischen Universität München im Auftrag der *Feneberg Lebensmittel GmbH*).

HELBRECHT, Ilse (1998): The creative metropolis: services, symbols and space. In: International Journal of Architectural Theory, 3 (1), www.theo.tu-cottbus.de/wolke/X-positionen/Helbrecht/helbrecht.html.

HILDEMANN, Christine (1999): Untersuchung des Phänomens der Streukunden am Beispiel des Feneberg-Marktes „Alte Weberei" in Kaufbeuren. München (= unveröffentliche Diplom-Arbeit am Geographischen Institut der Technischen Universität München).

HOFSTEDE, Geert (1980): Culture's consequences. International differences in work-related values. Beverly Hills / London.

HOFSTEDE, Geert (1997): Lokales Denken, globales Handeln. Kulturen, Zusammenarbeit und Management. München.

HOLLANDER, S. (1970): Multinational retailing. East Lancing.

HOLZWARTH, Martin (1998): Einzelhandel in italienischen und deutschen Stadtzentren untersucht an den Beispielen Florenz und Nürnberg. Bayreuth (= Arbeitsmaterialien zur Raumordnung und Raumplanung, 169).

HOPKINS, Eric (1989): Birmingham - the 1st manufacturing town in the world 1760-1840. London.

HOPKINS, J. (1990): West Edmonton Mall: landscapes of myth and elsewhereness. In: The Canadian Geographer, 34, S. 2-17.

HÜTTEN, Susanne / Anton STERBLING (1994): Expressiver Konsum. Die Entwicklung von Lebensstilen in Ost- und Westeuropa. In: Jens DANGSCHAT / Jörg BLASIUS (Hrsg.): Lebensstile in den Städten. Konzepte und Methoden. Opladen, S. 122-134.

International Association of Department Stores (1999): Definition of department stores (= www.iads.org/pages/sd01.htm).

ISTAT [Istituto Nazionale di Statistica] (1995-a): Le regioni in cifre. Rom.

ISTAT [Istituto Nazionale di Statistica] (1995-b): I grandi comuni: Milano. Rom.

JACKSON, Peter / Nigel THRIFT (1995): Geographies of consumption. In: Daniel MILLER (Hrsg.): Acknowledging consumption. A review of new studies. London / New York, S. 204-237.

JANDL, Ernst (1981): Die Bearbeitung der Mütze. Frankfurt a. M.

KLEIN, Kurt (1995): Die Raumwirksamkeit des Betriebsformenwandels im Einzelhandel. Untersucht an Beispielen aus Darmstadt, Oldenburg und Regensburg. Regensburg (= Beiträge zur Geographie Ostbayerns, 26).

KLEIN, Kurt (1997): Wandel der Betriebsformen im Einzelhandel. In: Geographische Rundschau, 49 (9), S. 499-504.

KNEE, Derek (1994): Retailing across borders in Europe. Part one: Problems of strategy and structure. In: European Retail Digest, Heft 1 (Winter 1994), S. 26-33.

KROES, Rob (1996): If you've seen one, you've seen the mall. Europeans and American mass culture. Urbana / Chicago.

Koninklijke Ahold (1999): Jaarsverslag 1998. Zaandam.

KULKE, Elmar (1992): Veränderungen in der Standortstruktur des Einzelhandels. Münster / Hamburg (= Wirtschaftsgeographie, 3).

Landeshauptstadt München (1998): Zentrale Standorte in München. Ergebnisse der Zentrenerhebung. München.

LASH, Scott / John URRY (1994): Economy of signs and space. London.

LATOUR, Bruno (1993): We have never been modern. Brighton.

LAWRIE, Alexander (1996): Fashion designer store development in Central London. In: European Retail Digest, Heft 12 (Herbst 1996), S. 8-15.

LELAND, John (1538): The itinerary. Nachgedruckt und editiert als: Lucy T. SMITH (Hrsg.) (1964): The itinerary of John Leland in or about the Years 1535-1543. London.

LESLIE, Deborah. A. (1995): Global scan: The globalization of adverstising agencies, concepts, and campaigns. In: Economic Geography, 71 (3), S. 402-426.

LEVITT, Theodor (1983): The globalization of markets. In: Harvard Business Review, (5), S. 92-102.

LIEPERT, Barbara (1998): Auf der Pirsch nach der Riemchensandale. In: Süddeutsche Zeitung, 5. Mai 1998.

LINGENFELDER, Michael (1996): Die Internationalisierung im europäischen Einzelhandel: Ursachen, Formen und Wirkungen im Lichte einer theoretischen Analyse und empirischen Bestandsaufnahme. Berlin (= Schriften zum Marketing, 42).

Locali Storici D'Italia (1999): Locali storici d'Italia: caffè, ristoranti, hotels (= www.historicalplaces.com/elenco.htm).

LORD, J. Dennis / Clifford M . GUY (1991): Comparative retail structure of British and American cities: Cardiff (UK) and Charlotte (USA). In: International Review of Retail Distribution and Consumer Research, 4, S. 391-436.

LORD, J. Dennis / Clifford M. GUY (1992): An international comparison of urban retail development. In: Günter HEINRITZ (Hrsg.): The attraction of retail locations. München (= IGU-Symposium 5.-8. August 1991), S. 120-133.

Manager-Magazin (1997): „Die Märkte sind eng geworden" (= Interview mit dem Aufsichtsratsvorsitzenden der Metro AG, Erwin Conradi). In: Manager-Magazin, September 1997, S. 70-82.

MAX-NEEF, Manfred (1992): Development and human needs. In: Paul EKINS / Manfred MAX-NEEF: Real-life economics. Understanding wealth creation. London / New York, S. 197-213.

MEINI, Monica / Martin HOLZWARTH / Rolf MONHEIM (1998): Florenz und Nürnberg - unterschiedliche Entwicklungsmodelle für Altstädte. In: Die Alte Stadt, 1/1998, S. 55-79.

MERENNE-SCHOUMAKER, Bernadette (1992): From hypermarkets to shopping centres - the peripheral poles coming to light. In: Günter HEINRITZ (Hrsg.): The Attraction of Retail Locations (= IGU-Symposium 5.-8. August 1991), München, S. 82-97.

MICA [Ministero Dell' Industria Del Commercio E Dell'Artigianato] (1995): Caratteri strutturali del sistema distributivo in Italia al 1° gennaio 1995. Rom.

MILL, John S. (1844): Essays on some unsettled questions of political economy. London.

MILLER, Daniel (1995): Consumption as the vanguard of history. A polemic by way of an introduction. In: Daniel MILLER (Hrsg.): Acknowledging consumption. A review of new studies. London / New York, S. 1-57.

MILLER, Daniel (1998): A theory of shopping. Ithaca, New York.

M+M Eurodata (1997): Lebensmittelhandel 1996 mit nur marginalem Umsatzzuwachs. Frankfurt a. M. (= Pressemitteilung vom 30. Januar 1997).

M+M Eurodata (1998): Top 10 retailers in Europe by total turnover 1997. Frankfurt a. M. (= Pressemitteilung vom 8. August 1998).

MORRIS, Jonathan (1993): The political economy of shopkeeping in Milan 1886-1922. Cambridge / New York / Oakleigh.

NEWBY, Peter (1993): Shopping as leisure. In: Rosemary D. BROMLEY / Colin J. THOMAS (Hrsg.): Retail change - contemporary issues. London, S. 208-228.

ONS [Office for National Statistics] (1998). Regional trends, 33. London.

OXIRM [OXFORD INSTITUTE FOR RETAIL MANAGEMENT] / CIG [CORPORATE INTELLIGENCE GROUP] (1995): Future prospects for department store retailing in Europe. In: European Retail Digest, Heft 5 (Frühjahr 1995), S. 21-45.

PELLEGRINI, Luca (1995): Alternative growth strategies: The options for the future. In: European Retail Digest, Heft 8 (Herbst 1995), S.15-21.

PELLEGRINI, Luca (1996): Le trasformazioni in atto: Implicazioni per industria e distribuzione. In: Luca PELLEGRINI (Hrsg.): La distribuzione commerciale in Italia. Bologna, S. 11-39.

PELLEGRINI, Luca / Luca ZANDERIGHI (1993): Struktur und künftige Entwicklung des Einzelhandels in Italien. In: Volker TROMMSDORFF (Hrsg.): Handelsforschung 1992/93 - Handel im integrierten Europa (= Jahrbuch der Forschungsstelle für den Handel Berlin e. V.). Wiesbaden, S. 77-97

POPP, Monika (1998): Das Einkaufsverhalten im Lebensmittelbereich und seine Relevanz für die Standortplanung. In: Volker TROMMSDORFF (Hrsg.): Handelsforschung 1998/99 – Innovation im Handel (= Jahrbuch der Forschungsstelle für den Handel Berlin e. V.) Wiesbaden, S. 163-179.

PRIME, Nathalie (1999): *IKEA*: International Development. In: Marc DUPUIS / John A. DAWSON (Hrsg): European cases in retailing. Oxford / Malden, S. 33-48.

PÜTZ, Robert (1997): Der Wandel der Standortstruktur im Einzelhandel der neuen Bundesländer. In: Günter MEYER (Hrsg.): Von der Plan- zur Marktwirtschaft. Wirtschafts- und sozialgeographische Entwicklungen in den neuen Bundesländern. Mainz (= Mainzer Kontaktstudium Geographie, 3), S. 37-65.

PÜTZ, Robert (1998): Einzelhandel im Transformationsprozeß. Das Spannungsfeld von lokaler Regulierung und Internationalisierung am Beispiel Polen. Passau (= Geographische Handelsforschung, 1).

REDWITZ, Gunter (1999): Konsequenzen der sozio-demographischen Veränderungen für den Handel. In: Otto BEISHEIM (Hrsg.): Distribution im Aufbruch. Bestandsaufnahme und Perspektiven. München, S. 259-279.

REYNOLDS, Jonathan (1992): Generic Models of European shopping centre development. In: European Journal of Marketing, 26 (8/9), S. 48-60.

REYNOLDS, Jonathan (1993): The proliferation of the planned shopping centre. In: Rosemary D. BROMLEY / Colin J. THOMAS (Hrsg.): Retail change - contemporary issues. London, S. 70-87.

RÓŻEWICZ, Tadeusz (1969): Schattenspiele. München.

RÜHL, Alfred (1922): Die Wirtschaftspsychologie des Spaniers. In: Zeitschrift der Gesellschaft für Erdkunde zu Berlin, Nr. 3-4, S. 6-115.

RUHL, Gernot (1971): Das Image von München als Faktor für den Zuzug. Kallmünz (= Münchener Geographische Hefte, 35).

SALGUEIRO, Teresa B. / Herculano P. CACHINHO (1996): Retail modernisation in Portugal. In: European Retail Digest, Heft 9 (Winter 1995/96), S. 27-32.

SALMON, Walter J. / TORDJMAN, André (1989): The internationalisation of retailing. In: International Journal Of Retailing, 4, 2, S. 3-16.

SALTO, Léon (1999): Towards global retailing: The Promodès Case. In: Marc DUPUIS / John A. DAWSON (Hrsg): European cases in retailing. Oxford / Malden, S. 5-14.

SANDMEIER, Johann-Georg (1998): Die Münchner Fußgängerzone - Wiederentdeckung und Inszenierung eines öffentlichen Raumes. In: Die Alte Stadt, 1/1998, S. 11-21.

SCHLAUTMANN, Christoph (1998): Schießeisen und singende Weihnachtsbäume. In: Handelsjournal, 10/1998, S. 10.

SCHRÖDER, Frank (1997): Gemeinsamer Markt – einheitlicher Markt. Internationalisierungstendenzen im europäischen Einzelhandel. In: Geographische Rundschau, 49 (9), S. 511-515.

SCHRÖDER, Frank (1998): In der Hauptstadt des Konsums. Die Zukunft der Münchener Innenstadt. In: Süddeutsche Zeitung, 1. und 2. Juli 1998, S. L3 und L5.

SIMMONS, Jim / Shizue KAMIKIHARA / Ken JONES (1996): Comparing commercial structures internationally. Toronto (= Centre For The Study Of Commercial Activity - Research Report 5).

SETON, Craig (1998): Brum takes the bull by the horns. In: The Times, 5. November 1998.

SHIELDS, Rob (1989): Social spatialization and the built environment: West Edmonton Mall. In: Environment and Planning D: Society and Space, 7, S. 147 – 164.

SHIELDS, Rob (1992): The individual, consumption and the fate of community. In: Rob SHIELDS (Hrsg.): Lifestyle shopping. The subject of consumption. London / New York, S. 99-113.

SKIPP, Victor (1983): The making of Victorian Birmingham. Birmingham.

SLATER, Terry R. (1996): Birmingham's Black and south Asian Population. In: A. J. GERRARD / Terry R. SLATER (Hrsg.): Managing a conurbation: Birmingham and its region. Studley, S. 140-155.

SPARKS, Leigh (1996): Challenge and change: Shoprite and the restructuring of grocery retailing in Scotland. In: Environment and Planning A, 28, S. 261-284.

STEDMAN, M. B. (1958): The townscape of Birmingham in 1956. In: Transactions of the Institute of British Geographers, 25, S. 225-238.

STEFLBAUER, Winfried (1993): Geographische Aspekte des Grundeigentums in München (= Münchner Geowissenschaftliche Abhandlungen, Reihe C, Bd. 3). München.

STERNQUIST, Brenda (1998): International retailing. New York.

STEWIG, Reinhard (1974): Vergleichende Untersuchung der Einzelhandelsstrukturen der Städte Bursa, Kiel und London / Ontario. In: Erdkunde, 28, S. 18-30.

STEWIG, Reinhard (1985): Vergleichende Untersuchung der Einzelhandelsstrukturen der Städte Bursa, Kiel und London/Ontario. In: Günter HEINRITZ (Hrsg.): Standorte und Einzugsbereiche tertiärer Einrichtungen. Beiträge zu einer Geographie des tertiären Sektors. Darmstadt (= Wege der Forschung, 591), S. 148-173. *(Inhaltlich unveränderter Nachdruck des Aufsatzes von 1974).*

TÄGER, Uwe Christian (1999): Transnationalisierung von Handelssystemen. In: Otto BEISHEIM (Hrsg.): Distribution im Aufbruch. Bestandsaufnahme und Perspektiven. München, S. 152-171.

TEWDWR-JONES, Mark (1996): Introduction: land-use planning policy after Thatcher. In: Mark TEWDWR-JONES (Hrsg.): British planning policy in transition - planning in the Major years. London / Bristol, S. 1-13.

Textilwirtschaft (1999): „Ich will gar nicht mit Zara und H&M mithalten" (= Interview mit der Münchener Einzelhändlerin Gabriele Bohlen). In: Textilwirtschaft, 54 (42), S. 36-38.

THIEDE, Meite (1999): Wempe fährt auf der neuen Europa mit. In: Süddeutsche Zeitung, 5. Juli 1999.

THRIFT, Nigel / Kris OLDS (1996): Refiguring the economic in economic geography. In: Progress In Human Geography, 20 (3), S. 311-337.

TORDJMAN André (1994): European retailing. Convergences, differences and perspectives. In: International Journal of Retail & Distribution Management, 22 (6), S. 3-19.

Unione Camere Lombardia (1998): Annuario statistico regionale Lombardia 1997 (= www.lom.camcom.it/dati/asr/index.html).

UPTON, Chris (1993): A history of Birmingham. Chichester.

VERBEEK, Ernst (1996): Retailing in Spain. Sector trends and company strategies. In: European Retail Digest, Heft 9 (Winter 1995/96), S. 40-55.

WALLRAF, Rudolf (1999): Freundlich, luftig und ... gelb (= Interview mit dem Geschäftsführer von C&A Deutschland, Josef Wilhelm Knoke). In: BAG-Handelsmagazin, 9-10, S. 12-15.

WILLIAMS, Rosalind H. (1982): Dream worlds: mass consumption in late nineteenth-century France. Berkeley / Los Angeles / London.

WILSON, Charles (1986): First with the news. The history of W.H. Smith 1792-1972. New York.

WRIGLEY, Neil (1993): Retail concentration and the internationalization of British grocery retailing. In: Rosemary. D. BROMLEY / Colin. J. THOMAS (Hrsg.): Retail change - contemporary issues. London, S. 41-68.

WRIGLEY, Neil (1994): After the store wars: Towards a new era of competition in UK food retailing? In: Journal of Retailing and Consumer Services, 1 (1), S. 5-20.

WRIGLEY, Neil (1996): Sunk costs and corporate restructuring. British food retailing and the property crisis. In: Neil WRIGLEY / Michelle LOWE (Hrsg.): Retailing, consumption and capital: Towards the new retail geography. Harlow, Essex, S. 116-136.

YOUNG, Catherine (1997): World shopping guide. What to buy where – for those who know. London.

ZIMMER, Dieter E. (1997): Deutsch und anders. Die Sprache im Modernisierungsfieber. Reinbek bei Hamburg.

ZIMPEL, Heinz-Gerhard (1972): München und Mailand, zwei Metropolen in den Vorlanden der Alpen. In: Mitteilungen der Geographischen Gesellschaft in München, 57, S. 99-126.

Verzeichnis der Tabellen, Abbildungen und Fotografien

Tabellen

Abbildungen

Fotografien

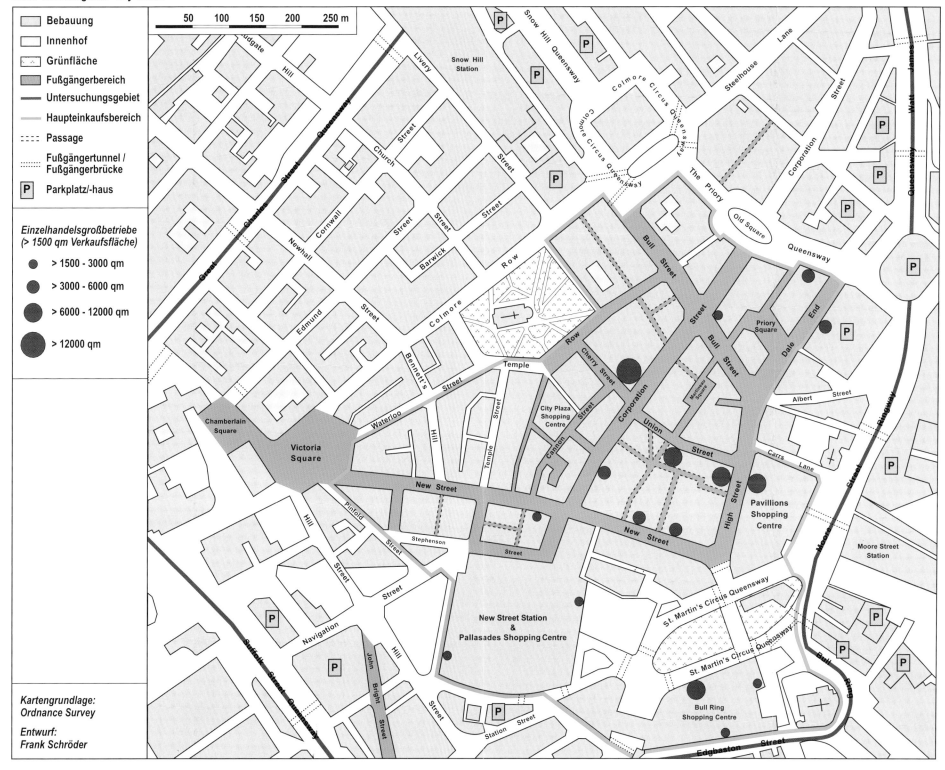

Karte 1: Birmingham - City Centre

Bebauung

Innenhof

Grünfläche

Fußgängerbereich

Untersuchungsgebiet

Haupteinkaufsbereich

Passage

Fußgängertunnel / Fußgängerbrücke

P Parkplatz/-haus

Einzelhandelsgroßbetriebe
(> 1500 qm Verkaufsfläche)

● > 1500 - 3000 qm

● > 3000 - 6000 qm

● > 6000 - 12000 qm

● > 12000 qm

50   100   150   200   250 m

Kartengrundlage:
Ordnance Survey

Entwurf:
Frank Schröder

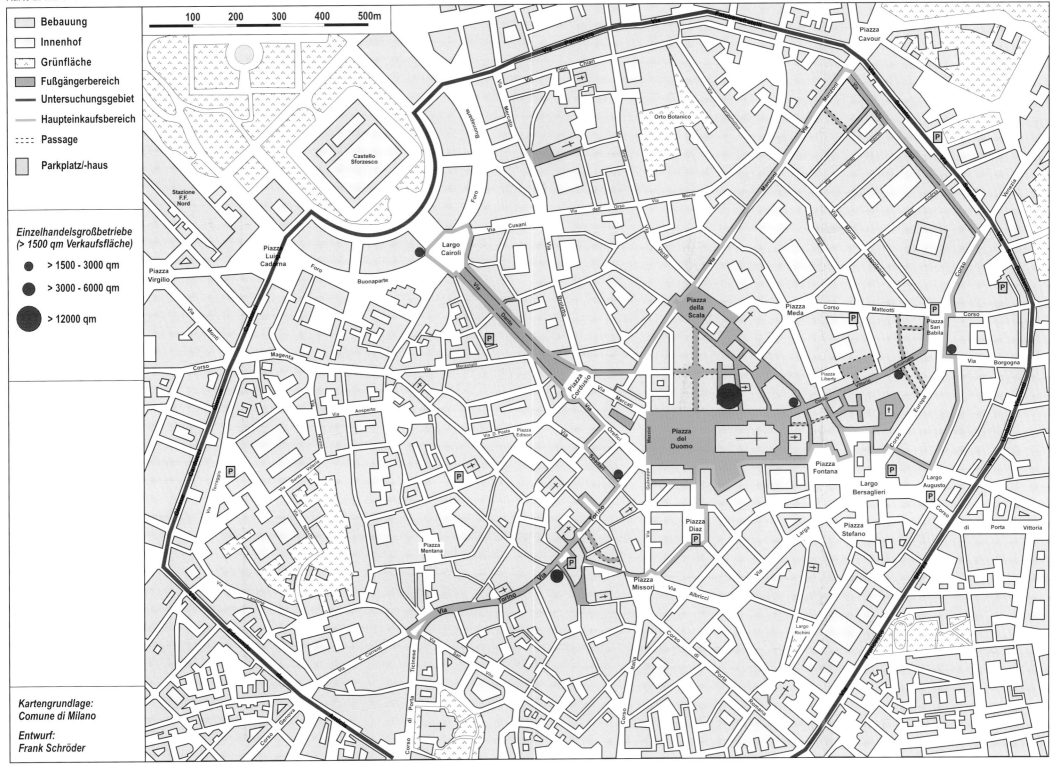

Karte 2: Mailand -Alte Altstadt

Bebauung
Innenhof
Grünfläche
Fußgängerbereich
Untersuchungsgebiet
Haupteinkaufsbereich
Passage
Parkplatz/-haus

*Einzelhandelsgroßbetriebe
(> 1500 qm Verkaufsfläche)*

● > 1500 - 3000 qm
● > 3000 - 6000 qm
● > 12000 qm

*Kartengrundlage:
Comune di Milano*

*Entwurf:
Frank Schröder*

Karte 3: München - Altstadt

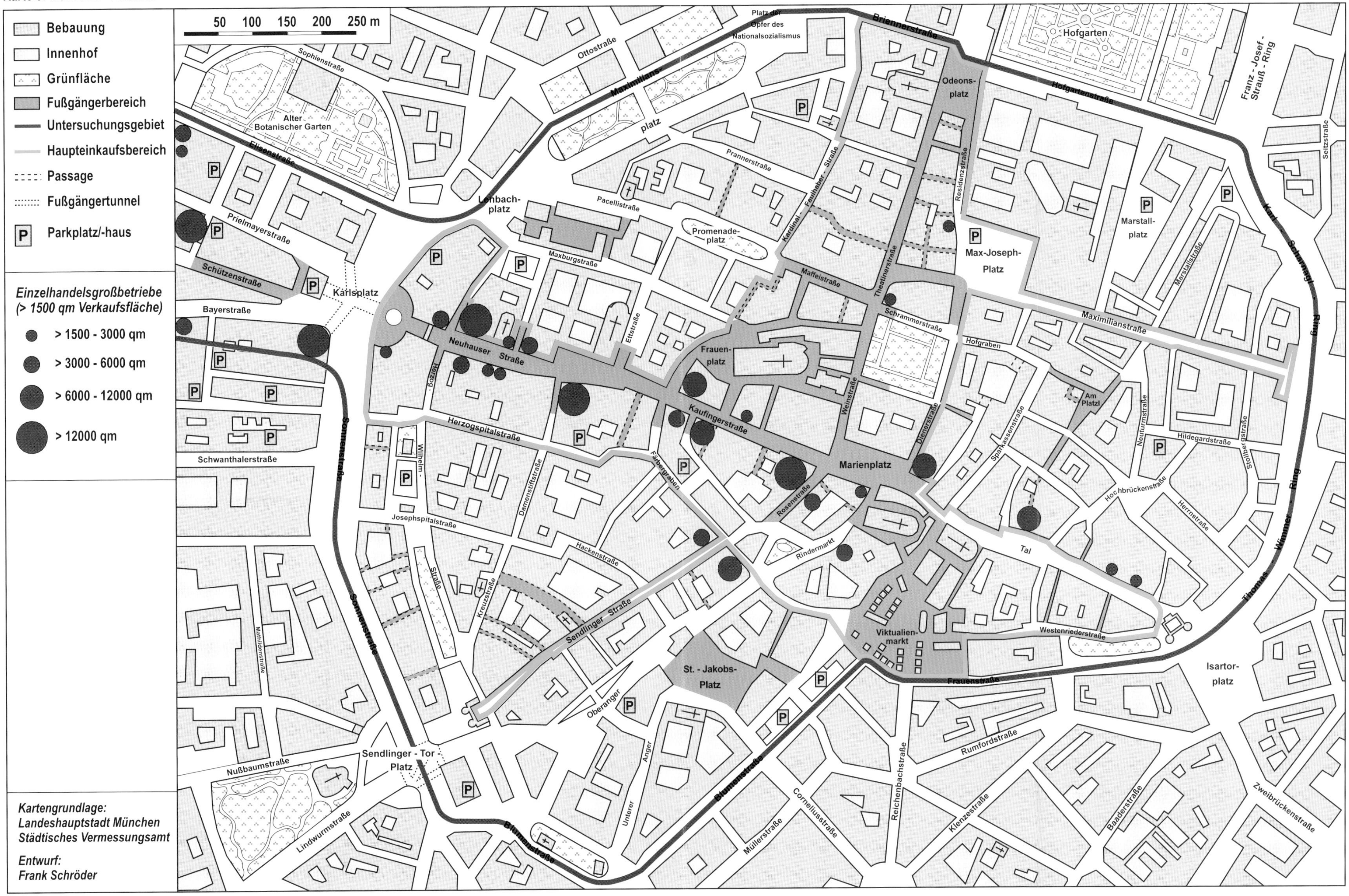

Legende:

- Bebauung
- Innenhof
- Grünfläche
- Fußgängerbereich
- Untersuchungsgebiet
- Haupteinkaufsbereich
- Passage
- Fußgängertunnel
- P Parkplatz/-haus

Einzelhandelsgroßbetriebe (> 1500 qm Verkaufsfläche)

- > 1500 - 3000 qm
- > 3000 - 6000 qm
- > 6000 - 12000 qm
- > 12000 qm

Maßstab: 50 100 150 200 250 m

Straßen- und Platznamen:

Sophienstraße · Ottostraße · Briennerstraße · Hofgarten · Franz-Josef-Strauß-Ring · Maximiliansplatz · Platz der Opfer des Nationalsozialismus · Odeonsplatz · Hofgartenstraße · Seitzstraße · Elisenstraße · Alter Botanischer Garten · Prannerstraße · Residenzstraße · Prielmayerstraße · Lenbachplatz · Pacellistraße · Kardinal-Faulhaber-Straße · Promenadeplatz · Marstallplatz · Bayerstraße · Schützenstraße · Maxburgstraße · Theatinerstraße · Max-Joseph-Platz · Maffeistraße · Marstallstraße · Karlsplatz · Ettstraße · Schrammerstraße · Maximilianstraße · Neuhauser Straße · Frauenplatz · Hofgraben · Herzogstraße · Weinstraße · Am Platzl · Herzogspitalstraße · Kaufingerstraße · Dienerstraße · Sparkassenstraße · Neuturmstraße · Hildegardstraße · Hochbrückenstraße · Hermstraße · Schwanthalerstraße · Damenstiftstraße · Rosenstraße · Marienplatz · Sommerstraße · Wilhelm-Straße · Josephspitalstraße · Hackenstraße · Rindermarkt · Tal · Kreuzstraße · Sendlinger Straße · Viktualienmarkt · Westenriederstraße · Isartorplatz · St.-Jakobs-Platz · Frauenstraße · Thomas-Wimmer-Ring · Mathildenstraße · Oberanger · Oberer Anger · Unterer Anger · Reichenbachstraße · Rumfordstraße · Zweibrückenstraße · Nußbaumstraße · Sendlinger-Tor-Platz · Lindwurmstraße · Blumenstraße · Müllerstraße · Cornelliusstraße · Klenzestraße · Baaderstraße · Fürbergraben · Farbergraben

Kartengrundlage:
Landeshauptstadt München
Städtisches Vermessungsamt

Entwurf:
Frank Schröder